Diane de France, la princesse rebelle

Du même auteur

L'Europe des rois, Lieu Commun, 1988.
Les Couronnes de l'exil, Balland, 1990.
La Monarchie dans tous ses états, Balland, 1992.
Moi, Amélie, dernière reine du Portugal, Denoël, 1997.
Diana, princesse des cœurs, Michel Lafon, 1997.
God Save the Queen !, Cinquante ans de tempêtes chez les Windsor, Michel Lafon, 1998.
Rainier de Monaco et les Grimaldi, Archipel, 1999.
Mon royaume à moi, Albin Michel, 2000.
Sagas, avec Éric Jansen, TF1 Éditions, 2000.

Stéphane Bern

Diane de France, la princesse rebelle

Flammarion

ISBN : 2-08-067735-7

Lorsque la noble enfant d'une race royale,
Fuyant des lourds palais l'antique oisiveté,
S'en va dans l'atelier chercher la vérité,
Et là, créant en rêve une forme idéale,
Entrouvre un marbre pur de sa main virginale
Pour en faire sortir la vie et la beauté.

Alfred de Musset.
En mémoire de la princesse Marie d'Orléans,
duchesse de Wurtemberg (1813-1839).

Prologue

— On a dû vous dire que je suis une extravagante, peut-être même un peu folle.

La princesse Diane de France, duchesse de Wurtemberg, m'accueille par ces mots dans son château souabe d'Altshausen. La scène se situe au début des années 1990, alors que j'effectue pour *Madame Figaro* un reportage sur cette princesse artiste qui a décidé de consacrer sa création au profit d'une fondation caritative qu'elle a initiée, « Les Enfants de la vie ». Prudent, je démens, certes avec la componction qui sied au chroniqueur des cours en visite chez une altesse royale, mais sans conviction. Ses yeux bleus – allez comprendre pourquoi le bleu Orléans ne figure pas au nuancier – me transpercent d'un éclair moqueur, et sa réplique achève de me mettre K-O :

— Ne niez pas, je sais que le *on* porte la signature de ma chère famille : les originales, ça leur fait peur.

Son éclat de rire salue sa victoire.

Et tandis qu'elle m'entraîne dans le long dédale de salons de cette ancienne commanderie des chevaliers teutoniques, mes pensées me ramènent à son père, le comte de Paris, dont elle a non seulement hérité la forme du visage, le regard clair, mais aussi une énergie peu commune.

Je rends alors souvent visite au comte de Paris dans les bureaux de la fondation Condé, à Chantilly. Chaque fois que je fais antichambre en attendant de pénétrer dans le grand bureau surchauffé du prince, mon regard se pose immanquablement sur une sérigraphie encadrée, intitulée *Le Vent de la passion*, aux couleurs solaires, mais dont la signature, à grands traits obliques, me fascine par sa fantaisie débordante, à elle seule une création anticonformiste : « Princesse Diane de France, duchesse de Wurtemberg ». Isolé des siens durant ces années-là, le comte de Paris n'évoque jamais ses enfants, et le sujet, je le sais pertinemment, est tabou. Mais ce tableau seul attestait des liens forts qu'il avait entretenus avec sa fille Diane. Sans doute aimait-il chez sa quatrième fille et sixième de ses onze enfants le caractère volontaire, l'indépendance farouche, le tempérament volcanique et cet anticonformisme qu'elle exprimait à travers son œuvre imaginative.

*

L'originalité de la princesse Diane peut parfois surprendre les esprits rationnels pour qui les liens cosmiques, le surnaturel et les contacts avec l'au-delà ne sont que des croyances puériles. La sérigraphie *Le Vent de la passion* fit un retour inopiné sur le devant de la scène familiale un été, et la princesse me fit aussitôt le récit circonstancié de l'événement.

— Je priais dans ma petite chapelle de Palma de

Majorque, sachant que l'esprit de mon père défunt m'y accompagne toujours. Je lui demandais de sortir notre famille du merdier dans lequel il nous avait fourrés et d'intervenir par un signe pour indiquer à maman qu'elle devait cesser, à quatre-vingt-dix ans, de courir à droite, à gauche sans se soucier de sa santé. La réponse ne tarda pas à arriver sous la forme d'un coup de fil de ma mère, la comtesse de Paris, qui me demandait de la rappeler à Eu. Je le fis aussitôt, percevant qu'un événement inhabituel s'était produit. Pendant la nuit, ma mère et ma sœur Anita avaient été brusquement réveillées dans le pavillon Montpensier par un bruit étourdissant et s'étaient levées d'un bond, chacune croyant que l'autre était tombée dans l'escalier. Elles avaient allumé la lumière et constaté que la sérigraphie que j'avais offerte, ce *Vent de la passion*, s'était décrochée du mur et gisait, sans dommage, parmi les bris de verre. La semaine suivante, maman se cassait le col du fémur à quelques jours de son anniversaire, et, pour la première fois, nous nous réunîmes avec toutes mes sœurs pour décider de nous montrer solidaires en prenant en charge notre mère. Mon père m'avait-il entendue, lui qui fit souvent souffler le vent de la passion sur les braises encore chaudes de nos joies et de nos peines, de nos amours et de nos haines ?

*

Certains destins, plus lumineux que d'autres pour éclairer la vie de leurs semblables, sont marqués par des signes. Dès l'enfance, la princesse Diane savait les déchiffrer.

— Très tôt, j'acquis la conviction que rien ne serait

banal dans mon existence, me dit-elle un jour, et que pour accomplir mon destin je devais comprendre l'ordre sacré des choses et accepter le mystère absolu de la nature.

Avec de tels propos, j'eus vite la certitude que mon séjour en Allemagne ne se bornerait pas à une conversation de salon sur les mérites comparés de la tapisserie et du point de croix ou sur les meilleures recettes de confitures entre deux séances de *quiz* généalogique. Lors de cette première rencontre, au château d'Altshausen, j'avais été d'emblée frappé autant par la force qui se dégageait des sculptures monumentales de la princesse que par le discours empreint d'ésotérisme et de symbolique qui l'accompagnait.

— Je crois aux forces de l'esprit, aux ondes, et à la communication des êtres avec le cosmos, commente-t-elle en m'indiquant la fontaine qui trône devant la grille du château. C'est la naissance d'Isis, un groupe sculptural formé de trois œufs gigantesques : un œuf bleu qui représente le bleu royal, un œuf doré symbolisant le soleil et un œuf argenté faisant référence à la femme et à la lune. De ces trois œufs naissent trois hommes. Les deux à la cime de la statue représentent les héritiers de la famille Wurtemberg au cours des siècles, l'un portant une tête de cerf et l'autre une tête de lion, figures héraldiques de la famille ; le troisième homme, plus bas, incarne « l'homme éternel » qui unit les générations et implore la déesse de féconder la famille. Il tient symboliquement entre ses mains une couronne de blé dont les épis, disposés harmonieusement en couronne, ont l'apparence des fleurs de lys, symbole de la famille de France. Au centre de la composition cosmique s'élève la déesse Isis, poussée vers l'Olympe par l'humanité, le regard tourné vers le soleil levant et tenant dans chaque main une pierre blanche et une pierre noire, représentation du pôle positif-négatif de la vie. De sa chevelure jaillit une source d'eau purificatrice qui retombe sur toute l'humanité et crée une musique apaisante pour l'homme. Le tout repose sur de gros rochers car la pierre, symbole de solidité, est à la base de tout.

À l'écouter, le mystère s'épaissit. Car, pour être franc, il n'est pas si courant de rencontrer des princesses qui transforment les châteaux de famille en atelier d'artiste et le parc en galerie d'exposition à ciel ouvert où les œuvres de sculpteurs contemporains rejoignent les créations monumentales de la maîtresse des lieux.

En épousant, le 21 juillet 1960, la « sauvageonne » de la famille de France, le duc Carl de Wurtemberg imaginait-il qu'elle allait faire souffler un vent de fantaisie sur les vénérables pierres et transformer son antique commanderie teutonique en « Woodstock » de l'art contemporain ?

D'autant que l'anticonformisme de la princesse n'a jamais été de s'affranchir des règles, des codes ou de l'étiquette – « pour peu que cela véhicule des valeurs de respect d'autrui », précise-t-elle –, mais de retrouver leur sens originel pour les adapter à notre époque et les conformer à ses désirs personnels.

— Depuis quand le fait de peindre ou de sculpter interdit la politesse et la courtoisie ? s'amuse-t-elle, alors que les artistes invités à Altshausen la fêtent chaleureusement en n'omettant jamais le baisemain à l'altesse royale qu'elle n'a jamais cessé d'être… même en salopette, un fer à souder dans la main !

*

Certes, les Orléans ont toujours eu la fibre artistique ou le goût sûr des collectionneurs et des mécènes. D'ailleurs, le duc de Wurtemberg était prévenu, puisque, au siècle dernier, son aïeul Alexandre épousa la princesse Marie d'Orléans, qui laissa quelques sculptures célèbres dont la Jeanne d'Arc en armure que l'on admire toujours devant l'hôtel de ville d'Orléans ou l'église Saint-Denys de la Chapelle, à Paris.

Mais la princesse Diane n'a jamais considéré la peinture ou la sculpture comme un violon d'Ingres (un ami de la famille...) ni comme l'occupation charmante d'une dilettante de bonne famille. C'est avant tout un mode d'expression à travers lequel elle exprime l'originalité et la fantaisie de sa personnalité.

Ce fut aussi sa bouée de secours lorsque, enfant, elle y trouva un refuge à l'incompréhension familiale devant son indomptable caractère. On chercha pourtant à la mater, à la faire rentrer dans le rang. Son père lui infligea même l'humiliation de l'inscrire dans une école pour retardés mentaux, considérant son entêtement comme un signe flagrant de débilité.

« Les épreuves qui ne vous tuent pas vous rendent plus fort », écrivait Nietzsche. Diane, elle, en sortit avec la volonté de vaincre et de ne jamais se laisser imposer quoi que ce soit. Nul, dès lors, n'est parvenu à la contraindre. Pas même son mari, ses enfants, sa famille. C'est une indomptable rebelle que seuls les sentiments d'affection permettent d'apprivoiser.

Pour autant, la duchesse de Wurtemberg reste une authentique princesse. Pas seulement cette image glamour et hiératique en robe longue de bal et diadème qui fait les délices des abonnés de *Point de vue*. Née princesse de France, Diane d'Orléans, aujourd'hui duchesse de Wurtemberg, mesure parfaitement les devoirs et obligations que lui impose son nom et tente « par [mon] action à me hisser à la hauteur de l'histoire dont je suis un peu dépositaire ».

*

Princesse rebelle et artiste couronnée, la princesse Diane de France, duchesse de Wurtemberg, n'a cessé depuis lors de me surprendre et de m'étonner. Comme tous ceux qui l'approchent, on ne peut demeurer insensible à la force solaire qu'elle irradie, ni lutter contre la séduction de son incroyable charisme. Faudrait-il pour autant consacrer des biographies à toutes les charmantes princesses qui peuplent le Gotha ?

En fait, elle est une femme différente ; royale dans la foule, elle est « Madame Sans-Gêne » dans le salon des vanités aristocratiques. Lorsque les déchirements et les querelles intestines sortirent la famille de France de la chronique mondaine, pour lui offrir une place de choix à la rubrique des faits divers, elle dépara un peu dans la galerie de famille par ses prises de position courageuses, son refus de se voiler la face et le regard lucide qu'elle porta sur la situation. Tandis que sa mère, la comtesse de Paris, et ses frères et sœurs se réfugiaient derrière un paravent de faux-semblants pour mieux, après la mort du comte de Paris, lâcher les chiens et traquer le coupable... elle, loin de se draper dans une dignité outragée par la faute de ces « maudits journalistes » (qui n'avaient fait que leur travail), affrontait résolument la tempête, maintenant le cap comme elle l'avait fait tout au long de sa vie mouvementée et aventureuse.

Certes, comme me l'affirmèrent un jour certains de ses frères et sœurs avec une pointe sournoise de jalousie, « Diane a fait un beau mariage », mais l'argent et la renommée n'ont pas altéré son franc-parler, ni entamé son refus des contraintes sociales, lui donnant seulement les moyens de poursuivre plus largement son œuvre de création artistique et de mener à bien la mission caritative et humanitaire qu'elle s'est assignée avec sa fondation.

« Toi, tu as toujours fait ce que tu as voulu », lui dit récemment avec un sifflement d'admiration teinté d'aigreur une de ses sœurs. Certes, mais avant tout être comme un tournesol lumineux tourné vers les autres. Son histoire le prouve. Ainsi, quand elle avait seize ans, alors animée par une foi mystique, Diane souhaita ardemment entrer au couvent. Confiant son désir à un prêtre, ami de la famille, celui-ci lui répondit alors :

— Princesse Diane, si le Seigneur vous a fait princesse de France, ce n'est pas pour vous enfermer dans un couvent ; ce serait bien trop facile. Dans la société moderne, matérialiste et soucieuse de s'affranchir de toute règle morale, il vous a été confié la tâche bien plus difficile de donner l'exemple.

Un exemple que, depuis, chacun de ses actes met en pratique.

Chapitre 1
Une enfant du dimanche

— Je suis une enfant du dimanche. Je suis née à Petropolis, au Brésil, le matin du dimanche de Pâques.

Dès le jour de sa naissance, le 24 mars 1940, Diane Françoise Maria da Gloria d'Orléans, princesse de France, ne pouvait faire comme tout le monde. Des onze enfants du comte et de la comtesse de Paris, la princesse Diane est la seule à voir le jour dans l'hémisphère Sud au cœur d'un décor de végétation luxuriante, parmi les manguiers, les ipés jaunes, les camélias, les magnolias, les jasmins, les azalées de tons variés, les hibiscus et les jaqueiras en fleurs qui, plantés au XIXe siècle par les botanistes français, font le charme de cette villégiature impériale située à neuf cents mètres d'altitude au-dessus de Rio de Janeiro.

Après trois sœurs et deux frères nés à Agimont au « Manoir d'Anjou » – la demeure belge des princes de France bannis par la loi d'exil de 1886 –, Diane naît dans une clinique de Petropolis où elle est accouchée par le

Dr Paranha à l'instant même où, par la fenêtre ouverte sur le jardin, carillonnent les cloches de l'alléluia pascal.

« Je me suis souvent demandé si ce n'était pas cette conjonction heureuse qui a donné à ma fille ses dons artistiques, et en particulier son goût des couleurs violentes et contrastées », écrira plus tard dans ses Mémoires, la comtesse de Paris, sa mère[1].

*

Les conditions de cette naissance sont marquées par un climat dramatique dû autant aux épreuves familiales qu'aux tragédies qui se jouent sur l'échiquier international.

Devant la montée des périls en Europe, le prince Henri d'Orléans, comte de Paris – qui brava la loi d'exil en octobre 1938 pour venir sur le territoire français à Magny-en-Vexin donner une conférence de presse et y dénoncer les accords de Munich où « la France s'était déshonorée pour rien, puisque loin d'éviter la guerre on l'avait seulement retardée en la rendant inéluctable » –, avait jugé préférable d'éloigner sa famille pour « la mettre à l'abri afin de conserver les mains libres face au conflit[2] ». Ses parents, le duc et la duchesse de Guise, partirent donc pour Larache au Maroc, avec une escale à Rome où le nouveau pape Pie XII les reçut le 20 mars 1939 en audience au Vatican, prélude à la mesure de

1. *Tout m'est bonheur*, par Isabelle, comtesse de Paris, Robert Laffont, 1978.

2. *Mémoires d'exil et de combat*, par Henri, comte de Paris, Atelier Marcel Jullian, 1979.

clémence pontificale envers les catholiques maurrassiens, frappés par l'excommunication de l'Action française quelque dix ans plus tôt.

Dans le même temps, en mars 1939, la comtesse de Paris quitta la Belgique en direction de Lisbonne où elle devait embarquer pour le Brésil, voyage qui fut toute une expédition. Pour s'occuper de ses quatre aînés – Isabelle, Henri, Hélène et François –, deux gouvernantes étaient du voyage, Madeleine de Montbron et Jeanne d'Arvieux, tandis que le dernier-né de la tribu, Anne, n'était âgé que de trois mois. Le comte de Paris avait en outre demandé à une parente de sa belle-mère, Élisabeth Desrousseau de Vandières, née princesse d'Ysembourg et infirmière patentée, de faire partie du périple. L'équipée serait incomplète sans la présence de Dom Pedro-Gastaõ, frère de la comtesse de Paris, jamais en retard d'une facétie ou d'un canular.

Toujours est-il qu'après une traversée éprouvante la famille royale arriva au Brésil en grand équipage. Dans la baie de Rio, entourés d'une foule de fidèles, de familiers et de journalistes couvrant ce débarquement princier, les parents de la comtesse de Paris se sont portés au-devant d'elle pour l'accueillir.

Son père, Dom Pedro d'Alcantara, est le fils de la régente Isabelle de Bragance, princesse impériale et fille de l'empereur humaniste Pedro II, et d'un petit-fils du roi des Français Louis-Philippe, Gaston, comte d'Eu, naturalisé prince brésilien pour y greffer et laisser fleurir la branche exotique des Orléans-et-Bragance. Respecté de tous, il vit au palais de Graõ-Para, l'ancienne demeure des chambellans de la cour impériale, juste en face du palais impérial à la façade rose transformé en musée.

Les premiers moments de retrouvailles familiales sont joyeux car la comtesse de Paris aime retrouver avec ses deux frères – Dom Joaõ et Dom Pedro-Gastaõ – et ses deux sœurs – Françoise, dite Chica, future duchesse de Bragance par son mariage avec le prétendant portugais, et Thérèse, dite Tété – l'insouciance que tous ont connue dans leur enfance passée au château d'Eu en Normandie.

Pourtant, l'absence du comte de Paris pèse à leur mère. Or ce n'est qu'aux feux de la Saint-Jean, le 28 juin 1939, que celui-ci rejoint sa famille, apparaissant au milieu des flammes. Le bonheur familial est de courte durée puisqu'il faut déjà songer à regagner l'Europe.

Le 25 août 1939, toute la famille est prête à embarquer sur un cargo belge qui fait route vers Anvers quand les troupes hitlériennes envahissent Dantzig et entrent en Pologne. L'un des plus proches collaborateurs du prince, le comte Pierre de La Rocque-Séverac, lui demande alors par téléphone de rentrer au plus vite en laissant sa famille au Brésil. « Si je n'avais pas attendu mon sixième enfant depuis deux mois déjà, je serais alors certainement partie avec mon mari », écrira plus tard la comtesse de Paris [1].

Tous les cœurs se serrent en laissant retourner le comte de Paris vers cette Europe qui se prépare au pire avec la déclaration de guerre de la France et de l'Angleterre. Qui sait quand ils se reverront... Restée seule, livrée à elle-même, la comtesse de Paris fait front. Un changement s'opère même dans la personnalité de cette femme que les Brésiliens s'obstinent à appeler affectueusement *« nossa princesa Isabel »*. Elle confiera d'ailleurs

1. *Tout m'est bonheur, op. cit.*

quarante ans plus tard : « Petit à petit, je me suis rendu compte que je ne serais plus jamais cette jeune femme soumise et enfantine que j'avais été jusque-là, et mon caractère indépendant et autoritaire s'est affirmé dans la mesure où j'ai appris alors à me gouverner seule et sans le conseil de personne[1]. »

*

Les soubresauts de l'Histoire sur les champs de bataille du vieux continent jetèrent sur les chemins de l'exil – avant la seconde vague du rideau de fer soviétique – les membres des familles princières d'Europe centrale, dépossédés de leurs terres et propriétés et fuyant l'ennemi nazi. Ainsi les cousins Czartoryski, Zamoyski ou Radziwill trouvent-ils alors refuge au Brésil où, pure coïncidence, s'installe également le monarchiste fervent Georges Bernanos et où Stefan Zweig, l'auteur du *Monde d'hier*, achèvera tragiquement son exil.

Dans ce contexte difficile et douloureux, l'arrivée annoncée de Diane ne se fait donc pas dans la sérénité absolue. La grossesse de la comtesse de Paris, outre l'absence cruelle de son mari dont elle n'a aucune nouvelle – alors qu'il accomplit une mission diplomatique secrète pour le gouvernement français dans les monarchies des Balkans après le refus poli mais catégorique du président Albert Lebrun de le laisser servir son pays et s'engager dans l'armée –, est marquée par la disparition soudaine de son père, Dom Pedro d'Alcantara, prince de Graõ-Para, le 29 janvier 1940 à l'âge de soixante-cinq ans,

1. *Tout m'est bonheur, op. cit.*

victime d'un malaise cardiaque en sortant du cinéma. Une disparition qui ébranle toute la communauté française exilée sur place. « Le seul à n'être pas présent était Henri, se souviendra plus tard la comtesse de Paris, c'est dans ces moments d'intense déchirement que l'absence d'un mari se fait le plus durement sentir[1]... » À n'en pas douter, le modèle du couple que formaient ses parents poursuivit toute sa vie durant la comtesse de Paris, elle qui resta fidèle à son unique amour pendant près de soixante-dix ans même si l'édifice de leur couple se lézarda sérieusement les vingt-cinq dernières années ! Pour les beaux yeux d'une comtesse tchèque, Élisabeth Dobrzensky de Dobrzenicz, née en 1875 au château de Chotebor en Bohême, Dom Pedro d'Alcantara avait en effet renoncé solennellement le 30 octobre 1908 à Cannes – soit quinze jours avant son mariage – à ses droits dynastiques au trône brésilien au profit de son frère puîné Dom Luiz, en présence de la régente Isabel, leur mère, chef de la maison impériale.

En attendant que la querelle familiale ne rebondisse en 1946 lorsque le frère de la comtesse de Paris, Dom Pedro-Gastaõ, reviendrait sur les renonciations de leur père, la disparition de l'aîné de la famille impériale suscita une réelle émotion dans la population. Il est vrai que les Brésiliens – restés fidèles au souvenir de la régente Isabel surnommée « *A Redentora* », la rédemptrice, pour avoir aboli l'esclavage des Noirs en 1888, provoquant du même coup la colère des grands propriétaires fonciers qui se liguèrent avec l'armée gagnée aux idées positivistes pour renverser l'Empire – avaient levé la loi d'exil en

1. *Tout m'est bonheur, op. cit.*

1920 et accueilli fastueusement le retour des Orléans-et-Bragance en 1922 pour le centenaire de la fondation de l'Empire. Une foule indescriptible, en larmes, accompagna donc la dépouille de Dom Pedro d'Alcantara jusqu'à sa sépulture dans la cathédrale de Petropolis où il fut inhumé en présence de l'évêque, du nonce apostolique et du cardinal-archevêque de Rio.

Pour surmonter l'épreuve et permettre à sa mère de faire son deuil, la comtesse de Paris accepta l'invitation d'amis brésiliens, les Landsberg, à s'installer pour un mois dans leur fazenda près de Rio Novo.

*

La naissance de Diane est proche. Mais où se trouve le comte de Paris ?

Nul ne sait, au Brésil, que le prince poursuit secrètement une mission pour le Deuxième Bureau, essayant à Sofia, Belgrade, Athènes ou Rome de convaincre ses cousins royaux, pris dans la tenaille germano-soviétique, de ne pas se laisser entraîner dans la folie d'Hitler.

Toujours est-il qu'un lien mystérieux devait se tisser entre le bébé tout rose, doté de grands yeux bleus, qui vient au monde le 24 mars 1940, et ce père absent.

La comtesse de Paris, elle, est taraudée par l'angoisse qu'il arrive quelque chose à la petite Diane avant que son père ne puisse la voir. « Mes alarmes n'étaient pas vaines, car comme je n'avais pas la moindre goutte de lait, elle a failli mourir quelques jours après sa naissance d'un lait qui ne lui convenait pas [1] », écrira-t-elle.

1. *Tout m'est bonheur, op. cit.*

Alors que les troupes allemandes contournent la ligne Maginot et entrent en France après avoir violé la neutralité belge et envahi le Luxembourg, le comte de Paris s'engage de son côté dans la Légion étrangère sous le nom du deuxième classe Orliac.

★

Pendant ce temps, la morosité règne dans l'église Nossa Senhora da Gloria de Rio, où l'on baptise Diane, Françoise, Maria da Gloria d'Orléans le 13 mai 1940, jour anniversaire de la signature de la Lei Aurea abolissant l'esclavage par la régente Isabel. Pour parrain et marraine, Diane a son oncle Dom Joaõ et sa tante Dona Maria-Francisca.

Si les prénoms de Françoise et de Maria da Gloria s'expliquent autant par le choix de la marraine que par l'appartenance de la famille impériale à la confrérie religieuse de Nossa Senhora da Gloria, celui de Diane reste un mystère familial.

— Quand je suis née, explique aujourd'hui la duchesse de Wurtemberg, ça a fait scandale au Brésil, et j'ai été baptisée au prix d'un bras de fer entre le curé de Rio, qui refusait de donner un nom de déesse païenne à une princesse de France, et mon père qui avait envoyé à maman ses instructions dans une lettre. D'autres trouvaient mal venu qu'on me gratifie du prénom d'une maîtresse royale, Diane de Poitiers. Pour calmer les ardeurs vindicatives du curé récalcitrant, papa lui écrivit que « le roi Saint Louis avait eu une fille morte en bas âge qui s'appelait Diane. Si le roi de France, Saint Louis, avait une fille baptisée Diane, le comte de Paris pouvait bien faire de même en s'inspirant de ce pieux exemple ». Pris à son propre piège, le curé fut bien obligé de me baptiser Diane. Je suis donc entrée dans l'histoire familiale en me singularisant. De tous mes frères et sœurs, mon prénom sort du lot. Et comme j'ai toujours été persuadée que le prénom nous prédestine, j'eus très tôt la conviction que ma vie serait différente.

*

1940 fut une « drôle » d'année pour la famille de France. Démobilisé à Marseille au lendemain de l'armistice, le comte de Paris part à la fin du mois d'août pour Larache, au Maroc, où l'appelle sa mère. Lorsqu'il arrive le 26 août, c'est déjà trop tard, le duc de Guise a rendu son dernier soupir. Henri, comte de Paris, à qui son père avait depuis longtemps délégué la direction des affaires politiques de la famille, devient le chef de la Maison de France. Un mois plus tard, le 25 septembre 1940, son épouse la comtesse de Paris embarque seule avec son fils aîné Henri à bord d'un navire portugais neutre *Angola* afin de le rejoindre. Les autres enfants et les gouvernantes doivent suivre après leur installation au kilomètre 9 de la route des Zaër, au lieu-dit Oued Akreuch.

Ce n'est donc qu'en avril 1941 que la comtesse de Paris, à nouveau enceinte – des jumeaux Jacques et Michel –, retrouve toute sa tribu au Portugal avec pour mission de la ramener au Maroc.

« Ma petite Diane, mon beau bébé, avait l'air d'un canari tombé du nid, se souvient-elle. Elle avait failli mourir pendant cette traversée, d'une bronchite capillaire, et n'avait été sauvée que grâce au dévouement constant de Madeleine de Montbron... À Tanger, le 23 avril 1941, ma belle-mère la duchesse de Guise, mes belles-sœurs, le comte de Paris et mon fils Henri nous attendaient sur le terrain d'aviation ; Diane allait si mal que j'étais toute gênée de la montrer à son père qui ignorait qu'elle avait été si près de la mort. Je dois dire que mon cher mari n'a rien laissé paraître de la déception qui a dû être la sienne, en faisant connaissance avec un sixième rejeton si malingre et si chiffonné [1]. »

Au contraire, comme pour rattraper le temps perdu, le comte de Paris se montre d'emblée un père attentif et affectueux, nouant avec sa fille Diane une relation d'autant plus forte qu'elle avait vécu la première année de sa vie en toute indépendance de lui. La passion qui marquera plus tard leurs rapports y trouve là, sans doute, son origine.

Mais le caractère bien trempé de la princesse née sur la terre brésilienne n'a pas plus ménagé sa mère, puisque la comtesse de Paris consigne en ces termes sa naissance dans ses souvenirs : « Le 24 mars 1940, à Petropolis, est donc venue au monde ma petite Diane et, depuis ce jour heureux, je crois bien que c'est celle de tous mes enfants qui m'a donné le plus de soucis ; c'est certainement pour cela aussi que j'ai tellement de tendresse pour elle [2]. »

1. *Tout m'est bonheur, op. cit.*
2. *Tout m'est bonheur, op. cit.*

Chapitre 2
Une enfance sous surveillance

À lire les dizaines de reportages effectués en Espagne, au Portugal, puis après l'abrogation de la loi d'exil à Louveciennes, à se plonger dans l'abondante littérature consacrée à la famille de France et digne de la Bibliothèque rose, les Orléans semblaient vivre, au cœur des années 1950, un perpétuel conte de fées que nul n'aurait osé démentir.

Alors qu'il nourrit des ambitions politiques – celles de devenir le dauphin de la République –, le comte de Paris cultive l'image d'un bonheur familial et d'une tribu unie que relaient complaisamment ceux qui sont invités à sa table.

« Le descendant de Henri IV est un père de famille jovial et un prétendant non conformiste... Il propose l'exemple d'une belle famille », résume Merry Bromberger[1] sensible au grand jeu de séduction que propose

1. *Le Comte de Paris et la Maison de France*, par Merry Bromberger, Plon.

le prétendant en le recevant à dîner au Cœur-Volant en 1955. Dans le registre de la propagande royaliste, Marianne Andrau[1], quatre ans plus tard, n'est pas plus tiède au sortir d'une semaine d'immersion dans la vie quotidienne de la famille de France. Pas un occupant de la « Grande Maison » ou de « Blanche-Neige » (la maison assignée aux plus jeunes princes et à leur gouvernante Madeleine de Montbron), et jusqu'à Monkey, le chiot de la princesse Diane, qui ne trouve grâce à ses yeux au point de lui inspirer une page d'un lyrisme ébouriffant. « N'oublions pas : on y rit beaucoup, les enfants de France étant les plus vivants, les plus gais du monde », écrit-elle avant de définir leur éducation par « la discipline souple mais inéluctable d'une famille princière soucieuse de sa dignité ».

*

Où est la vérité ?

À écouter les récits des princes et princesses de France, l'abrogation de la loi d'exil et le retour en France en 1950, suivi par l'installation à Louveciennes en 1953, ont marqué le début de ce que l'on pourrait surtout nommer un exil intérieur, alors que le comte de Paris ne se penche plus sur leurs jeux d'enfants, trop accaparé par ses obligations politiques et mondaines.

« À Louveciennes, je trouvais une ambiance de théâtre, où chacun aurait un rôle à jouer sans en connaître la partition. Ainsi, même nous, les enfants, devions "paraître"

1. *Famille royale à la mode de France*, par Marianne Andrau, France-Empire.

bien habillés devant des photographes, lesquels faisaient leur métier, paraître souriants, paraître jouer au ballon en cravate et complet veston. Bien sûr nous sommes onze, une bonne équipe, mais nous jouons pour gagner et non pour nous faire admirer... Mon père, absorbé par sa politique, nous laissait sans le savoir dans le désarroi et la solitude », a ainsi raconté son fils aîné Henri [1]. Un cérémonial curieux également décrit par son frère cadet, le prince Jacques, duc d'Orléans [2], qui se souvient que : « Pour une fois, en l'honneur de l'objectif de ces messieurs de la presse, notre père assistait à nos jeux. Comble de l'incroyable, notre père applaudissait à chaque but marqué. Ces moments où nos parents contemplaient avec bienveillance nos jeux étaient, pour nous, tout simplement irréels. »

Faut-il mettre ce tableau gris sur le compte du ressentiment que ces enfants ont éprouvé, après que le comte de Paris se fut éloigné de sa famille qu'il avait publiquement méprisée, décriée et ruinée ?

*

Il n'en fut pas toujours ainsi. Car, étrangement, lorsque l'on fouille dans les souvenirs d'enfance de la princesse Diane et de sa fratrie, le comte de Paris est bien plus présent affectivement – comme partenaire de jeux, initiateur d'activités ludiques ou dispensateur d'un code

1. *À mes fils*, par Henri d'Orléans, comte de Clermont, Albin Michel.

2. *Les Ténébreuses Affaires du comte de Paris*, par Jacques d'Orléans, Albin Michel.

de conduite sévère qu'il tentait d'inculquer à coups de taloches et autres fessées – que ne l'était la comtesse de Paris pour qui l'apparence et la bonne marche de sa maisonnée comptaient plus que l'épanouissement psychologique de chacun de ses enfants. Il est vrai que de 1932 à 1948 elle mit au monde onze enfants sans vraiment marquer de pause !

« Papa voyageait beaucoup et maman avait toujours une bonne raison de sortir en ville ou de recevoir ses amies, se souvient Diane. La vérité est qu'on ne voyait jamais nos parents. Ils donnaient peut-être à l'extérieur et pour le regard des autres l'image de parents modèles mais à mes yeux d'enfant, ils étaient l'incarnation du pouvoir, de l'autorité et de la hiérarchie. Tout se faisait et se décidait en leur nom, mais comme dans un jeu d'ombres chinoises, nous ne les voyions que rarement. Nous avons en fait été élevés par nos gouvernantes, Madeleine et Colette. Ce sont elles qui partageaient nos joies et nos peines, c'est à elles que je confiais mes chagrins. Elles nous aimaient et nous protégeaient. Nous leur rendions la vie impossible, mais elles avaient un regard indulgent pour nos nombreuses bêtises. Ma chère Madeleine, que je surnommais "bonne sœur chut-chut" parce qu'elle avait fait vœu d'entrer dans les ordres tout en servant dans notre famille si je réchappais à la mort un an après ma naissance, a été le visage aimant et bienveillant de mon enfance, se substituant à notre mère que nous respections plus que nous ne l'aimions. Mon père punissait sévèrement nos incartades et, dans ces moments-là, ressemblait surtout à un juge sévère. Maman, dès qu'elle s'énervait pour une raison ou une autre, distribuait généreusement des torgnoles à ceux de ses enfants qui avaient le malheur de passer à portée de sa main. En revanche, *jamais* Madeleine, elle, n'a levé la main sur moi. Juste, elle me disait :

— Princesse Diane, ce que vous faites n'est pas bien. Vous devez réparer le mal que vous avez fait.

— Oui, Madeleine, vous avez raison, je vous demande pardon, répondais-je.

Elle m'a très bien éduquée en me répétant inlassablement :

— Princesse Diane, on doit toujours assumer les conséquences de ses actes. Si vous faites du mal à autrui, vous devrez en payer le prix d'une manière ou d'une autre.

Avec elle, j'ai appris à ne jamais blesser mon prochain sciemment, à prodiguer de l'amour aux autres et à aider ceux qui souffrent. Cette leçon de vie, ce n'est certainement pas à la table familiale que je l'ai acquise ! »

⋆

Loin de l'image au goût de guimauve qu'a distillée la comtesse de Paris dans ses Mémoires, sous le titre prometteur *Tout m'est bonheur*, la vie de famille chez les Orléans dissimulait donc, sous une apparence trompeuse de modèle idéal, les tourments d'une éducation laissée en friche. À un journaliste britannique qui interrogeait le comte de Paris sur ses hobbies, il répondit : « J'ai onze enfants. » Voulait-il suggérer par là qu'ils n'étaient pour lui qu'un violon d'Ingres, une occupation dérivative à ses obligations politiques et publiques ?

⋆

Bien avant que les mises en scènes théâtrales de la famille de France n'utilisent le décor du Cœur-Volant à Louveciennes, l'enfance de la princesse Diane eut pour cadre le Maroc, l'Espagne et le Portugal.

« Je n'ai aucun souvenir précis de ma petite enfance à Oued Akreuch – qu'on appelait le kilomètre 9 – près de Rabat où nous habitions dans une villa sans électricité ni chauffage, explique Diane. Mes aînés dormaient au premier étage mansardé sur des planches de bois recouvertes de paillasses de maïs, malmenées par les batailles de polochons et les sauts sur les châlits. Nous vivions pieds nus et partagions la vie des enfants du bled[1]. Mes frères et sœurs partaient dans la forêt de chênes-lièges ramasser des glands ou pourchasser les serpents. Sans doute est-ce de cette prime jeunesse que j'ai adopté le mode de vie d'une sauvageonne, surnom dont on m'a vite gratifiée mais qui eut le mérite de définir mon caractère libre et farouchement indépendant. »

Très tôt aussi, cette fratrie se fit remarquer par sa capacité à dévaster un univers tranquille telle une tornade joyeuse. Faire des blagues, multiplier les quatre cents coups a toujours plus occupé les enfants de France que l'assiduité aux cours et l'apprentissage scolaire !

« Au Maroc, mes aînés avaient trouvé des compagnons idoines pour les accompagner dans leurs bêtises, avec nos cousins Harcourt – Isabelle, Gilone, Miki (Monique)

1. La comtesse de Paris racontera plus tard, dans un entretien à *Point de vue-Images du Monde* du 5 mars 1963, que le maître d'hôtel venu de chez la duchesse de Guise et donc habitué à servir les repas dans des assiettes armoriées faisait grise mine et affichait quelque mépris à verser « le potage dans des écuelles de bois achetées à un artisan arabe que l'usage avait vite gondolées ».

et Bernard – et notre cousin Michel de Grèce[1]. Ce dernier avait une nannie dragon, la grosse Marcelle, qui me poursuivait pour m'envoyer des baffes afin de me punir parce que je faisais tout pour embêter Michel qui allait se plaindre auprès d'elle.

Pour aller à Rabat, la famille s'entassait dans une carriole que menait notre cocher Halelh, un ancien goumier qui jurait comme un charretier et, de ses combats pour la France, avait gardé le langage imagé à faire rougir un corps de garde. Autant dire que nous avons reçu une éducation parallèle avec un riche vocabulaire que nous éviterions par la suite d'utiliser à la table familiale. »

Ces années au Maroc sont marquées par la naissance, le 25 juin 1941, des jumeaux, les princes Jacques et Michel, suivie le 11 décembre 1943 par celle de la princesse Claude. Entre-temps, la famille a quitté le protectorat français pour s'installer à Larache, au Maroc espagnol, où vivait la duchesse de Guise, mère du comte de Paris. Ce qui ne devait être que de longues vacances prit un tour plus définitif en novembre 1942 lorsque les Américains débarquèrent en Afrique du Nord. Or la présence des princes d'Orléans était d'autant moins souhaitée à Rabat que le comte de Paris avançait ses cartes dans la partie délicate engagée entre le gouvernement de Vichy, les Forces françaises libres et les Alliés.

★

1. De son mariage avec sa cousine germaine Isabelle d'Orléans, elle aussi arrière-petite-fille du roi Louis-Philippe, Jean d'Orléans, duc de Guise, avait eu quatre enfants : le comte de Paris et trois filles, Isabelle d'abord comtesse d'Harcourt, puis princesse Murat ; Françoise, princesse Christophe de Grèce ; et Anne, duchesse d'Aoste.

« Mes souvenirs du Maroc sont ultérieurs, lorsque vers mes douze ou treize ans on m'envoya en vacances avec mes sœurs Anita et Claude à Larache chez notre grand-mère, que nous appelions affectueusement Mioul. La première chose qu'elle faisait quand elle nous réceptionnait était de nous peser. Nous étions plutôt rondes, mais elle se fixait pour objectif de nous faire prendre au moins cinq kilos. Moi, on me surnommait déjà "le mètre cube" parce que j'étais plus large que haute ou la "patate", enfin toutes sortes de sobriquets aimables pour décrire ma goinfrerie à la préadolescence.

Extrêmement belle et distinguée, droite comme un I, ma grand-mère avançait avec une démarche de reine dans les couloirs de Larache. J'admirais son intelligence vive autant que son sens de l'humour, son caractère de femme juste et bonne. Je me souviens de son regard impérieux où je lisais une pointe d'amusement lorsque, petite fille, elle me demandait de rendre les quelques pièces que j'avais subtilisées à la paye du personnel dans le bureau de son intendant M. Chambon à qui j'allais faire du charme, profitant ainsi d'un moment d'inattention de sa part. Il fallait vraiment que mes bêtises soient conséquentes pour qu'elle élève la voix.

Ne cessant de faire le clown, j'avais inventé un jeu qui consistait à donner un concert de musique en tapant sur des théières, des tasses et des assiettes avec des petites cuillers et des fourchettes. J'ai évidemment fini par casser une cafetière et une grande carafe d'eau au grand dam des femmes de chambre de ma grand-mère qui sont allées sur-le-champ dénoncer la "princesita" auprès de la "duquesa". Ce jour-là, les gifles, je l'admets, furent méritées.

Comme à l'époque je luttais contre l'ennui, mon imagination débordante trouvait à s'exercer sur mes frères et sœurs, vaste champ d'expérimentation. Ainsi en témoigne ce jour où, dans notre chambre de Larache, mes sœurs Anita et Claude, à force de se promener nues sous mes yeux, finirent par me donner une idée : j'allais m'amuser à peindre un visage sur les fesses rebondies de Claude, tandis que je lui avais noué en dessous un foulard. Quand elle marchait, le visage ainsi peint s'animait pour notre plus grande joie. Fière de mon œuvre, j'appelai toutes les bonnes de ma grand-mère, persuadée que mon public applaudirait. Mais elles ont poussé de hauts cris, scandalisées, et ont immédiatement fait appel à la sévérité de leur chère "duquesa" qu'un tel scandale ne pouvait laisser indifférente. Pour la forme, ma grand-mère me sermonna, mais je surpris dans son regard un vif éclair d'amusement et comme un sentiment d'admiration pour mon audace et les prémices de mes dons artistiques.

Un autre souvenir de cette époque montre bien combien je faisais figure d'aventurière dans une famille qui, pourtant, ne manquait pas d'imagination. Ma grand-mère, la duchesse de Guise, avait un chauffeur, Matthias, qui conduisait une Chrysler américaine toute en longueur et dont les sièges étaient deux larges bancs profonds où nous disparaissions tandis que le conducteur semblait s'enfoncer derrière son grand guidon.

— Pourrait-on aller à Tanger, Anita et moi ? ai-je demandé un jour à Mioul qui s'empressa de me donner son accord et un peu d'argent pour acheter quelques trésors que nous marchandions âprement dans les souks.

Nous, les gamines, laissions Matthias discuter les prix

avant d'aller déjeuner à l'hôtel Milza où les réceptionnistes et les maîtres d'hôtel nous accueillaient cul-fendu avant de nous placer à notre table dans la grande salle à manger (lorsque je l'ai revue plus tard, elle m'a paru plus petite que dans mes souvenirs !) sous le regard étonné des hommes d'affaires intrigués par ces deux morveuses faisant bombance dans un hôtel de luxe. Je ne sais pas ce qu'il a pris à Matthias ce jour-là, mais ce bon musulman respectueux des préceptes du Coran se mit à boire de l'alcool sous l'influence de son frère qu'il avait retrouvé à une autre table. Quand nous nous sommes aperçues qu'il était ivre, il était déjà trop tard ! Il était au volant de la Chrysler et nous deux derrière, tétanisées par l'angoisse qui montait au fur et à mesure qu'il accélérait dans la descente proche de l'hôtel, semant la terreur sur son passage, obligeant les piétons à fuir... Soudain, la voiture arriva en vue d'un petit pont sur lequel un seul véhicule pouvait passer. Venant face à nous, un autobus s'engagea tandis que Matthias accélérait. Anita et moi nous accrochâmes à notre banc, réalisant qu'on allait se fracasser contre le bus. Par miracle, la voiture précéda l'autobus sur le pont. Je me tournai alors vers ma sœur.

— Il est complètement bourré, il faut faire quelque chose.

— Oui, mais quoi ? me répondit-elle, angoissée.

— Écoute-moi, si on a un accident avec un chauffeur saoul, lui a de fortes chances de s'en sortir, mais pas nous. Moi, j'ai douze ans et aucune envie de mourir alors tu dois m'aider car on va tenter le tout pour le tout. Fais exactement ce que je vais te dire.

Sur ces propos, je me penchai en avant pour lancer à Matthias :

— Matthias, tu es un vrai lâche, tu m'avais promis que tu me laisserais conduire et tu te dégonfles, tu ne tiens pas tes promesses.

Blessé dans son orgueil, le chauffeur freina brutalement tandis que la voiture zigzaguait de gauche à droite.

— Prenez le volant et conduisez ! consentit-il, trop imbibé pour mesurer les conséquences de son geste, avant de se glisser péniblement à l'arrière du véhicule.

Avec Anita nous avons sauté devant. Comme j'avais acheté une statuette, je lui ai intimé l'ordre de tenir Matthias en respect avec elle s'il venait à se réveiller. En priant tous les anges du paradis je me suis mise au volant, le pied sur l'accélérateur, les mains sur les branches, bien trop petite pour apercevoir quoi que ce soit au-delà du capot. Je ne sais pas comment j'ai réussi à conduire jusqu'à la maison de Larache, mais nous y parvînmes. En arrivant chez ma grand-mère, Matthias, qui ronflait, se réveilla en sursaut, reprit le volant et, en voulant ranger la voiture dans le garage, traversa toutes les plates-bandes fleuries. Mioul, furieuse, le renvoya sur-le-champ. Je ne sais pas ce qu'elle lui a le moins pardonné : le danger qu'il nous a fait courir ou le massacre de ses fleurs ! »

*

Une grand-mère attentive compense-t-elle une mère trop occupée ?

Lorsqu'elle décrira plus tard ses années au service de la famille de France, Colette de Kernars, engagée à la naissance des jumeaux en 1941, laisse transparaître de la comtesse de Paris le contraire d'une mère poule.

Elle la décrit maîtrisant peu sa turbulente smala et sa bande d'enfants élevés à la diable, plutôt sauvages et jamais en retard d'une bêtise. « En matière d'éducation, écrira plus tard, de son côté, la comtesse de Paris, j'apprécie la discipline et l'observance de certaines règles mais j'ai horreur de l'oppression et, dans le fond, je suis ravie quand j'apprends que l'esprit d'indépendance de mes enfants les a conduits sur des chemins que je n'aurais pas osé leur faire prendre moi-même [1]. »

C'est un miracle qu'aucun drame ne se soit produit dans l'enfance des jeunes princes. Néanmoins, on ne compte plus les bras cassés au sortir de chutes vertigineuses ou les disputes sanglantes, comme le jour où les jumeaux se sont querellés pour une locomotive... à coups de couteau suisse... atterrissant dans le mollet d'Anita. Au centre de la fratrie, en position médiane (curieux jeu de mots), la princesse Diane est chouchoutée par ses aînés et joue les meneuses auprès de ses cadets.

« Ça n'a pas toujours été si rose parce que, enfant, j'étais le vilain petit canard, l'ours mal léché du livre de contes que je lisais et auquel je m'identifiais, raconte-t-elle. Mon frère Henri jouait les aînés protecteurs avec moi, ce qui avait le don de m'agacer, d'autant qu'il pouvait se montrer parfois brutal et vindicatif. Je crois que, très tôt, il s'est mis à jalouser mon indépendance de caractère. Lorsque, par la suite, il voulait jouer au dauphin auprès de ses cadets, je lui envoyais des coups dans le dos qui le faisaient hurler, en lui disant : "Oh, mais tu as le dos fin !" Mon frère François, en revanche, était un amour avec moi. De mon côté, je l'idolâtrais et le parais

1. *Tout m'est bonheur, op. cit.*

de toutes les vertus. C'est simple, j'étais en admiration béate devant lui. Mes compagnons de jeux étaient surtout les jumeaux Jacques et Michel ainsi que ma sœur Anita, mon aînée de quinze mois. Je défendais les jumeaux parce qu'ils me suivaient dans toutes mes bêtises et ne voulais pas qu'ils prennent des coups injustement. J'ai d'ailleurs toujours eu une sainte horreur des sévices corporels et de la violence physique. Souvent corrigée, je devais me dominer pour ne rien dire, mais je ne supportais pas que l'on tape mes frères. J'ai du reste souvent revendiqué leurs incartades pour leur épargner des fessées... »

*

Si la princesse Diane se souvient peu de ses jeunes années au Maroc pendant la guerre – pour elle, l'affaire Darlan et l'implication supposée du comte de Paris dans son assassinat à Alger en 1942 se résument au silence qu'on imposait à la maison du kilomètre 9 pendant la convalescence de son père victime d'une crise de paludisme –, elle garde des souvenirs plus précis de l'arrivée de la famille d'Orléans à Pampelune en janvier 1944. Il est vrai que les études des aînés nécessitaient une reprise en main que la ville de Tanger n'offrait pas.

« Notre arrivée à Pampelune fut un véritable cauchemar. Nous avions passé neuf heures dans le train en provenance de Séville où maman nous avait imposé la visite de toute la famille. J'avais envie de pleurer parce que tout était gris et le sol mouillé et brillant. Je demandais sans cesse à Madeleine où était le soleil. Sur le quai de la gare, à un brave curé venu chercher la tribu, je dis même avec aplomb : “Votre ville est affreuse, je veux retourner au

Maroc." Je me disais avec conviction que je ne voulais pas vivre dans cet endroit hideux et triste. "Je veux repartir tout de suite !" tempêtai-je auprès de Madeleine, bien désolée. "Non, princesse Diane, nous sommes coincés, nous devons rester ici."

La maison où nous nous étions installés était laide mais très sympathique. Je me souviens surtout du grand escalier en bois avec une balustrade qui nous servait de point d'observation du hall d'entrée quand les parents rentraient avec des invités. Dans mes souvenirs, j'entends encore le bruit de la pluie qui faisait toc toc toc sur le plancher de notre salle de jeux et même au-dessus de nos lits protégés par des parapluies. Mais étant, malgré tout, une enfant positive et résolument optimiste, je trouvai bien vite un rayon de soleil dans ce paysage de pluie. Comme toujours, j'ai fait mon nid, me suis adaptée et j'ai cherché ce qu'il y avait de plus distrayant dans la situation. Tout autour du premier étage courait un balcon intérieur vitré qui desservait les chambres à partir du salon. C'est là que nous jouions Michel, Jacques et moi.

Un jour que nous disputions une course de chevaux de bois, mon frère Jacques commençait à m'agacer à force de tricher. Plus je lui en faisais le reproche, plus il me provoquait.

— Si tu continues, je te balance dans la vitre, l'ai-je menacé.

— Tu n'es même pas capable, fanfaronna-t-il.

— Cesse de m'énerver car je t'envoie vraiment dans la fenêtre, insistai-je.

— Tu n'es qu'une trouillarde, essaye donc ! me nargua-t-il à nouveau.

À la troisième provocation, j'ai joint le geste à la parole

et l'ai expédié dans la vitre la tête la première. Un morceau de verre est venu se planter sur son nez. Le sang pissait de partout tandis qu'il hurlait et j'étais affolée. Madeleine a accouru, suivie de Colette, l'adorable gouvernante bretonne, toute rouquine et ravissante.

— Princesse Diane, qu'avez-vous fait ? me demanda-t-elle avec autorité.

— Il m'a énervée, je l'avais prévenu. Mais je suis sincèrement désolée de ce qui est arrivé.

On a dû conduire Jacques à l'hôpital pour lui recoudre le nez. Il a toujours la marque, aujourd'hui, comme un souvenir de nos querelles d'enfants. »

*

Au chapitre des études, les enfants de France ne s'illustrent guère. Hélène et Isa se voient inscrites au pensionnat du Sacré-Cœur, tandis que les garçons Henri et François sont conduits au collège des capucins de Lecaros. Quand c'est au tour de Diane d'être confiée à la garde des bonnes sœurs, le cauchemar commence.

« J'ai gardé d'affreux souvenirs de ce collège où j'ai fait mon entrée vers cinq ou six ans, explique-t-elle. Comme c'était juste à la fin de la guerre, nous n'avions pas de quoi nous habiller. Et, pour que nous n'ayons pas froid, ma mère n'avait rien trouvé de mieux que de nous mettre des culottes en laine de notre grand-mère dans lesquelles nous flottions et qui nous arrivaient à mi-mollets. Lorsque nous arrivions en salle de classe pour enfiler nos tabliers, toutes les petites filles se moquant de nous à cause de cet accoutrement, je me sentais honteuse. Un jour, j'ai fini par demander à Madeleine de me les coudre et de les ajuster à ma taille... Mais nos complexes laissaient maman de marbre ! »

Très vite, Diane s'impose comme une forte tête. Au collège comme en famille.

« Il faut dire que j'étais insupportable, admet-elle. Comme je n'ennuyais en classe, je demandais toujours la permission de sortir pour aller aux cabinets, coup classique de tous les gosses. Une fois hors de la salle, je me précipitais vers la grosse cloche annonciatrice des récréations, m'en saisissais et l'agitais dans tous les sens en courant dans les couloirs de l'école. Toutes les filles – nous étions facilement six cents – sortaient d'un même élan, semant du coup une pagaille générale. Tout le monde riait, ce n'était pas très méchant et mes copines de classe étaient ravies car elles aimaient autant que moi les cours, mais la directrice de l'établissement n'appréciait guère. Après ce genre d'exploit, deux grandes filles des classes supérieures furent désignées pour me surveiller et m'escorter lorsque j'allais aux cabinets avec mission de me ramener ensuite ! Les bonnes sœurs, qui m'avaient surnommée "princesse Terremoto" (princesse tremblement de terre), avaient toujours la frousse que j'invente de nouvelles bêtises et s'en plaignaient sans cesse à mon père. »

Nul n'aurait songé à déranger la comtesse de Paris avec ces problèmes scolaires, trop occupée qu'elle était à organiser sa maisonnée et les goûters chez ses amis navarrais, les comtes de Rodezno, les comtes de Guendulain ou les marquis de Valencina. À l'inverse, la princesse Diane décrit le comte de Paris comme un jeune père attentif et aimant.

« Papa s'est toujours beaucoup occupé de moi, précise-t-elle. Lorsque j'étais malade – j'ai failli mourir d'une pneumonie à Pampelune –, il restait de longues heures près de moi à me tenir la main. Plus tard, au Portugal, il viendrait me distraire en s'asseyant sur mon lit pour jouer avec moi à la crapette. Lui seul eut le droit de me donner un surnom : Dianouschka.

Par ailleurs, papa prenait plaisir à imaginer pour nous des activités ludiques ou sportives. Il insistait pour que nous fassions du sport et menait la troupe en promenade, à pied ou à bicyclette. Souvent, comme j'étais trop petite et renâclais à marcher, papa me portait, à moins qu'il ne me hisse sur sa bicyclette, m'installant devant lui sur une petite selle fixée à la barre avant. C'était grisant. Je m'asseyais sur la selle et il pédalait tandis que je pouvais tout à loisir regarder le paysage.

Papa présidait à tous nos jeux et s'amusait avec nous lorsque nous partions attraper les têtards dans les rivières de montagne ou pêcher des écrevisses dans les ruisseaux où l'on pataugeait pendant des heures. C'est lui aussi qui nous emmenait à la plage à Saint-Sébastien ou Zaraos.

Mon père était mon héros, je le trouvais si beau avec ses pommettes saillantes, son regard bleu profond qui virait au gris lorsqu'il piquait une colère et son allure élégante d'acteur américain un peu du genre d'Errol Flynn. Il m'encourageait à faire des pirouettes et des acrobaties avec des anneaux et un fil d'équilibriste qu'il avait installé dans le garage. Papa protégeait déjà ma fantaisie. Nous avions un jeu lorsque, dans les ruisseaux, je construisais des ports imaginaires : il me taillait de son couteau des petits bateaux dans des morceaux de bois. Avec mon père, nous rêvions que c'était des paquebots qui nous emmenaient par-delà les mers, nous les voyageurs au long cours... »

★

Il est vrai qu'en ce temps-là il s'en est fallu de peu que la famille soit géographiquement séparée car, en 1944, le gouvernement de Vichy avait demandé au gouvernement espagnol d'éloigner le comte de Paris de la frontière française... Il fut ainsi exilé quelques mois à Séville où il résida chez sa tante l'infante Louise – sœur de la duchesse de Guise et de la reine Amélie de Portugal – et son époux l'infant Don Carlos de Bourbon qui vivaient au palais de San Telmo. C'est là que leur fille Esperanza se fiança, au printemps 1944, avec le frère de la comtesse de Paris, Dom Pedro-Gastaõ d'Orléans-et-Bragance.

« Pour le mariage à Séville, le 18 décembre 1944, je me souviens juste que maman nous avait fait confectionner des jolies robes bleues à col de dentelle blanche dignes d'un tableau de Nattier, raconte Diane de France. Et qu'avec les jumeaux je ne cessais d'inventer mille bêtises comme farfouiller dans le sable des cendriers-crachoirs de l'hôtel Ritz où nous avions fait escale à Madrid. »

★

Certaines fêtes pamplonaises sont restées gravées dans la mémoire de la petite princesse autant que dans la chronique familiale. Aux Saints-Innocents, le 28 décembre, le grand jeu consistait à bombarder de boules de neige le collège de Pampelune que dominait le balcon de la maison. De part et d'autre, on ne comptait plus les vitres brisées !

Des dégâts bien légers en comparaison de ceux que subissaient les imprudents le jour de la Saint-Firmin, fête du patron de la ville... laquelle durait en réalité près d'une semaine à compter du 7 juillet. « Tandis que papa et mes frères aînés participaient à la ruée générale en courant entre les bœufs conducteurs et les taureaux qu'on lâchait dans les rues de la ville, avec maman nous assistions du haut d'un balcon d'une maison d'amis à l'*encierro*, le cœur palpitant, de peur qu'un garçon ne soit écrasé par un bœuf ou encorné par un taureau. J'avais compris que pour éviter un coup de corne, il faut se jeter dans le caniveau car, à cause du trottoir, la bête ne peut vous atteindre. »

⋆

D'autres célébrations, moins païennes, se profilaient, comme la communion de la princesse Diane, à Pampelune, le 12 mai 1946.

« J'ai toujours eu, en matière religieuse, des conceptions très particulières, confie la princesse. Mes parents allaient de surprise en surprise. Déjà, au musée du Prado de Madrid, j'avais tempêté jusqu'à ce que j'obtienne en cadeau une carte postale représentant la *Diane chasseresse* de Titien, que j'instituai aussitôt ma sainte patronne et punaisai au-dessus de mon lit, entourée d'une débauche de plumes... Il est vrai que l'on ne célébrait jamais nos anniversaires, mais seulement nos fêtes patronymiques. Or on aurait cherché en vain une sainte Diane dans le calendrier ! Le soir, au salon, après le dîner, nous disions la prière en commun. Chaque fois que je posais des questions théologiques, simplement pour comprendre ce que je devais réciter, on me répondait invariablement : "Tais-toi et obéis !" C'était idéal pour que je développe mes propres théories religieuses... pas très orthodoxes.

Un soir que je prolongeai ma prière, agenouillée et abîmée dans un profond recueillement, mes parents s'étonnèrent de ma ferveur. Observant la scène reproduite plusieurs jours, papa finit par m'interroger :

— Quelle prière récites-tu ?

— Je prie le diable ! répondis-je benoîtement

— C'est très mal, c'est un grave péché..., m'admonesta mon père

— Mais papa, c'est plus prudent, lui expliquai-je avec ma logique : je lui demande de me laisser tranquille. Je préfère l'avoir de mon côté que contre moi !

Malgré mes airs de sauvageonne, je suis très pénétrée par la foi, et je me souviens d'avoir été profondément émue le jour de ma première communion. J'avais une mignonne robe blanche, agrémentée d'une couronne sur la tête et je me suis promenée ainsi toute la journée dans les rues de Pampelune. À un moment, deux chenapans sont passés à côté de moi :

— Regarde, qu'est-ce qu'elle fait celle-là tout habillée de blanc ? se sont-ils moqués.

Je me suis alors tournée, très triste mais imprégnée de la solennité du moment, vers Madeleine qui m'accompagnait.

— Madeleine, vous devriez leur expliquer la vérité et leur dire que je vais recevoir Jésus !

— Mais, princesse Diane, on ne peut pas expliquer ça dans la rue, me répondit-elle en me laissant dans un abîme d'incompréhension alors qu'une révolte sourdait en moi.

J'ai alors tourné mes pensées vers Dieu et lui ai dit dans ma grande naïveté d'enfant :

— Dis donc ! Moi je veux bien te défendre contre ces imbéciles, mais toi, là-haut, il va falloir que tu m'aides un peu aussi.

Depuis ce jour, j'ai toujours eu en horreur les moqueries religieuses et les manifestations d'intolérance envers quelque croyance que ce soit. J'ai également entamé un dialogue direct avec Dieu, les anges gardiens, la Vierge... qui se passe volontiers de l'intermédiaire des prêtres et des autorités ecclésiastiques. »

*

Très vite, en cette année 1946, il est question d'un nouvel exode pour rejoindre un lieu plus propice aux activités politiques du comte de Paris, lequel semble ronger son frein dans l'ambiance ouatée de Pampelune. D'autant que la frontière avec la France reste hermétiquement close pour lui. Après avoir un temps songé à l'Irlande, il jette son dévolu sur Lisbonne.

Pour l'heure, la famille est surtout préoccupée de la santé du nouveau-né, la princesse Chantal, née le 9 janvier 1946, victime d'une jaunisse foudroyante. À cela s'ajoute une épidémie de rougeole sur la maison, suivie par une nouvelle crise de paludisme du comte de Paris lui-même.

C'est donc seulement le 15 juillet 1946 que la famille s'embarque pour le Portugal, s'installant d'abord chez des amis banquiers et mécènes, les Espiritu Santo, avant de dénicher la perle rare, la Quinta do Ajinho, la maison de l'angelot, prise d'assaut en octobre de la même année. D'abord louée à Fausto Figueredo, la grande bâtisse connaît des débuts dramatiques puisque, le jeudi 24 octobre 1946, un feu de cheminée se propage et ravage les chambres d'enfants, en l'absence du comte de Paris, en voyage à Londres. Quelques mois plus tard, en mars 1947, celui-ci décide d'acheter la Quinta avec la ferme, les soixante-quinze hectares de terre, les oliviers, les orangers et les trente vaches.

Située à vingt-sept kilomètres de Lisbonne, à Sintra, la Quinta do Ajinho a des allures de villa aristocratique, regorgeant de mobilier précieux et d'œuvres d'art, même si, côté jardin, la propriété se transforme – grâce au fils de la gouvernante Mme Burais, Raoul Nataf – en ferme modèle avec cent cinquante moutons, soixante-quinze vaches, des cochons, des chevaux... Sans oublier des animaux domestiques qui prennent pension... dans la chambre de la princesse Diane.

« Au grand dam de ma sœur Anne dont je partageais la chambre, j'avais une vraie ménagerie avec Mac le labrador, Mitsou le chat, des poissons rouges, un cochon d'Inde, deux souris et des perruches..., se souvient-elle en souriant. L'une d'elles ayant pour habitude de se poser sur la tête des gens, mes aînés voulurent un jour vérifier si leur professeur de dessin, Mlle Possot, portait une perruque. Comme ses boucles résistèrent à l'assaut de l'oiseau, il fallut bien se rendre à l'évidence : sa chevelure n'avait rien d'un postiche ! »

⋆

Ces années portugaises ont profondément et durablement marqué le caractère de la princesse Diane, lui montrant qu'elle est riche d'un tempérament et d'une façon de voir la vie et d'appréhender le monde uniques.

« À neuf ou dix ans, j'ai compris que j'étais différente des autres, reconnaît-elle. J'ai observé mes parents avec toute la lucidité dont je pouvais faire preuve et suis entrée en rébellion, coupant définitivement le cordon ombilical. Sans, pour autant, ni prendre les armes ni faire la révolution. Je me suis simplement dit : je ferai ce que je veux de ma vie, sans laisser personne décider à ma place ni m'influencer. Je ne remis pas en cause l'autorité ni la hiérarchie – incarnée par mes parents –, mais je me suis résolue à m'assumer seule, à choisir mon destin et à vivre ma vie de manière indépendante. »

La petite « sauvageonne » aux longues nattes tressées blondes va peu à peu s'émanciper de l'intérieur. Et entrer en résistance.

Lorsque l'on feuillette la collection du journal monarchiste *Ici France*, que publie à cette époque le Centre d'études et de documentation affilié au comte de Paris, et qui suspendra sa parution en novembre 1947 après la mise en garde du prince contre les erreurs des comités monarchistes, voici ce qu'on peut lire le 25 mars 1947 : « Les cheveux très blonds, gros yeux bleus, surprenante voix de basse aussi lymphatique et paresseuse qu'intelligente, la princesse Diane est encore à sept ans un gros bébé affectueux. Ses reparties cocasses sont célèbres dans la famille. Qu'on en juge d'ailleurs par ce portrait que nous lui avons demandé : "J'aime beaucoup jouer et crier dans le vent et pas du tout travailler, ni courir, ni sauter. À table, j'aime le saucisson et je déteste les épinards." »

Des premières déclarations chocs à la presse que la

petite princesse approfondit d'ailleurs dans le bulletin familial baptisé *Nous Onze* après la naissance, le 20 janvier 1948, du petit dernier, Thibault, bientôt surnommé « P'tit Beau ». C'est le comte de Paris qui eut l'idée de ce journal interne et intime à tant de mains. Après avoir rapporté des États-Unis une presse à bras, il avait conseillé à la fratrie de consigner les moindres événements familiaux. Sous la houlette d'Henri, directeur du journal, d'Isabelle, rédactrice en chef, d'Hélène, administratrice et de François le typographe, les autres jouaient aux jeunes reporters ou aux assistants imprimeurs.

À la même époque, leur père publie aussi *Entre Français*, s'apprête à relancer son « Bulletin » mais, à titre privé, rédige des notes, consignes, recommandations, toujours ressenties à la Quinta – qu'il veut régenter même de loin – comme des ukases.

« Par exemple, papa exigeait que nous connaissions par cœur la liste complète des rois de France de Clovis à Louis-Philippe, explique la princesse. J'étais si nulle à ce jeu que la sanction tombait immédiatement : on me privait de plage un jour de canicule ou on m'interdisait de pique-nique. Cela me révoltait parce que je ne crois pas que ce soit la meilleure façon d'apprendre l'Histoire. Ne vaut-il pas mieux, en effet, connaître l'enchaînement des événements et les péripéties des peuples d'Europe plutôt que de débiter une longue lignée familiale ? Depuis, je suis devenue allergique aux généalogies. Aujourd'hui encore, j'attrape mal au crâne dès que des cousins pompeux se mettent à vouloir me promener dans les méandres de leur prestigieuse généalogie royale ! »

*

Il n'y a pas qu'à l'Histoire que la princesse est réfractaire. Elle brave l'autorité parentale lorsqu'elle veut s'exercer sur les questions d'éthique morale, sociale ou religieuse.

« Jusqu'à mon mariage, chaque fois que je donnais mon avis, que j'émettais une idée – souvent en rupture avec celles de notre famille ou de notre milieu –, on me reprenait avec violence : "Tais-toi, tu n'y comprends rien, tu n'es qu'une idiote !" Au début, mes parents s'en étaient amusés et m'appelaient "Saint Jean Bouche d'or". Puis mes "impertinences" lassèrent. Mon seul tort, souvent, consistait à dire la vérité telle que je la ressentais. Alors on me prenait pour une imbécile, jugement qui arrangeait tout le monde puisque la vérité est trop dérangeante.

À la fin, mon cher père, ne supportant plus l'esprit de fronde que je faisais régner à la Quinta, voulut me faire examiner par une psychologue, Mme Hoppenot, tant il était persuadé que je devais être débile légère. Avant de rendre son verdict, cette femme revêche passa ses journées à nous observer, moi particulièrement, dès l'heure du petit déjeuner. Je sentais que mon esprit fantasque et fantaisiste l'agaçait autant que sa présence m'était insupportable. Je n'avais en effet aucune minute de répit, étant toujours placée sous sa surveillance.

Une fois, pour la provoquer, je dessinai des pattes de chat dans la baratte de beurre mou avant de la lui tendre.

— Je n'en prendrai pas, pourquoi avez-vous laissé votre chat faire cela ? me demanda-t-elle.

— Mon chat Mitsou est très propre, vous pouvez prendre du beurre, je le fais bien, moi !

— Princesse Diane, c'est inadmissible, il y a des choses qui ne se font pas ! s'énerva-t-elle.

— Pour quelle raison voulez-vous que je vous obéisse ? Vous n'avez pas à vous mêler de mes affaires. Ici, je n'obéis qu'à mes parents. Et quand ils sont absents, je ne rends de comptes qu'à moi-même. Vous n'avez absolument rien à me dire, lui ai-je asséné du haut de mes neuf ans.

Les conséquences furent terribles. Lorsque papa est rentré de voyage quelques semaines plus tard, elle lui a fait un rapport sans appel. "La princesse Diane est insupportable, jamais vous n'en tirerez rien. Elle est complètement idiote, vous devriez la placer dans une école spécialisée."

C'est ainsi que je me suis retrouvée dans une institution pour handicapés mentaux. Le monde s'effondrait autour de moi, mais surtout, ce qui s'avérait plus grave, je perdais soudain toute confiance envers les adultes et particulièrement mes parents. »

⋆

En 1949, dans le Portugal de Salazar, à quoi peut bien ressembler une école pour déficients mentaux ? À rien, évidemment, qui puisse se rapprocher des collèges dont rêvent les petites filles !

Dans une rue sombre et étroite du vieux Lisbonne, une maison triste. Là, on grimpe un escalier sans lumière, on franchit la porte grise d'un vieil appartement défraîchi, aux parquets grinçants, découpé en minuscules salles de classe où s'entassent des pupitres et des bancs. Diane de France découvrit une autre planète. Celle où la liberté de ton, l'indépendance d'esprit et l'originalité de caractère doivent être broyées sur l'autel de la bienséance. Celle où on condamne une fillette vive et pas le moins du monde « en retard » intellectuellement et psychologiquement à freiner ses élans, brider son tempérament, ralentir sa croissance intellectuelle. Réfractaire aux cours de l'abbé Loyez et de l'abbé Brachet, le prince François connaîtra le même sort et devra rejoindre, à son tour, sa sœur Diane et cette institution sévère.

« Nous devions écrire sur de grands cahiers le nom portugais des choses qui y étaient dessinées – chat, pomme, fromage... –, explique la princesse. Ce que je faisais en quelques instants tandis que mes camarades de classe ne parvenaient ni à reconnaître une pomme d'un chat ni à écrire. Si bien que la maîtresse, une dame grassouillette qui suintait l'autosuffisance, leur assénait une volée de coups de bâton tant qu'ils ne parvenaient pas à effacer leurs erreurs à l'aide d'une gomme. Affolés, ils n'y arrivaient pas et se voyaient à nouveau frappés. Je ne supportais pas ce lamentable spectacle.

Au début, je détournais ses coups vers moi en endossant leurs fautes, mais j'ai tenu une semaine ! Un jour, alors que je prenais le frais sur le balcon grillagé de cet appartement – d'où nous ressemblions à des petits singes emprisonnés –, en regardant le ciel j'ai estimé qu'il existait une limite aux souffrances que je pouvais endurer. J'ai pris alors conscience que, d'urgence, je devais sauver ma peau. Comme il a fallu que je tienne deux ans dans cette école, j'ai choisi de jouer à l'idiote afin qu'on me laisse tranquille.

C'est à ce moment-là que j'ai coupé le cordon ombilical, estimant que je ne devais plus rien à mes parents. Certes, ils m'avaient mise au monde, mais ils voulaient désormais me réduire à la soumission. J'ai pris la sage décision d'avancer dans l'existence sans compter sur l'aide de quiconque. À dix ans, je devais donc me défendre, me battre seule et sauver ma peau !

La seule personne qui nous ait défendus, François et moi, fut Madeleine. J'ai en effet su, des années plus tard, qu'elle était allée plaider notre cause auprès de nos parents, mais en vain. À cette époque douloureuse, quelque chose s'est brisé en moi, mais une force nouvelle est née et m'a fait grandir. Forte du dicton assurant que "les épreuves qui ne vous tuent pas vous rendent plus fort", j'ai alors appris à me détacher des contingences de la vie et des servitudes du quotidien, animée que j'étais par mon idéal supérieur. Et j'ai compris que ma vraie famille serait celle que je me choisirais, une famille de cœur composée d'amis fidèles.

La sourde révolte de mon enfance m'a définitivement rangée dans le camp des originales et des rebelles. Mais je m'en suis toujours moquée, dès lors que j'ai bataillé pour sortir de cette impasse et chercher à tâtons le chemin vers le bonheur... »

*

De cette humiliante expérience, qui plus est déstructurante psychologiquement, la petite princesse Diane a tiré une leçon majeure. Elle a appris à mener sa vie en toute indépendance sans jamais laisser rien paraître de sa détermination lorsqu'une quelconque autorité s'imposait.

« Je me suis vite rendu compte que notre père, précise-t-elle, accaparé par ses affaires politiques, n'avait plus de prise directe sur la réalité quotidienne de sa propre famille. À l'époque, alors qu'il réfléchissait à la restauration monarchique en France permettant à un pouvoir arbitral de protéger les libertés individuelles et locales, il imposait à ses enfants un code de conduite d'un autre âge. Je crois qu'il nous voyait autrement que nous étions, nous idéalisait, nous rêvait différents. "Les princes de France ont plus de devoirs que de droits", nous répétait-il à l'infini. Mais moi, j'avais surtout le devoir de me taire !

Mon père entrait d'ailleurs dans des rages folles lorsque je contestais ses décisions. Les altercations les plus violentes naissaient de mon impertinence. Ainsi, sur le plan religieux, on nous exhortait à la tolérance, à l'amour du prochain, mais papa refusait de recevoir des divorcés à la maison et, pire encore, les excommuniés. Je me souviens que quelques années plus tard, alors que nous passions des vacances au Portugal, je m'étonnais qu'on n'invitât jamais aux fêtes de famille la reine Giovanna de Bulgarie, mère de notre cousin le jeune roi Siméon et qui vivait en exil à Estoril. En fait, aux yeux de mes parents, elle était bannie de notre table sous prétexte d'avoir renié la religion catholique pour embrasser la religion orthodoxe et épouser le tsar Boris III des Bulgares. Lorsque j'invoquai la raison d'État, et surtout la preuve éblouissante d'un amour éclatant pour ce grand monarque, la réponse fusa, cinglante :

— Tais-toi, tu n'es qu'une imbécile !

Que devais-je penser de parents arc-boutés sur leurs principes en interprétant abusivement une religion fondée justement sur l'amour ? Et quand le pape Jean XXIII absolut son "péché" quelque temps après, tout le monde se précipita pour l'inviter. Ô abîmes d'hypocrisie ! »

★

Tandis que défilent à la Quinta do Ajinho les membres du Gotha apparentés, tels le roi Léopold III et la princesse de Réthy, la reine Élisabeth de Belgique et sa fille Marie-José, reine d'Italie le temps du mois de mai 1946, les Habsbourg palatins de Hongrie ou, de retour d'exil avec l'autorisation de Salazar, le duc de Bragance, prétendant au trône portugais, celle que tous surnomment « le vilain petit canard », « l'ours mal léché » ou « la sauvageonne » se construit un univers sans contraintes et s'affranchit des règles, préférant tenir compagnie à Madeleine ou à Mme Burais dans sa cuisine.

« Être prise pour une imbécile a finalement été une aubaine pour moi ! assure Diane aujourd'hui. Je me suis dit qu'une belle vie s'ouvrait à moi, que je n'avais plus besoin de déployer des efforts pour travailler puisque, de toute manière, j'étais considérée comme complètement idiote... Comme mes parents avaient lamentablement échoué dans leur éducation en m'enfermant dans cette institution pour jeunes aliénés mentaux, on m'a assignée à résidence à la Quinta, sous la surveillance de Madeleine, de Colette et du bon abbé Loyez. Devenant inutile de tenter de m'inscrire dans un collège – après une telle expérience scolaire et l'étiquette qu'on m'avait collée, personne ne voulait de moi –, je suis devenue une autodidacte. J'ai appris l'anglais avec Madeleine, et la vie avec les époux Burais et leur fils Raoul. Rejetée par les miens, j'ai trouvé l'affection auprès des paysans et des personnes de conditions très modestes auxquelles j'allais rendre visite pour leur apporter de l'aide matérielle.

À la Quinta, tandis que les grands dînaient dans la

salle à manger, moi j'étais souvent dans les coulisses à faire les quatre cents coups. Ayant toujours été gourmande, mon refuge de prédilection était la cuisine. J'allais constamment embêter Mme Burais qu'on appelait "Kartoffel purée" (purée de pommes de terre).

— Ne touchez à rien, s'il vous plaît, princesse Diane, me demandait-elle dès qu'elle me voyait rôder près de ses fourneaux.

Il est vrai qu'elle avait un tel art pour dénicher à Lisbonne un de ces camemberts au lait cru qui faisait mes délices, que je l'entamais et qu'il n'était plus présentable à la table des invités de mes parents.

— Ne vous inquiétez pas, répondais-je, je vais l'engloutir complètement et vous n'aurez plus besoin de le servir.

— Princesse Diane, sortez d'ici tout de suite ! intimait-elle, se demandant quelle serait ma prochaine victime – souriante et consentante –, la cuisinière, le vacher, la gardienne des poules, le menuisier, le garagiste !

Ces êtres généreux m'ont plus appris que mes parents.

Dès six heures du matin, première levée, je courais aider Mme Burais à préparer pour le personnel le petit déjeuner servi sur une grande table de marbre. Pour éviter les chamailleries inutiles, je devais attribuer à chacun deux miches de pain, cent-cinquante grammes de beurre sur une petite assiette et trois cuillérées de confiture de fraises maison. Ensuite, je l'accompagnais dans les réserves où elle me surprenait souvent à chaparder des crackers anglais que je trempais goulûment dans les pots de miel en terre cuite. Quand elle me chassait de sa cuisine, je me dirigeais vers la buanderie et la lingerie où elle surveillait les fers à repasser que nous faisions chauffer avec du charbon.

J'ai donc passé ma jeunesse dans les coulisses d'une grande maison, non comme la jeune fille de la famille, mais comme une sorte de fille au pair... ou de mouche du coche. Ceux que j'asticotais le plus étaient les braves curés qui venaient chaque dimanche dire la messe. Quand je les observais dans la sacristie, "Une jeune fille n'a rien à faire ici !" grondaient-ils. Pour les faire rugir, je leur disais que je venais déguster quelques hosties avec du vin de messe et un peu d'eau bénite. Leur mine déconfite et outragée suffisait à me faire planer au plus haut des cieux ! »

*

La religion alimente nombre de sujets de disputes en famille tant la petite princesse Diane refuse d'obéir au dogme sans broncher. Elle remet tout en cause, bombarde ses parents, ses gouvernantes ou les abbés de questions et ne se soumet qu'à son implacable logique.

« À cette époque, les fidèles obtenaient des indulgences en ne mangeant pas de viande et en payant une dîme. Très vite, j'ai refusé cette hypocrisie.

Une autre fois, j'ai mangé de la viande... c'était un vendredi. Scandale dans la maison ; on me promit l'enfer et la damnation ; le malheur devait s'abattre sur nous tous par ma seule faute.

— Vous êtes ridicules, leur ai-je répondu. Vous ne croyez tout de même pas à ces sornettes. Le bon Dieu va se fâcher contre moi parce que je mange de la viande ? À qui allez-vous faire croire cela ? Je trouve que dans la hiérarchie des péchés, auxquels vous vous référez sans cesse, il en est de bien plus terribles : dire du mal des autres. Vous pratiquez la médisance, vous allez vous confesser, priez à la messe les genoux à terre et en sortant, hop, vous jetez un regard critique sur tout et tous.

Avec ce genre de diatribes, j'ai achevé de passer pour une princesse diabolique, voire une possédée démoniaque en remettant en cause ces indulgences qui permettaient aux plus riches de s'acheter une place au paradis.

À vrai dire, j'avais l'habitude d'être au centre des querelles théologiques depuis le jour – je devais avoir six ans – où, à la veille d'un pèlerinage à Fatima auquel nous participions chaque année le 13 août, j'avais avalé mon cierge ! La question fut de savoir, en famille, si j'avais rompu le jeûne eucharistique et si j'allais pouvoir communier... Ma chère grand-mère Orléans-et-Bragance, venue vivre chez nous au Portugal avant de décéder en 1951, s'offusqua de mon irresponsabilité religieuse et adressa à maman un regard plein de reproches lorsque je lui répondis avec mon sourire angélique :

— Écoutez, grand-maman, moi je prie à ma manière et je n'ai pas envie de prier comme tout le monde !

Lorsqu'elle entama son agonie, je ne pus d'ailleurs m'empêcher de nous trouver grotesques tous agenouillés autour de son lit dans un silence recueilli interrompu seulement par le "clip, clop" de la jambe de bois de la couturière Carlotta.

— Pourquoi on n'emmène pas grand-maman directement au paradis ? Pourquoi vous ne lui donnez pas une piqûre pour la faire mourir plus vite sans souffrances ? ai-je même osé demander un soir.

— Notre vie est entre les mains de Dieu, seul Dieu décide de l'heure de notre mort, me répondirent en chœur mes frères et sœurs, interloqués et choqués.

— Oui, mais Dieu n'a jamais demandé que l'on souffre autant, ai-je objecté.

Déjà je refusais de m'accrocher aux principes, fussent-ils religieux, s'ils me paraissaient en totale contradiction avec le respect de la personne humaine.

D'où me venaient ces idées, ô combien révolutionnaires à cette époque et plus particulièrement dans ma famille ? Je ne saurais le dire. Mais je crois que, très tôt, j'ai été une enfant libre, affranchie, sauvage. Après l'expérience traumatisante de l'institution pour handicapés mentaux, je n'avais plus peur de rien ni de personne. La liberté commence toujours dans notre tête. Dès que mon esprit se libéra des chaînes familiales et se détacha du cordon ombilical, plus rien n'aurait pu entraver ma longue marche vers le choix de mon propre destin. »

*

Ce destin, Diane de France, future duchesse de Wurtemberg, va le construire elle-même. En édifiant sa propre ligne de conduite, en s'abreuvant de lectures, en se forgeant sa propre éducation et sa propre culture. Seule.

« À l'adolescence, je me suis instruite en piochant dans la bibliothèque familiale les ouvrages reliés que personne n'ouvrait jamais et qui provenaient des différentes propriétés familiales éparpillées. Je lisais tout : histoire, théologie, psychologie, philosophie, sciences naturelles et humaines... Mais ma connaissance des choses de la vie, je la dois à l'observation de celles et ceux qui nous entouraient. J'ai déjà expliqué que je trouvai plus d'affection dans le regard des femmes de chambre, des cuisinières ou de nos gouvernantes qu'auprès de nos parents pour qui l'éducation d'un enfant ressemblait à la mise au pas d'un jeune appelé du contingent. J'échappais au carcan familial, en refusant de me couler dans le moule.

Mes deux nattes blondes, voletant derrière moi lorsque je courais et que mon frère Jacques tirait sans arrêt, attestaient d'ailleurs déjà de ma rébellion esthétique. Nous avions, avec ma sœur Anne, une bonne chargée de nous aider à nous préparer le matin. Amalia, c'était son prénom, devait me tresser les nattes tous les jours. Je l'aimais beaucoup, d'autant que ma sœur Anita la snobait sans que je n'en connusse la raison. Cet étrange mystère devait m'être enfin révélé par Mme Burais : Amalia n'était pas mariée et avait un amant !

— C'est quoi un amant ? avais-je demandé, à court d'informations.

— Elle vit avec un monsieur sans être unie à l'église, me jeta-t-on comme seule explication.

Ma logique compléta l'équation :

— Qu'est-ce que ça peut faire ? Si elle l'aime et qu'ils sont heureux ? avançai-je.

Aussitôt, le lendemain matin, pendant ma séance de coiffure, je demandais à Amalia quelques confidences sur son amant. Après avoir hésité, elle se résolut à me raconter sa douce liaison qui l'emportait tous les dimanches dans le tourbillon de la passion amoureuse. Le lundi, elle revenait les poches pleines de chocolats qu'elle m'offrait comme prix de mon écoute attentive, et notre complicité grandissait. Jusqu'au jour où papa lui demanda de ne plus me peigner. Voulait-il briser notre entente, sanctionner les aventures coupables d'une soubrette dont il craignait qu'elle ne me mît de folles idées en tête ou tout simplement me priver d'un soutien affectif qui me pénaliserait au quotidien ?

Je fis front et décidai de me débrouiller seule, non sans m'offrir une ultime provocation. Chaque jour je défis un peu plus mes nattes, de sorte que je me mis peu à peu à ressembler à une meule de foin. Un matin, le regard bleu d'acier de papa se figea sur moi :

— Diane, tu n'es pas peignée ?

— C'est vous qui l'avez voulu, papa, en interdisant à Amalia de m'aider. Vous ne voulez pas tout de même que je défasse ce que je ne sais pas refaire ensuite ?

Dans mon dos, j'entendis la voix mi-attendrie mi-inquiète de Mme Burais :

— Cette petite princesse Diane est incroyable ; elle a réponse à tout et cloue le bec à ses parents en toutes circonstances.

Aucun compliment n'aurait pu me faire plus plaisir.

Dans un autre domaine, si, par la suite, je me suis orientée vers l'art, c'est que j'avais l'intime conviction que personne, dans ma famille, ne viendrait marcher sur mes brisées. Je pressentais qu'il s'agissait d'un registre où l'on ne pourrait pas m'imposer des codes, des règles, des "ça ne se fait pas", ni le redoutable exemple des ancêtres au nom desquels la morale familiale s'impose. Ce qui n'empêcha pas maman, en voyant mes premières créations, de persifler sur mon style, le choix des couleurs, m'assurant "qu'elles n'allaient pas ensemble". Des années plus tard, alors que je travaillais dans mon atelier de peinture, une tante se permit de contester mon choix de couleurs. Ma repartie fut cinglante :

— Écoutez, ma tante, prenez des pinceaux, des couleurs et faites votre propre tableau. Je vous demande seulement de me laisser peindre le mien à ma fantaisie.

Ce qui peut sembler paradoxal, en découvrant cette jeunesse qui peut sembler dure, c'est qu'avec le recul je n'en éprouve pas de regret. Quand je me replonge dans les souvenirs de mon enfance et de mon éducation, je n'ai en effet pas le sentiment que ce fut particulièrement douloureux ni pénible. Non que cette période fût exempte d'expériences traumatisantes, mais parce que, au contraire, je les ai acceptées et assumées en me disant : “La vie est à l'image de la météo, changeante, parfois orageuse, pluvieuse, mais toujours en attente du retour du soleil.” Je n'ai eu d'autre choix que de m'adapter aux circonstances et d'accepter la situation comme elle se présentait. J'ai connu des jours d'orages, de pluie, de grêle, et me suis protégée sous un imperméable, un parapluie et en chaussant des bottes.

Loin de m'apitoyer sur mon sort, j'ai puisé en moi la force d'attendre des jours meilleurs. »

*

Pour la famille de France, l'horizon lumineux semble s'ouvrir le 16 mai 1950.

Ce soir-là, l'Assemblée nationale examine le projet de loi abrogeant le texte de 1886 qui « interdit le territoire de la République aux chefs des familles ayant régné sur la France et à leurs héritiers directs dans l'ordre de primogéniture ». Le projet présenté par le député MRP d'Ille-et-Vilaine, Paul Hutin Desgrées du Loû, est adopté par trois cent quatorze voix contre cent soixante-dix-neuf.

Fiévreux, le comte de Paris attend, en famille, le résultat des votes. La soirée traîne en longueur à la Quinta où nul n'ose troubler le suspense qui pèse sur l'avenir. Vers une heure du matin seulement, le téléphone sonne. La princesse Isabelle, partie l'année précédente poursuivre sa scolarité à Sainte-Marie de Neuilly, annonce, triomphale, l'heureuse nouvelle.

Après un long débat devant les sénateurs – la haute assemblée portait alors le nom de Conseil de la République –, la loi d'exil est définitivement abrogée le 24 juin.

N'était-ce pas la suite logique des mesures de clémence et d'assouplissement de la loi accordées par le président Vincent Auriol au comte de Paris lorsque ce dernier, deux ans plus tôt, avait sollicité une dérogation pour le dauphin Henri afin qu'il poursuive ses études en France ? Si les portes de Paris lui étaient restées encore fermées, le prince Henri avait pu s'inscrire à la rentrée de 1948 au lycée Montaigne de Bordeaux tandis que son cadet, François, avait rejoint un collège à Pontoise.

Discrètement, le gouvernement fait donc rapidement savoir au comte de Paris qu'il peut à son tour revenir en France... à condition de suivre l'exemple du prince Napoléon et de renoncer à toute activité politique publique.

« Je me souviens que papa et maman ont réveillé toute la maisonnée pour improviser une fête afin de célébrer dignement cet événement historique, soixante-quatre ans après l'exil de notre famille[1], explique la princesse. Pour moi, les regrets de laisser au Portugal ma joyeuse bande de cousins étaient adoucis par la perspective d'une nouvelle vie qui s'offrait en France, où je n'avais jamais vécu autrement qu'en touriste lorsque maman nous emmenait passer quelques jours à Paris ou au château d'Eu. »

On peine aujourd'hui à imaginer le retentissement qu'eut l'annonce de la fin de cet exil. Les journalistes et reporters de presse défilaient à la Quinta.

« Nos parents, partis pour Rome où, en cette année sainte le pape Pie XII canonisait notre aïeule Jeanne de France, fille de Louis XI, furent accueillis par une chaleureuse clameur à leur arrivée à la basilique Saint-Pierre, et partout salués comme des héros et entourés d'une bienveillante curiosité », ajoute Diane.

Sensible aux symboles, le comte de Paris choisit de rentrer en France le 5 juillet, jour de son anniversaire, en empruntant, depuis Londres et jusqu'à Paris, *via* Douvres et Calais, le chemin qui avait conduit sa famille en exil. La terre de France retrouvait la famille de France.

⋆

1. La loi d'exil avait été promulguée le 22 juin 1886 au lendemain du mariage de la princesse Amélie d'Orléans – fille de « Philippe VII », comte de Paris, lui-même petit-fils du roi Louis-Philippe Ier – avec l'héritier du trône portugais, le futur roi Dom Carlos Ier. Devant l'effervescence diplomatique que suscita l'événement, la IIIe République prit peur et fit voter l'exil des chefs des dynasties ayant régné sur la France. À lire, *Moi, Amélie, dernière reine de Portugal*, du même auteur chez Denoël.

« En attendant que mon père ait jeté son dévolu sur le Cœur-Volant à Louveciennes et entreprenne des travaux titanesques qui ne nous permirent pas une installation avant l'automne 1953, je poursuivais tant bien que mal ma scolarité chaotique dans l'école Saint-Louis des Français que dirigeait l'abbé Brachet, précise la princesse. Avec ma sœur Anita, nous avions inventé un code qui consistait à ne nous exprimer qu'en langue syldave dans le tramway nous conduisant à l'école afin de passer pour deux étrangères. D'autant que notre sœur aînée Hélène préférait effectivement montrer que nous lui étions étrangères ! Résultat, pour la faire enrager j'en rajoutais et mimais parfois une éclopée ou une simple d'esprit. Il est vrai que j'avais été à bonne école... Les week-ends et les jeudis, nous retrouvions nos cousins espagnols, enfants du comte et de la comtesse de Barcelone, et martyrisions cette pauvre Margot – l'infante Margarita – que nous avons initiée à la bicyclette. Il faut dire qu'elle était aveugle de naissance et qu'en toute inconscience nous l'associons à tous nos jeux, même les plus périlleux comme lorsque, avec mes frères, les jumeaux Jacques et Michel, nous l'avons entraînée sur les toits pentus du château d'Eu ! »

*

Jusqu'en 1953, la tribu Orléans mène la vie de bohème, brinquebalée entre le Portugal et la France, utilisant l'hôtel de Crillon, place de la Concorde à Paris, comme une gare de triage d'où partent les expéditions vers Eu, Bordeaux ou Lisbonne et où convergent les enfants dispersés entre Saint-Martin de Pontoise, l'abbaye Sainte-Marie de La Pierre-qui-Vire, et les nombreuses autres institutions où sont inscrits les princes et princesses de France, tous décidés à ne jamais trop s'attacher aux lieux, mais soucieux de laisser quelques souvenirs marquants de leur passage...

Était-ce à Sainte-Marie de Neuilly, chez les Dames de Sainte-Marie à Noisy-le-Roi ou dans la boîte à bachot de la rue de Grenelle que, pour la première fois, la princesse Diane mesura l'impact du nom qu'elle portait ? En tout cas, on était loin des acclamations « Vive le roi ! » qui avaient fusé au retour d'exil – et que le prince avait calmées d'un geste – lorsque le comte et la comtesse de Paris assistaient à la première d'*Un conte d'hiver* de Shakespeare à la Comédie-Française, dans une loge voisine du président de la République Vincent Auriol.

« Jusque-là, je pensais naïvement que le nom d'Orléans, que je trouvais charmant, trouvait écho chez les gens parce qu'il était celui d'une ville de France, assure Diane. Certes, je savais depuis mon enfance que je portais le titre de princesse, mais cela ne me frappait pas. J'ai commencé à mesurer l'importance de la chose à l'âge de quinze ans, lorsqu'un jour, à la récréation, un groupe de filles m'a envoyé quelques insultes à la figure : "Orléans ! Assassins !" ou "À bas les usurpateurs". J'avais beau ne rien avoir retenu de mes leçons d'histoire, mon sang n'a fait qu'un tour. »

Il est vrai que le comte de Paris, pourtant de retour d'exil et ayant promis de ne pas se mêler de politique, faisait habilement connaître ses positions à travers son bulletin où il faisait tout pour mériter son surnom de « prince rouge » parce qu'il entendait incarner la tradition capétienne dans sa modernité, défendant le principe d'une monarchie populaire qui unirait sous une même couronne des identités sociales, politiques, religieuses très diverses.

En outre, certaines vieilles familles aristocratiques, pour qui les Orléans personnifiaient tout à la fois le diable libéral, la chute de la monarchie traditionnelle de 1830 et l'avènement d'un roi bourgeois et constitutionnel, avaient refusé l'idée de « fusion » voulue par le comte de Chambord, dernier Bourbon de la branche aînée et petit-fils du dernier roi de France, Charles X, pour que l'héritier de la branche des Orléans, Philippe, comte de Paris, prenne sa succession après sa mort en 1883. Ces tenants de la cause « ultra » niaient toute règle de nationalité au profit d'une stricte observance de l'ordre de primogéniture mâle, effaçant au passage le traité d'Utrecht de 1710 comme une simple vue de l'esprit, pour chercher au-delà des Pyrénées un prétendant carliste plus fidèle à leur conception de la monarchie. La querelle de la légitimité, qui devait rebondir dans les années 1980 avec la personnalité charismatique du prince Alphonse de Bourbon, duc d'Anjou et de Cadix, n'avait donc jamais été éteinte, et un foyer se consumait toujours dans cette cour de récréation pour jeunes filles de bonnes familles en jupe bleue et col de dentelle blanc.

« J'entendais dans mon dos toutes ces moqueries et ces vieilles haines rancies ressassées à l'infini, mais pour une fois, l'une de ces filles osa me les cracher au visage alors que nous jouions au ballon. Elle mimait des révérences en grimaçant des "Ah, voici la princesse d'Orléans" tandis que ses comparses pouffaient en seconde ligne.

— De quel droit te moques-tu du nom que je porte ? lui criai-je, furieuse.

— Bouh, regardez la princesse d'Orléans ! minauda-t-elle de plus belle.

Je l'ai alors menacée de lui infliger une sévère correction à la troisième tentative.

— Révérence, usurpatrice princesse d'Orléans !, a-t-elle repris en s'inclinant devant moi.

Puisque je l'avais prévenue, je n'ai pas hésité une seconde. Et lui ai envoyé un coup de pied dans la figure alors qu'elle se baissait en singeant ladite révérence. Assommée, elle est restée K-O. Dans un indescriptible brouhaha, on l'a conduite à l'hôpital tandis que toutes ses copines hurlaient. Je n'ai évidemment pas attendu trop longtemps avant d'être convoquée chez la directrice, qui s'appelait, je crois, Mme Standard. Je sentais que j'allais passer un mauvais quart d'heure d'autant que la chipie était là, le visage tuméfié et violet, entourée de ses parents, mais j'étais décidée à défendre mon honneur.

— Princesse... heu, Diane d'Orléans, venez ici. Expliquez-nous pourquoi vous avez agressé votre camarade de classe ?

— Écoutez, je ne me suis jamais moquée du nom que vous portez et que vous lui avez donné, ai-je dit en me tournant vers les parents de la jeune fille. Qu'elle se moque de moi, cela m'est bien égal, mais elle m'a insultée à cause de mon identité, elle a raillé le nom de mon père, peu importe ce qu'il représente.

— Je dois approuver Diane d'Orléans. Elle a raison, a alors tranché la directrice.

Et les parents de la jeune fille en sont même convenus, me présentant, eux, leurs excuses.

Les temps ont-ils changé ? Je ne le pense pas. Dans une salle de classe, lorsqu'un nom à rallonge sort du lot, et du listing informatique, dès qu'une identité fleure bon l'illustre aïeul, les mêmes blagues fumeuses fusent sur les bancs... sans compter le sourire goguenard du professeur. On nous fait payer chèrement le nom que nous portons et la longue lignée d'ancêtres qui nous ont précédés. Sommes-nous responsables de leurs actes, sommes-nous redevables vis-à-vis de nos contemporains ? Qui peut imaginer l'humiliation publique lorsqu'un professeur d'histoire vous rappelle sans cesse qu'"avec le nom que vous portez vous devriez connaître la réforme monétaire de Law au temps du Régent" ou plante son regard dans le vôtre avec la même cruauté teintée d'ironie glacée que s'il se fut agi d'une pique. Et ce lorsqu'il ne vous épargne aucun détail sordide sur la Terreur ou le massacre de la famille Romanov en 1918. Ma sœur Hélène avait d'ailleurs trouvé la parade : quand on lui demandait sa période préférée dans l'histoire de France, elle répondait invariablement : "La Révolution française"...

Ceux-là mêmes qui sont prompts à dénoncer le racisme ordinaire dont sont victimes parfois, aujourd'hui, les enfants dont les noms ont des consonances juives ou arabes, comme hier en France le furent les noms d'origine polonaise ou italienne, sont souvent les premiers à brocarder les noms à particule. Et l'on trouve tout à fait normal et drôle d'en ajouter en les – en nous – traitant de "fins de race" sans que quiconque ose protester. Je n'hésite pas à qualifier cela d'aristophobie, laquelle s'apparente ni plus ni moins à un "délit de sale gueule". Mais il est vrai que la cause est moins porteuse pour les associations antiracistes ! »

★

À la fin de 1953, la famille de France peut enfin s'installer au manoir du Cœur-Volant à Louveciennes, en bordure de la forêt de Marly, ancienne propriété d'un président argentin ancrée dans un écrin de verdure de cinq hectares. De style anglo-normand, la demeure comprend un bâtiment principal où vivent le comte et la comtesse de Paris avec les quatre aînés et le prince Michel de Grèce dont son oncle devient le tuteur en 1954, à la mort de sa mère née princesse Françoise d'Orléans. Tout à côté se trouve l'annexe, baptisée « Blanche-Neige », où s'égaillent les sept cadets avec leur gouvernante Madeleine de Montbron.

Le comte de Paris est maître en son royaume de poche. De Louveciennes, il orchestre son retour sur la scène publique et multiplie les rencontres politiques. Avant d'entamer avec le général de Gaulle un « dialogue sur la France » qui lui offrira quelques espérances[1], il y reçoit, avec ses collaborateurs Longone et Delongraye-Montier, tous les caciques de la IVe République, d'Edgar Faure à Maurice Schumann, les grands patrons de presse et les barons de l'industrie, mais aussi les représentants syndicaux et les forces vives des régions de France qu'il entend visiter. Même lorsqu'il part en déplacement dans l'Hexagone ou à l'étranger, le comte de Paris contrôle le Cœur-Volant, et le majordome M. Guérin, le maître

1. Dans son livre, *Dialogue sur la France*, publié chez Fayard, le comte de Paris rapporte ses entretiens et sa correspondance de 1953 à 1970 avec le général de Gaulle dont il assure qu'il nourrissait des projets de restauration monarchique.

d'hôtel Lucien Glaziou ainsi que tout le personnel de maison lui obéissent sans discuter. La famille de France est à son apogée ; bientôt viendront les célébrations fastueuses des noces d'argent du comte et de la comtesse de Paris le 8 avril 1956 et le mariage du dauphin, un an plus tard...

« Nos parents avaient une vie sociale très dense, ils recevaient beaucoup et sortaient dans tous les sens. Je souris aujourd'hui en pensant aux déclarations de papa reprochant à maman d'être trop mondaine ! Nous, on nous emmenait à la Comédie-Française pour les soirées du mardi, habillées et parées comme des princesses. Sinon, les soirées se passaient au grand salon, à jouer au Scrabble ou au Monopoly, à écouter de la musique, à lire, à regarder un film dans la salle de projection que papa avait aménagée ou à suivre une conférence-débat à laquelle papa nous convoquait. Il choisissait un thème d'actualité, donnait son point de vue et animait le débat. Je crois que notre inculture le navrait puisque, dès que la discussion devenait trop académique, l'un de nous sortait une énormité qui déclenchait l'hilarité générale... sauf celle de papa, dont le regard bleu dur, couleur acier, attestait de sa colère intérieure. Je lisais dans ses yeux combien nous le décevions dans ses ambitions. Et lorsque j'affrontais son regard, je tentais de lui donner cette réponse muette et interrogative : “À qui la faute ?” N'avions-nous pas tous été contrariés dans nos projets personnels, nos goûts, nos désirs profonds et nos rêves ? François, pour son malheur et le nôtre, s'engagea dans l'armée parce que notre père lui interdisait de poursuivre une carrière dans l'agriculture après lui avoir laissé faire l'institut agronome de Beauvais. Quant à Jacques, il dut renoncer à tout espoir de trouver sa voie dans le monde de l'équitation qui le passionnait... Pour ma part, les discussions avec papa, au sujet de mes études, tournaient vite court.

— Je n'apprends rien dans ce collège, je veux en sortir, ai-je déclaré tout de go à mon père l'année de mes seize ans.

— Et que veux-tu faire ? me demanda-t-il intrigué.

— Je veux trouver moi-même des enseignants qui me donnent envie de travailler et d'apprendre.

Dans un premier temps, papa accepta de financer mes cours avec un professeur d'espagnol, un autre de philosophie et de théologie, et un troisième d'art. Il me refusa toutefois des heures de mathématiques qu'il jugeait inutiles.

C'est à cette époque que j'ai perfectionné ma technique de peinture sur soie à l'académie Jullian avec un professeur d'art qui me trouvait douée pour le dessin. Mais au bout de deux ans, mon père décrétant qu'il n'avait plus les moyens de financer mes lubies, je dus me débrouiller autrement. N'ayant jamais eu peur du qu'en-dira-t-on, peu à peu habituée à devenir la reine des combines pour sauter les obstacles qu'on mettait sur mon passage, je décidai de trouver la parade. D'autant que je commençais à avoir l'expérience des solutions de remplacement. Je me souviens par exemple que, revenant de vacances linguistiques en Angleterre, j'avais opté pour une solution pratique qui m'éviterait de payer un excédent de bagages : j'avais enfilé des habits les uns sur les autres, me faisant ressembler à un Bibendum, dont je me débarrassais à la maison comme on épluche un oignon... À défaut de trouver de l'argent pour financer mes entreprises, je faisais déjà appel à mon imagination. À l'adolescence, je me suis donc mise à vendre des foulards peints par mes soins pour payer mes menus frais et ces cours.

Ce sens du système D m'était en fait venu bien plus tôt à cause de l'argent de poche que papa nous donnait. Nous recevions environ deux cents francs de l'époque, ce qui n'était pas grand-chose, surtout comparé à sa fortune !

Mais un jour, j'ai cru vivre la fable de "la Cigale et la Fourmi" : papa nous convoqua dans son bureau, les uns après les autres, afin d'examiner nos comptes. Alors que je lisais tranquillement un livre au salon, Isa, puis Anita passaient leur audition comptable. De leur écriture appliquée, mes sœurs avaient sagement inscrit la nature de leurs dépenses et dressé de parfaites soustractions. Moi, je n'avais rien noté. Mes sœurs le savaient, et Anita, hilare, sortant du bureau de papa, me lança : "C'est à ton tour, Diane", en donnant au passage un coup d'œil complice à Isa. Décontractée, j'entrai dans le bureau de mon père.

— Diane, peux-tu me montrer tes comptes ? Qu'as-tu fait de l'argent que je t'ai donné ? commença-t-il.

— Je ne fais pas de comptes et n'ai pas l'intention d'en tenir, ai-je répondu simplement.

— Ah, mais c'est impossible, tu dois faire des comptes, poursuivit le prince, estomaqué par mon audace.

— C'est à vous, papa, de faire les comptes. Vous marquez sur votre livre que vous m'avez donné deux cents francs, et le reste ne vous regarde pas. Je fais ce que je veux de l'argent que vous m'avez donné.

— Que dis-tu, Diane ? Si je te donne de l'argent, c'est

pour t'apprendre à faire des comptes. Ou tu me justifies tes dépenses ou je te prive d'argent de poche, m'asséna-t-il.

— Je ne vous dirai jamais ce que je fais de l'argent que vous m'avez donné. S'il est à moi, j'en fais ce que je veux. J'aime mieux être libre et me passer de votre argent. Je vous prouverai que je peux me débrouiller très bien sans vous, lui ai-je alors rétorqué, déterminée à m'émanciper de la tutelle paternelle mais sentant bien que papa était vexé.

— Tu verras, le jour où tu seras mariée, tu devras faire tes comptes de ménage..., poursuivit-il, malgré tout.

— Moi, je vous parie que j'épouserai un homme qui saura faire les comptes mieux que moi et qui m'aimera assez pour m'éviter de les faire, lui assurai-je.

Je dois avouer que j'ai été exaucée au-delà de mes espérances en épousant Carl quelques années plus tard...

Pour gagner un peu d'argent, j'avais commencé à la Quinta, au Portugal, à vendre aux employés de la ferme des bibelots que je créais avec des bouts de ficelle. Ensuite, je leur avais vendu des billets de loterie. Mon bénéfice se voyait aussitôt réinvesti dans du matériel pour augmenter mon pécule par de nouvelles et toujours plus fructueuses ventes. Mais là, devant tant de réticences et des besoins grandissants bien que maigres, il fallait que je donne le coup d'envoi à ma petite entreprise. Nécessité faisant loi, je suis donc allée trouver mon père quelques semaines après cet échange plutôt vif.

— Bon, papa, pour démarrer mon affaire, j'ai besoin simplement de mille francs. Acceptez-vous de me les prêter ?

— Mille francs ? Mais que vas-tu faire avec cette somme ?

— Je vais confectionner des foulards en soie et après je verrai, dis-je, désireuse de rester évasive et n'ayant aucune envie de raconter mes projets de peur qu'il ne s'acharne à les contrarier.

Papa m'a finalement accordé ces mille francs. Avec, je me suis acheté les peintures, les soies, le cadre en bois, les pinceaux, la guitare... bref, tout le matériel dont j'avais besoin, et je me suis mise à l'ouvrage. En un mois, je gagnai quatre mille francs, précieux billets que j'exhibai avec délices sous le nez de mes frères et sœurs.

— Regardez ce que c'est d'être libre et de s'émanciper par son travail ! me réjouissais-je. Vous, vous êtes obligés de justifier vos dépenses devant papa, moi, je n'ai plus de comptes à rendre à personne, je suis mon propre chef, et maîtresse de mon destin.

La machine était lancée, je n'avais plus qu'à continuer.

Désormais, chaque fois que ma mère allait chez les grands couturiers comme Pierre Cardin, je la suivais bien sagement et, hop, je sortais de mon sac mes foulards et les proposais aux clientes dans la boutique. Je jouais également les vendeuses de tapis chez le figaro de maman, Alexandre, et entre deux permanentes je faisais l'article près des bacs à shampoing. Quand elle donnait des goûters de dames à Louveciennes, la scène se reproduisait.

— Laquelle d'entre vous veut m'aider à servir le thé cet après-midi ? demandait maman en se tournant vers nous. Tandis que mes sœurs filaient dans leur chambre, je sautais sur l'occasion.

— Je vais vous aider, maman, ce sera une joie pour moi.

— Oh, comme c'est gentil, ma petite Diane, souriait-elle devant tant de dévouement filial.

Et moi je distribuais des gâteaux à toutes les amies de ma mère, les servais en boissons chaudes, me montrais adorable, charmante, faussement futile avant, habilement, d'amener la conversation sur mon art et la peinture sur soie. D'une voix parfaitement mondaine, elles s'écriaient alors :

— Vous faites vraiment des foulards, mais montrez-nous cela tout de suite !

Ni une ni deux, je fonçais dans ma chambre chercher mes œuvres et transformais en un instant le salon en marché aux tissus. Maman affolée, navrée, essayait de freiner comme elle pouvait, me demandant de "ranger tous ces chiffons et de ne pas importuner ces dames", mais le négoce fonctionnait.

— Voyons, maman, vos amies sont ravies de voir tout cela. N'est-ce pas ?

— Mais comment ! C'est absolument ravissant. Vous les vendez ? Combien coûtent-ils ?

En demandant pour chaque soierie cinquante francs, j'ai gagné ainsi mon indépendance. Même si, au bout du compte, je l'ai payée cher puisque cette peinture m'a empoisonnée au plomb et que j'ai failli mourir d'une maladie du saturnisme qui s'est révélée quelques années plus tard. En tout cas, grâce à ces foulards, j'ai pu reprendre mes cours de théologie, de philosophie, poursuivre ma connaissance de l'histoire de l'art en suivant des conférences dans les musées. Je le redis, je suis une autodidacte qui a cultivé l'originalité que j'ai ressentie très tôt au fond de moi. »

*

À Louveciennes, l'imagination de la princesse Diane peut enfin s'exprimer dans toute sa fantaisie.

Installée à Blanche-Neige avec son border-terrier Monkey, dans la chambre qu'elle cédera ensuite à Thibault, Diane adopte l'idée singulière d'un décor de cabine d'officier de marine, avec lit bateau, lavabo à rabattant, lanternes à bâbord et tribord d'un bureau en acajou dont le fond était un panneau percé de hublots derrière lesquels la princesse fait disposer des aquariums avec des poissons... que la chaleur des lumières achèvera plus sûrement qu'une marée noire. « La mer et les bateaux me ramenaient certes vers le Portugal, mais signifiaient déjà mon désir de fuite », analyse-t-elle.

À peine sortie des nimbes de l'adolescence, la princesse Diane va rapidement achever de larguer les amarres de l'autorité parentale, mettant résolument le cap vers l'amour pour un voyage au long cours.

Chapitre 3

Des fiançailles qui surprennent

« Les étés de mon adolescence, nous les passions au Portugal, dans la propriété familiale de la Quinta do Ajinho, et nous y retrouvions tous les cousins détrônés et exilés. »

Il est vrai qu'aux environs de Lisbonne, entre Cascais, Estoril et Sintra, grandit et s'épanouit une impressionnante concentration d'altesses royales au kilomètre carré. À croire que le destin a voulu que les rejetons de l'Europe dynastique, jetés hors des chemins de la grande Histoire, se retrouvent coincés autour du Cabo da Rocha, l'extrémité la plus occidentale du vieux continent.

Outre les « Paris » qui y ont trouvé refuge avant l'abrogation de la loi d'exil, Salazar a accueilli à bras ouverts le roi Umberto II d'Italie, détrôné après un mois de règne – mai 1946 – par un référendum défavorable, mais aussi le jeune roi Siméon II de Bulgarie, chassé la même année avec sa mère la reine Giovanna par les communistes de

Sofia, ainsi que l'infant don Juan d'Espagne, comte de Barcelone, devenu le chef de la Maison royale d'Espagne à la mort du roi Alphonse XIII.

« Nous formions une joyeuse et turbulente bande composée de mes frères et sœurs, de notre cousin germain Michel de Grèce dont le comte de Paris était devenu le tuteur à la mort de notre tante Françoise en 1953, des Espagnols Juanito, Pilar, Alfonsito et Margo, des Italiens Victor, Ella et Titi [1], de Siméon de Bulgarie, et des amis portugais, les Espiritu Santo, Manuel, Antonio, Bernardo, Mafalda, Isabellina, Eduardo et Jorge auxquels venaient s'ajouter tous les cousins et amis que ma mère invitait pendant l'été comme Marguerite de Limbourg-Stirum, Theresa Schönborn, Marilène Zamoyska, Hans-Adam de Liechtenstein, Adam Czartoryski, Max de Bavière, les frères Georgi et Hertzi de Habsbourg ou encore Carl de Wurtemberg...

Nous faisions tous les quatre cents coups même si le groupe était scindé en deux selon les tranches d'âge. Pendant longtemps, moi j'étais un peu écartée par mes aînés, particulièrement par mon frère Henri qui a toujours été autoritaire et me traitait en gamine. Dans les "grands", il y avait mes frères Henri et François, mes sœurs Isa, Hélène et Anne, auxquels s'ajoutaient les Espagnols Juanito, Pilar et Siméon, et les aînés Espiritu Santo. À l'âge de quatorze ou quinze ans, je n'avais pas le droit de sortir avec eux, mais je m'en moquais car j'étais très indépendante et j'avais ma vie à moi.

---

1. Ce sont les diminutifs et surnoms des infants espagnols Juan-Carlos, Alfonso, Pilar et Margarita, et des princes italiens Victor-Emmanuel, Marie-Gabrielle et Marie-Béatrice de Savoie.

Peu à peu, du reste, ce sont eux qui ont demandé que je les rejoigne parce que je les faisais rire. Un jour, le pauvre Siméon, que je chahutais beaucoup avec l'aplomb de mes quinze ans, s'est fâché parce qu'il n'avait pas apprécié que je le ridiculise devant toute la bande réunie pour danser dans le salon de la Quinta. À tour de rôle, j'avais en effet imité les cousins en train de danser, en forçant le trait pour souligner leur maladresse ou leur gaucherie. Avec dans mes bras un coussin, je mimais les poses romantiques de Siméon, très concentré à danser langoureusement avec ma sœur Anita. Bref, je faisais le clown, et ils finissaient tous par rire à leurs dépens.

D'ailleurs, en août 1954, lorsque la reine Frederika de Grèce organisa l'extraordinaire croisière des rois à bord de l'*Agamemnon*, je n'avais pas le droit d'y participer parce que seuls les jeunes de plus de quinze ans y étaient conviés, mais les "grands" sont allés trouver papa afin qu'il obtienne ma venue :

— S'il vous plaît, papa, demandez à la reine Frederika d'inviter également Diane.

— Elle est trop jeune !

— Oui, mais avec elle, au moins, on est sûr de rigoler.

Papa n'était pas le dernier à être séduit par ma personnalité peu conventionnelle puisque, lui aussi, à l'époque, je le charmais en le faisant rire. »

⋆

Beaucoup d'encre a coulé sur cette célèbre croisière de l'*Agamemnon*, organisée par la reine de fer, Frederika de Grèce, avec le legs de l'armateur milliardaire Eugenidès, afin de promouvoir le tourisme dans les îles de la mer Égée. Il est vrai que réunir cent trois rois et reines, ex-souverains, princes et princesses, avec comme guide Paul Ier de Grèce, sur un navire de quatre mille cinq cents tonnes, filant à vingt nœuds à l'heure, abritant quatre cent sept cabines de luxe, une piscine en mosaïque turquoise, un cinéma et une salle à manger aux murs recouverts de fresques mythologiques, avait de quoi exciter les imaginations.

Née pour être reine, la petite-fille préférée du Kaiser Guillaume II – issue du mariage de la princesse Viktoria-Louise de Prusse avec le prince Ernst-August de Hanovre – poursuivait en vérité trois objectifs : non seulement vanter les charmes des îles grecques par une campagne de publicité au retentissement international, mais également s'offrir à bon compte, au sortir d'une guerre civile douloureuse, une éclatante victoire médiatique en réunissant tout un aréopage de têtes couronnées et d'altesses détrônées... sans exclure l'éventualité que les jeunes pousses du Gotha nouent de fructueuses idylles en préservant le sang bleu !

— Formidable idée, avait applaudi le prince Georges de Grèce, nous ne nous réunissons que pour les enterrements.

La petite histoire attribue à ce périple des vertus aphrodisiaques alors qu'une seule union princière s'y est conclue, celle de la princesse Maria-Pia de Savoie avec le prince Alexandre de Yougoslavie, depuis longtemps à l'eau.

« J'étais beaucoup trop jeune à l'époque pour m'intéresser aux flirts, raconte Diane, mais je me passionnais pour les aventures sentimentales de mes sœurs. Cela constituait tout à la fois mon éducation sentimentale et la distraction exaltante d'aventures amoureuses bien plus réelles que les romans à l'eau de rose... » Et d'ajouter qu'elle regardait le duc Carl de Wurtemberg, son futur époux, comme « un cousin un peu âgé plus concerné par mes sœurs aînées ».

*

Quand on évoque ce temps béni des vacances à la Quinta du Portugal, dans les années 1950, il faut parler de bande, de tribu qui ne songeait qu'à se distraire et sortir tous les soirs.

« Papa était furieux, explique la princesse Diane, il fulminait :

— Les vacances sont faites pour se reposer et pour reconstituer ses forces afin de mieux travailler à la rentrée.

Mais, avec ma santé de fer, je trouvais son raisonnement idiot et j'organisais de plus belle des fêtes avec toute la bande. Dans la journée, nous partions sur le bateau des Espiritu Santo, seulement accompagnés par l'oncle Juan et la tante Maria [1] ainsi que maman. Papa venait rarement, autant par goût que parce qu'il trouvait ces réunions bruyantes, lui qui détestait le désordre et la pagaille...

Dans l'après-midi, le téléphone ne cessait de sonner.

1. Don Juan d'Espagne et son épouse née princesse Maria de Bourbon-et-Orléans, comte et comtesse de Barcelone, parents du roi Juan-Carlos d'Espagne.

D'une maison à l'autre, on faisait des plans : "Ce soir, on se retrouve. Tu viens ou je viens ? Qui prend sa voiture ?" Et en moins de temps qu'il n'en fallait pour le dire, Juanito et Siméon passaient chercher les filles. Carl aussi embarquait tout le monde dans sa voiture, une Mercedes rutilante. Je ne les revoyais pas avant le déjeuner du lendemain.

On ne me conviait qu'aux pique-niques, où il y avait une atmosphère de fête extraordinairement gaie. On déménageait des paniers de nourriture jusqu'à la plage du Guincho, une plage de sable fin battue par les vents de l'Atlantique, pas encore envahie par les surfeurs du monde entier. Papa, de son côté, organisait nos jeux sportifs avec un réel enthousiasme. Gare à celui qui ne rattrapait pas le ballon en cuir rempli de sable qui lui tombait dessus avec une force incroyable... Ensuite, nous allions dans les vagues, hautes et violentes. Déjà, j'avais une frousse bleue de l'eau. Tout le monde se donnait la main, mais au dernier moment je lâchais prise pour me défiler, refusant fermement de couler ! Pour ces pique-niques, toute la famille se réunissait, sans distinction d'âge. Il y avait les aînés, qui dormaient pour se remettre de leur virée nocturne, mais aussi mes cadets, les jumeaux Jacques et Michel, Claude, Chantal et Ptit'Beau. Venaient avec nous notre gouvernante Madeleine, mais encore Colette, Raoul...

Nous n'étions pas différents des autres non plus quand il s'agissait de s'amuser ou de flirter. Juanito rencontrait un succès fou auprès des filles. Mes sœurs Hélène et Isa en étaient d'ailleurs folles. Avec ma sœur Anne, nous étions de notre côté plus intéressées par la bande Espiritu Santo et le groupe de Portugais. Je me souviens qu'avant que Carl ne vienne à la maison et ne s'intéresse à ma personne Georgi Schönborn me faisait la cour. Aussi, pour imiter mes aînées, j'étais vaguement sortie avec lui, ce qui fit tout un scandale : je devais avoir seize ans et lui... quinze de plus ! papa a fait ses yeux gris et m'a vertement tancée :

— Je t'interdis formellement de sortir avec ce garçon. Il est bien trop âgé pour toi.

Cela dit, il était sacrément beau, charmant et intelligent...

Pendant longtemps, j'ai aussi eu une amourette avec Bernardo Espiritu Santo qu'on appelait Baba. Possédant un voilier, il voulait absolument m'épater avec ses prouesses sportives alors qu'elles ne m'impressionnaient pas et qu'en plus je ne connais rien au sport en général et à la voile en particulier ! Mais, opiniâtre, il appelait tous les jours en disant :

— Bon les filles, je fais une régate demain, vous m'accompagnez ?

— Je viens si ta sœur Mafalda vient aussi, répondais-je.

Et nous partions, Mafalda, Isabellina et moi avec trois garçons. Et chaque fois, le pauvre Bernardo se mordait les doigts de m'avoir conviée. Ainsi, un jour, comme il n'y avait pas de vent, pour passer le temps nous avons fait la cuisine à bord puis vidé la réserve d'alcool. Alors que les autres concurrents délestaient et abandonnaient la course, nous nous amusions comme des fous. Nous sommes arrivés à bon port mais tard le soir, dans un état pitoyable, hurlant que notre bateau avait remporté la régate. Le père de Bernardo, Manuel Espiritu Santo, furieux, a puni ses enfants en leur interdisant de sortir.

Ne voulant pas de cette sanction, je lui ai alors téléphoné pour prendre la faute sur moi, et il n'a rien osé dire : nous avons pu recommencer nos virées. Une autre fois, alors que nous nous trouvions sur le bateau des Espiritu Santo, le *Santa Marta*, avec Mafalda, nous avons pris un Chris-Craft rapide et foncé à vive allure autour du navire auquel se trouvait accroché le voilier de Bernardo.

— Arrêtez-vous, coupez le moteur ! nous cria-t-il.

Mafalda réduisit la vitesse à seulement deux mètres de l'obstacle, et ce qui devait arriver arriva ! Nous sommes entrées tout droit dans le voilier, faisant un trou énorme dans la coque. Pendant une semaine, Bernardo ne m'a plus adressé la parole alors que je ne cessais de lui répéter doucement : "Tu n'as pas besoin d'en faire un drame." Je lui en faisais vraiment voir de toutes les couleurs ! D'ailleurs, dans la famille Espiritu Santo, quand on annonçait : "Demain arrivent les filles de Paris", il y avait autant d'amusement dans les regards à la perspective de nos franches rigolades que d'inquiétude quant aux catastrophes que nous allions immanquablement provoquer ! »

*

Le comte de Paris, lui-même, semblait impuissant à endiguer le flot d'énergie de cette bande de jeunes décidés à s'amuser.

« À l'époque, il fallait prendre un ferry pour passer le Tage, poursuit la princesse Diane. Alors papa nous disait :

— Vous rentrez à minuit.

À tous les coups, nous loupions le dernier ferry et n'arrivions à la maison qu'à quatre heures du matin. L'inconvénient, c'était que mon père, ayant installé sa chambre au milieu de la cour, pouvait tout voir et tout entendre. Aussi, pour tromper sa surveillance nocturne, nous éteignions les phares et coupions les moteurs des voitures en haut de la pente qui conduisait à la Quinta. Par calcul, avec le dénivelé, nous avions discerné à quelle distance il convenait d'avancer moteurs éteints. La consigne ajoutait de ne jamais fermer les portières pour éviter le moindre bruit. Mais une nuit, alors que nous arrivions à trois véhicules en tapinois, un crétin a fermé violemment une porte et, sur-le-champ, la lumière s'est allumée dans la chambre du comte de Paris. Papa est sorti sur son balcon en criant :

— Qui est là ?

Tout le monde a prestement décampé, mais le lendemain personne n'a échappé à l'engueulade. »

⋆

La personnalité originale et fantasque de la princesse Diane lui vaut, déjà à l'époque, une place particulière dans sa fratrie. Est-ce parce qu'elle se situe, par ordre chronologique, à égale distance des plus âgés et des plus jeunes ?

« Mes deux sœurs aînées, Isa et Hélène, me prenaient pour confidente et me faisaient partager leurs secrets d'amour. Ce qui m'amusait beaucoup. Je leur insufflais ma bonne humeur pour apaiser leurs peines de cœur.

Un jour que je trouvai Hélène en pleurs dans l'escalier, je la pressai de questions :

— Pourquoi pleures-tu, Hélène, qu'est-ce qui t'arrive ?

— Maman m'interdit de continuer à sortir avec ce garçon, mais moi je l'aime...

— T'en fais pas, tu en trouveras vite un autre ! lui dis-je arrangeant les choses très rapidement.

Ma sœur Isa n'était pas plus heureuse en amour. Elle s'entichait toujours de garçons qui pensaient uniquement à flirter et s'amuser avec elle, et dramatisait trop. Une fois, désespérée parce que son "jules" lui avait adressé une lettre de rupture, je lui ai dit :

— Écoute, Isa, je t'emmène au Guincho, on va faire toutes les deux un bon gueuleton et ça ira mieux ensuite.

Comme mes foulards me rapportaient de l'argent de poche, je lui offris un bon déjeuner et lui remontai le moral. J'ai depuis lors gardé cette philosophie de la vie : lorsqu'on se sent triste et déprimé, il faut sortir, bouger, se faire plaisir et prendre du recul sur les choses... cela permet de relativiser. »

*

Mais comment, dans cette adolescence active, dans ces vacances où l'amusement prime, où elle joue le rôle de la fantasque à qui l'on se confie sans songer à ses propres sentiments, en arrive-t-elle à rencontrer l'homme de sa vie ?

« Une année, ce devait être en 1954 ou 1955, maman nous a tous réunis dans le grand salon de la Quinta :

— Les enfants, a-t-elle déclaré, les Wurtemberg viennent nous rendre visite, aussi j'exige un comportement exemplaire de chacun d'entre vous.

Il est vrai que les Wurtemberg avaient la réputation de n'être pas très coulants sur le plan de la discipline ! À vrai dire, moi je me souciais comme d'une guigne de leur arrivée. J'avais néanmoins demandé à maman combien ils allaient être.

— Ils viendront avec leurs cinq enfants, me répondit-elle. La dernière est une fille qui doit avoir deux ou trois ans de plus que toi.

— C'est très bien, avais-je ajouté. Tous mes cousins sont beaucoup plus âgés que moi. J'aurai donc la paix.

Si bien que j'ai mis quelques années avant de prêter attention à leur fils Carl que je trouvais beaucoup trop vieux pour s'intéresser à moi. En mon for intérieur, je pensais qu'il serait parfait pour mes sœurs. D'autant que les Wurtemberg avaient vu une photo de toute la famille rapportée de Louveciennes par deux cousines de Carl, Sophie et Marguerite, et que, sur ce cliché, Carl avait aussitôt remarqué ma sœur Anita. Il la trouvait belle, et c'est vrai qu'elle était très jolie, alors que moi il ne m'avait même pas vue, avec mes deux longues nattes et mon air de sauvageonne. Au cours d'un voyage de maman à Munich ou à Vienne pour un grand bal chez les princes de Liechtenstein, avec Isa et Hélène (laquelle y a rencontré son futur mari le comte Évrard de Limbourg-Stirum), Carl a donc fait des frais à ma mère, se disant sans doute, astucieux comme il est : "Si la maman m'invite, ça peut marcher." Aussitôt dit, aussitôt fait, les Wurtemberg furent conviés pour l'été au Portugal.

Quand j'ai rencontré Carl pour la première fois, j'avais quinze ans, lui dix-huit. Ce qui me frappa de prime abord fut sa longue silhouette décharnée, sa maigreur extrême en dépit d'une belle carrure sportive. À côté de lui, Juanito avait l'air joufflu ! Il avait fière allure avec son visage anguleux, et sa blondeur que faisait ressortir un regard clair et doux. Quant à ses longues mains fines, elles me fascinaient. Mais de là à imaginer quoi que ce soit, je n'y songeais pas un instant.

Si moi je ne faisais guère attention à lui, la réciproque était également vraie. Je sortais avec le groupe des "moyens" et lui restait fourré avec les grands, et notamment mon frère François avec qui il était très ami. Il m'a toutefois avoué plus tard que, d'emblée, il m'avait trouvée la plus marrante des sœurs et que très vite il avait eu un coup de foudre pour moi... Et ce alors que, durant ce premier été avec toute la famille Wurtemberg, je fus infernale parce que la seule chose qui m'importait était de ne pas rater ma séance de cinéma.

À la pauvre Mme Burais, qui s'occupait de la maison et s'arrachait les cheveux devant mes extravagances, je disais chaque fois :

— Vous n'avez qu'à supprimer la salade et le fromage parce que, sinon, on n'arrivera jamais à l'heure pour le cinéma.

Il faut dire qu'à quinze ans c'était la seule sortie qui m'était autorisée le soir.

— Princesse Diane, vous êtes vraiment insupportable !

— Soyez gentille, Mme Burais, sinon pas de cinoche.

Au dîner, ensuite, la scène valait d'être observée. Maman ouvrait de grands yeux étonnés et s'interrogeait :

— Je ne comprends pas, j'avais demandé de la salade et du fromage !

— Il n'y en avait plus, maman, répondais-je effrontément de mon bout de table, place stratégique que j'affectionnais parce qu'elle me permettait de m'échapper plus vite. D'ailleurs, aujourd'hui encore, je suis incapable de rester longtemps assise autour d'une table.

— Je suis sûre pourtant qu'il y avait de la mousse au chocolat ! insistait-elle.

— Il a dû se produire un accident à la cuisine, inventais-je.

En fait, j'avais tout supprimé. Mais il fallait voir la mine déconfite des parents de Carl, Philippe et Rosita de Wurtemberg !

La manœuvre s'est reproduite si souvent que Carl, doté d'un solide appétit de sportif, jugea par la suite plus prudent de s'octroyer un petit encas avant de dîner chez nous, trouvant nos repas vite expédiés et le service bien trop rapide ! Visiblement néanmoins, Carl se plaisait avec nous. Je le voyais sortir avec mes sœurs Isa, Hélène puis Anita, mon frère François, Juanito et Siméon, mais il se montrait extrêmement gentil et attentionné à mon égard. Souvent, pendant la journée, il abandonnait les grands pour venir bavarder avec moi et me défendait toujours lorsque les aînés me rabrouaient. Une attitude qui a fini par m'intriguer... »

⋆

Au chapitre de l'amour, il en va dans les familles royales comme dans toutes les autres : il convient seulement de mettre un peu plus les formes pour exprimer ses sentiments !

« Je me souviens du jour où les Wurtemberg ont dû plier bagage et repartir. Carl, voulant rester avec nous, est allé trouver papa :

— Oncle Henri, pourriez-vous demander à mon père si je peux rester quelques jours de plus ?

Papa, qui ne demandait pas mieux, a suggéré au duc de Wurtemberg d'octroyer un délai de grâce à son héritier. Mais la duchesse ne l'entendait pas ainsi et se mit en colère, estimant que cette attitude était inadmissible, irresponsable et que Carl devait immédiatement rentrer travailler en Allemagne. Je le sentis triste.

Avant de partir, il m'a offert un cadeau. Un jeu de dés. Comme il m'avait fait ce présent trois jours avant son départ, j'ai couru lui acheter en remerciements un petit singe en caoutchouc qu'on accroche par la queue au rétroviseur de la voiture.

— Comme on m'appelle le singe, tu penseras à moi en le voyant, lui ai-je dit, frappée par le symbole des dés qu'ils m'avaient donnés.

— Pour voir si tu as de la chance, m'avait-il lancé.

— Moi, je n'ai pas de chance au jeu, alors je devrais en avoir en amour.

— On verra bien.

Le sort en était jeté ! »

*

« De l'âge de quinze ans à l'âge de dix-neuf ans, poursuit la princesse Diane, Carl a toujours fait partie de mon entourage familier. D'une année sur l'autre il revenait à la Quinta, même si les occasions ne manquaient pas, au fil des mois, de nous retrouver. En 1956, sans que s'opère encore un tournant dans nos relations, il se mit à s'occuper de plus en plus de moi. Cette année-là, outre les noces d'argent du comte et de la comtesse de Paris, nous avons participé tous les deux à la nouvelle croisière grecque de la reine Frederika sur l'*Achileos*. Les occasions de nous voir se sont multipliées ensuite, notamment à partir des fiançailles de sa sœur Ali[1] avec mon frère Henri. Toutefois, au mariage du dauphin à Dreux, le 5 juillet 1957, nous n'étions encore que de bons amis. À celui de sa sœur Lisa (Élisabeth) en 1958 avec le prince Antoine de Bourbon-Siciles, je devais le retrouver en accompagnant mon frère François, mais, au dernier moment, je suis repartie pour le Portugal où Carl est venu me rejoindre après les cérémonies. Ces années-là, la multiplication des mariages princiers fut autant d'occasions de rencontres pour nouer entre nous de doux liens. Je crois d'ailleurs me souvenir que c'est à Altshausen, lors de cette union, que Sophie de Grèce et Juanito se sont connus.

Au risque de tordre le cou aux contes de fées, même dans le Gotha, l'amour est un mystère. Comment expliquer le changement de nos sentiments ? Comment expliquer qu'ils se soient lentement mués en relation amoureuse ? Imperceptiblement, nos liens se sont en effet resserrés. Carl se montrait de plus en plus prévenant, sortait avec moi, m'invitait à danser et semblait rechercher ma compagnie.

L'été de mes dix-huit ans, alors que je venais tout juste de décrocher mon permis de conduire, il dut partir retrouver son père à Tenerife. Audacieux et attentif, il

1. La duchesse Marie-Thérèse de Wurtemberg, née le 12 novembre 1934 à Altshausen, a été titrée duchesse de Montpensier par le comte de Paris après que fut prononcé en 1984 le divorce avec le comte de Clermont.

me confia les clés de sa jolie voiture, une Porsche à carrosserie spéciale que nous appelions entre nous le "pur-sang".

— Prends cette voiture, Diane, je te la laisse, me dit-il avec un beau sourire.

J'étais d'autant plus grisée que je sentais mes frères et sœurs verts de jalousie. Jacques, qui a toujours su prendre les bons côtés de la vie, en a en revanche tout de suite profité pour m'encourager à faire défiler le compteur. En une semaine, nous avons roulé mille six cents kilomètres ! Maman se montrait également ravie parce que je la conduisais chez le coiffeur avec ce bolide et que je servais de chauffeur à toute la famille. Le jour où Carl est revenu, j'avais tellement astiqué son coupé qu'il paraissait neuf. Il a seulement été étonné par le compteur kilométrique...

C'est d'ailleurs au cours d'un voyage dans cette voiture, l'année suivante, que notre destin a été scellé. Nous nous étions rendu compte, pendant l'été 1959, que nos sentiments avaient évolué et que notre relation prenait une tournure différente de l'amitié affectueuse presque familiale. Aussi, à la fin des vacances, alors que je devais regagner Paris pour reprendre mes cours, Carl a demandé à mon père la permission de me raccompagner à Paris en voiture. Et lorsque nous sommes arrivés, tout bronzés, dans la cour du Cœur-Volant, nous avions décidé de nous fiancer !

C'était le 10 septembre : quelques semaines plus tard, Carl a demandé officiellement ma main au comte de Paris.

J'étais, on s'en doute, sur un petit nuage. Je le trouvais beau, charmant, gentil et attentif. J'admirais déjà en lui le grand seigneur, généreux et solide. Je devinais en outre qu'il avait l'envergure pour supporter et diriger une femme aussi volcanique et extravagante que moi.

Avec le recul du temps, je mesure du reste que la force de notre couple réside en grande partie dans la complémentarité de nos caractères. Lui qui a reçu une éducation stricte et rigide a toujours raffolé de mon originalité, de ma fantaisie. Il m'a toujours dit :

— Tu es comme les bulles du champagne, tu fais pétiller ma vie.

Mais, avec lui, la vie est vraiment savoureuse comme du champagne ! »

*

« Souvent on me demande si, en songeant à Carl, je rêvais au prince charmant. Certes, je m'étais promis d'épouser un original, un esprit ouvert qui puisse me comprendre et m'accepter telle que je suis ; j'aurais pu aussi épouser un artiste, pourvu qu'il ait eu de l'envergure et du talent, mais en vérité, j'aurais uni mon destin à Carl même s'il n'avait pas été prince. La naissance importe peu, ce qui compte, c'est la noblesse de cœur. Et il n'en manque assurément pas. Disons que ses origines familiales et son éducation ont facilité les choses, car nos familles étaient ravies...

Pour l'heure, juste avant nos fiançailles à l'automne 1959, Carl passait de longs week-ends à Louveciennes. La nouvelle n'était pas encore officielle, et je tentais de garder ce secret pour moi. Jusqu'au jour où, un matin, alors que notre gouvernante Madeleine de Montbron était dans ma chambre, elle me fit des remontrances au sujet de Carl :

— C'est tout de même inadmissible, ce prince allemand qui ne fait rien et qui est tout le temps fourré ici !

— Mais, Madelon, nous sommes fiancés tous les deux, mais ne le dites pas à papa car Carl ne lui a pas encore demandé officiellement ma main, la tempérais-je.

— Eh bien, princesse Diane, c'est très mal d'être fiancée à un monsieur qui travaille aussi peu dans la vie. Je n'aime pas cela du tout...

Et cette fidèle parmi les fidèles de notre famille ne put s'empêcher de conclure non sans un soupçon d'inquiétude :

— Oh, mais que va dire le comte de Paris ?

Elle n'imaginait certainement pas la scène qui se déroulait au même moment au château d'Altshausen chez les parents de Carl, lorsque ce dernier annonça protocolairement sa volonté de m'épouser à ses parents, lesquels se tenaient dans le bureau du duc. Pour ménager leur réaction, il y est allé prudemment.

— Papy, me donnez-vous l'autorisation d'épouser une des filles du comte de Paris ? demanda-t-il.

— Avec joie, je te donnerai ma bénédiction, lui répondit le duc Philippe, tandis que la mère de Carl le pressait de questions.

— Quand nous amènes-tu la charmante Anita ? s'enquit-elle, croyant vrais les prétextes auxquels avait eu recours son fils pour venir au Portugal : fréquenter ma sœur.

— Ce n'est pas Anita ; je viens de me fiancer à Diane !

Il paraît que la duchesse Rosa a lâché son tricot de

saisissement. Le premier moment de surprise passé, elle a regardé son fils avec colère et autorité :

— Ce n'est pas celle-là qu'il te faut, tu dois épouser Anita ! Elle est plus posée, plus réfléchie. L'autre est une vraie sauvageonne qui n'en fait qu'à sa tête. Personne, pas même toi, ne parviendra à la dominer.

Il est vrai que ma sœur Anne, toujours tirée à quatre épingles, correspondait plus à l'idée que ma future belle-mère se faisait d'une duchesse de Wurtemberg. Personnellement, j'avais d'ailleurs bien senti que je n'offrais pas le profil idéal à ses yeux, avec mes nattes défaites traînant sur mes genoux, courant pieds nus, multipliant sottises et insolences.

— Ce sera Diane ou aucune autre, martela Carl d'un ton sans réplique.

Il eut d'autant plus de mérite à camper sur sa position que les Cassandre familiales ne se privèrent pas de lui prédire moult ennuis s'il persistait dans son choix. Quelques années plus tard, j'ai appris que, lors du mariage des margraves de Bade, la reine Frederika de Grèce avait mis en garde Carl contre ce projet de mariage. Ce n'est pourtant pas une rebelle comme moi qui aurait pu faire reculer cette reine de fer !

Le duc et la duchesse de Wurtemberg ont fini par donner leur accord à notre bonheur tout neuf, mais du bout des lèvres. Aujourd'hui, alors que le temps a passé et que ma belle-mère n'est plus de ce monde, je comprends sa réaction hostile. Née dans la famille des Habsbourg, archiduchesse de la branche Toscane, elle était pétrie de convenances et maintenait un protocole rigide comme pour se donner l'illusion que le vieux monde monarchique n'avait pas été englouti. Aussi était-elle effrayée de voir débarquer dans sa vie tranquille un tremblement de terre dans mon genre. D'autant qu'elle savait que, par mon mariage, j'étais destinée à devenir l'épouse du chef de la famille Wurtemberg.

L'accueil glacial de ma future belle-mère et de mes belles-sœurs ne m'a pas pour autant rebutée. J'étais décidée à faire mon nid et à donner ma vie à Carl. Et pour être absolument franche, je n'étais pas fâchée de quitter ma famille, ne versant pas une seule larme de regret. J'avais même hâte de dire *auf Wiedersehen* aux Orléans pour ouvrir un nouveau chapitre de ma vie.

J'avais dix-neuf ans et je voulais enfin me sentir libre. »

Chapitre 4
Un mariage d'amour

« Un mariage de conte de fées », « Noces princières et villageoises », « La princesse espiègle épouse un prince allemand », « Diane de France fait un mariage d'amour »...

À feuilleter la presse illustrée qui dépêcha en Souabe des envoyés spéciaux au mariage de la princesse Diane avec le jeune duc Carl de Wurtemberg, le 21 juillet 1960, on prend la mesure de ce que fut le grand événement festif de cette année-là.

Après l'union du prince Henri d'Orléans, fils aîné du comte et de la comtesse de Paris, avec la duchesse Marie-Thérèse de Wurtemberg, ce second mariage entre les deux familles – le troisième en cent cinquante ans si l'on y inclut l'union du duc Alexandre en 1837 avec la princesse Marie d'Orléans, fille du roi des Français Louis-Philippe – semblait sceller la réconciliation franco-allemande saluée par le général de Gaulle comme « un grand événement national ».

De là à parler de « mariage arrangé », il n'y a qu'un pas que le prince Henri, frère de Diane, a allégrement franchi dans un livre récent à l'étonnement de sa sœur cadette. « Que papa ait trouvé ces mariages épatants et qu'ils aient apporté de l'eau à son moulin dans l'idée de conforter son rôle politique, je n'en disconviens pas ! explique la princesse. Mais jamais il ne nous y a contraints, en dépit de sa forte domination, particulièrement sur mon frère aîné, ni même suggéré ces projets par d'habiles encouragements. Pour rétablir certaines vérités, je peux affirmer que mon frère était fou amoureux d'Ali ; où que nous soyons en voyage, il nous faussait toujours compagnie pour aller la rejoindre. Il en était même insupportable. Mais rien n'est éternel, et ses sentiments ont changé avec le temps. Mieux vaut l'accepter que de prétendre avoir été victime de pressions politiques. »

*

Quoi qu'il en soit, le mariage d'une princesse de France avec l'héritier de la maison royale de Wurtemberg aura marqué les esprits, comme en témoigne l'aventure survenue à la frontière franco-allemande alors que toute la presse titre sur les « noces royales ».

« Maman avait loué un minibus de vingt-cinq places afin de nous convoyer tous de Louveciennes à Altshausen, raconte la princesse Diane. Dans la folle équipée, il y avait Carl, les frères et sœurs, à l'exception d'Henri, de Madeleine de Montbron et de papa, qui attendait mon frère François gratifié d'une permission exceptionnelle. Ma robe de mariée se trouvait, elle aussi, dans le bus. Avec nous arrivaient Marguerite de Limbourg et Michel de Grèce, que nous devions prendre en chemin à Fribourg-en-Brisgau.

Comme toujours lorsque la tribu Orléans voyage, la caravane ne passa pas inaperçue tant nous rivalisâmes d'imagination pour inventer des farces. Mais pour une fois, c'est nous qui fûmes victimes d'une bonne blague. »

Au poste frontière de Strasbourg, un douanier débonnaire reconnaît en effet l'aréopage de princes et récolte tous les passeports afin de procéder à leur inspection scrupuleuse. Il revient peu après, la mine soucieuse, en brandissant l'un des passeports.

— Où est Mlle Diane d'Orléans ? demande-t-il.

— Je suis là ! cria la princesse depuis l'arrière du bus.

— Je suis vraiment désolé, mademoiselle, mais votre passeport est périmé. Vous ne pouvez franchir cette frontière et devez rester en France !

Un vent de consternation souffla dans le minibus.

« En quelques minutes, précise Diane, maman bondit de son siège et se mit à houspiller le fonctionnaire des douanes. Lequel, ne voulant rien entendre, s'obstinait à vouloir me retenir en France quelques jours, le temps de mettre mes papiers en ordre.

— Mais vous ne vous rendez pas compte, c'est impossible, ma fille doit se marier dans quelques jours en Allemagne. Donnez-moi ce passeport ! Je veux voir moi-même ce qui cloche... Tandis que maman s'échauffait les sangs, moi, je recevais les événements avec philosophie.

— Cela m'est complètement égal. Nous n'avons qu'à faire le mariage ici à Strasbourg !

Voyant que je prenais la mésaventure à la rigolade et

que la comtesse de Paris commençait à s'affoler réellement, le douanier finit par "avouer" :

— Ce n'était qu'une blague ! Désolé de vous avoir causé cette frayeur, mais nous sommes tristes de voir notre jolie princesse partir pour l'Allemagne.

Le voyage fut encore animé par la disparition de Thibault lors d'une halte et que maman, décomposée, fit chercher partout alors que les jumeaux l'avaient dissimulé à l'arrière du bus sous l'empilement des housses de robes. Autant dire que toutes ces facéties angoissaient notre mère au fur et à mesure de notre traversée de la Forêt-Noire pour entrer dans le Bade-Wurtemberg. Combien de fois ai-je entendu :

— Je vous demande de vous tenir tranquille, de ne pas faire de bruit, d'être polis et aimables et surtout de ne pas faire de bêtises, recommandait-elle, soulignant à l'envi les différences de caractères entre la rigidité de comportement des Wurtemberg et l'esprit frondeur et turbulent des Orléans ! Partout il est vrai, la "bande des Paris" avait mauvaise réputation... Pour ma part, les strictes consignes de maman envers les plus jeunes me glaçaient d'effroi. Devrai-je, moi aussi, apprendre à réfréner mon tempérament ? Et si, après mon mariage, je devenais prisonnière d'un château où les rires et la fantaisie étaient proscrits ? Comme pour me rassurer, je pensais amoureusement à Carl, sachant qu'il serait mon seul soutien en terre étrangère, et dans une famille ô combien rigoureuse. »

*

La rigueur, à Altshausen, ce château austère au domaine de dix-huit mille hectares constellés de quarante-cinq grosses fermes, est effectivement de mise. Et la perspective de découvrir puis de vivre dans une famille réputée pour son austérité inquiète un peu la future mariée.

« Je retiens mon souffle alors que le minibus franchit la grille de la cour intérieure du château d'Altshausen, raconte la princesse Diane. À peine les portes s'ouvrent-elles que la nichée Orléans débarque allégrement devant la famille ducale de Wurtemberg parfaitement alignée en rang d'oignons. Carré et imposant, le duc Philippe se tient droit comme un I, le regard intense et scrutateur qu'adoucit une moustache en brosse. À ses côtés, ma future belle-mère, terriblement royale quoique sa tenue vestimentaire semble provinciale aux yeux d'une Parisienne. Leurs filles, grandes et blondes, complètent le tableau : Hélène, Élisabeth, Marie-Antoinette et Marie-Thérèse. Je me souviens que nous nous contrôlions tellement pendant les embrassades que nous paraissions soudain étrangement guindés et coincés. Comme dans un ballet parfaitement orchestré, je vois apparaître des majordomes en livrées impeccables et se précipiter vers le bus pour en extraire les bagages. Valises, balluchons, housses de robes, sacs à chaussures, cartons à chapeaux... en un instant la cour du château est transformée en un campement de romanichels. Le sang tchèque de maman n'ayant fait que renforcer le goût Orléans pour la vie de bohème, je vois bien que mes futures belles-sœurs ricanent à la dérobée. À cet instant précis, je me sens comme sur un terrain de foot lorsque les deux équipes s'observent avant de disputer un match. Si nous jouons tous dans la même catégorie, l'entraînement a été visiblement différent. D'un côté les Wurtemberg, sérieux et hautains ; de l'autre les Orléans, gais, spontanés et indifférents au protocole. Comme toujours lorsqu'on impose une pression trop forte, nous pressentions que l'un des cadets allait commettre une bêtise. Nous n'avons pas eu longtemps à patienter puisque, à peine installée dans sa chambre, ma sœur Chantal a voulu ouvrir les fenêtres donnant sur la cour du château et les a fait brusquement dégringoler dans un bruit de verre assourdissant. Voilà qui aida à réchauffer l'atmosphère...

J'étais à ces pensées lorsqu'un maître d'hôtel s'approcha de moi et me posa une question en allemand. Paniquée, je répondis machinalement par un sourire. Je ne comprenais alors rien à cette langue, en dépit d'un séjour que j'avais effectué à Altshausen pendant Carnaval et de mes efforts pour acquérir quelques rudiments auprès de Carl. Je balbutiai un *"ja, danke"* avant qu'il n'emporte mes bagages dans ma chambre, une petite pièce au bout du corridor menant autrefois à l'appartement du grand maître des chevaliers teutoniques.

Comment aurais-je pu supporter les fiévreux préparatifs du mariage sans la présence réconfortante de Carl ? Toujours prévenant, me manifestant sa gentillesse en toute occasion et prenant ma défense devant ses sœurs qui se comportaient déjà comme des dragons avec moi, fin diplomate, il se fit habile messager entre nos deux familles pour résoudre les problèmes et surmonter les difficultés qui apparurent rapidement.

Le pire moment était celui des repas dans la grande salle à manger du château, majestueuse par son décor lambrissé et imposante autant par ses proportions que par les portraits d'ancêtres qui veillent jalousement sur leur progéniture. Jamais mes frères, mes sœurs et moi n'avions connu un protocole aussi pesant. Si seulement les conversations avaient brillé par leur contenu ! Mais ce n'étaient que ragots et cancans énoncés avec une retenue de bon aloi. Seule comptait, en effet, la manière dont on débitait les sornettes... Après ce supplice, tout le monde passait dans le grand salon où les oncles et tantes âgés, selon un rituel immuable, s'installaient sur leur siège attribué. Je me serais crue au cœur d'un jeu de chaises musicales, peinant à trouver un fauteuil disponible. Avec l'interdiction, ensuite, de se lever. Jeter un coup d'œil par la fenêtre sur la superbe vue du village en contrebas relevait ni plus ni moins du crime de lèse-majesté. On s'observait, on bavardait en catimini avec son voisin, mais nul ne songeait à bouger ni quitter la pièce avant que le duc ou la duchesse ait donné le signal du départ. Je lisais d'ailleurs dans le regard du duc Philippe une joie sadique à savourer son café par petites gorgées, avant de lancer de sa voix chaude et puissante, une fois que l'ennui avait gagné l'assemblée :

— Bon, c'est fini, vous pouvez vous lever !

D'un seul bond, nous nous élancions vers la sortie et foncions vers notre chambre. De tous mes cousins ou de mes frères et sœurs, j'étais toutefois celle qui parvenait le mieux à m'évader de cette pesanteur en donnant libre cours à mon imagination. Plus les déjeuners ou cérémonies familiales me paraissaient interminables, plus je m'octroyais du temps à laisser vagabonder mes pensées. “Quand je serai la maîtresse des lieux, je ferai...” revenait comme un leitmotiv dans ma tête, ne songeant déjà qu'à faire la révolution et à imposer ma fantaisie. »

⋆

On s'en doute, ce décorum pesant n'est pas pour plaire à la jeune femme. Ni l'idée de se laisser enterrer vivante dans un tombeau de situations compassées et empesées. Pour elle, il faut absolument marquer de sa nouvelle empreinte cette commanderie teutonique figée dans le passé. L'occasion lui en est bientôt offerte.

« La duchesse Rosa, au nom de la tradition, des coutumes familiales ou des convenances, avait décrété que je n'aurais ni bouquet de mariée, ni pièce montée, ni tapis rouge pour pénétrer dans l'église d'Altshausen.

— Ma chère petite, ça se fait chez les bourgeois, mais pas chez nous, m'objecta-t-elle.

Que répondre à cela ? C'était en tout cas mal me connaître. Pour le tapis rouge, j'ai bataillé, refusant que ma robe de mariée roule sur les cailloux, d'autant que les couturières de Christian Dior, outre le respect des sept symboles – un fil bleu, quelque chose de nouveau, quelque chose à moi... –, avaient glissé de la terre de Louveciennes dans l'ourlet légèrement ouvert afin que le long du chemin me menant à l'autel je puisse marcher sur la terre de France. Yves Saint Laurent, qui travaillait alors chez Dior, avait lui-même insisté pour que la robe, terminée à ma demande par un manteau-traîne, glisse sur un tapis rouge. J'étais d'autant plus résolue à cette belle image et à ce respect du travail des petites mains de la maison de couture que l'histoire de la robe avait failli tourner au cauchemar. Personnellement, j'avais rêvé d'une robe cintrée qui mettrait en valeur mes tours de taille et de poitrine, or la mode était aux robes sacs. Comment aurais-je pu protester, la robe de mariée m'étant offerte par Christian Dior ! Je n'avais pas le choix : je devais enfiler cette robe de shantung blanche au décolleté bateau, aux manches trois-quarts et à la ligne que l'on s'acharne à baptiser “princesse”. Soit dit en passant, les princesses sont-elles condamnées à porter des sacs de pommes de terre ? J'avais bien protesté, mais maman m'avait rabrouée d'un :

— À cheval donné, on ne regarde pas les dents !

Résultat, si j'avais cédé sur la forme, je refusai de plier une seconde fois. Ayant obtenu une traîne de huit mètres complètement indépendante du voile que les petits pages et demoiselles d'honneur devaient porter, il me fallait donc ce tapis rouge... Même si nul n'en avait jamais vu à Altshausen pour un mariage princier !

Ce qui suscita maints palabres, discussions et reproches.

Contre toute attente, c'est Carl qui décrocha l'accord de son père et m'obtint le précieux tapis rouge. Il s'efforçait d'ailleurs de combler toutes mes attentes.

— Quelles fleurs aimerais-tu avoir à l'église ? me demanda-t-il ainsi.

— J'adorerais des glaïeuls rouges, pour que, mariés à l'or de l'autel et des stucs de l'église, ils forment les couleurs dans lesquelles se mariaient traditionnellement les princesses de France.

J'avais également imaginé les demoiselles d'honneur en robes rouge et noir, et les pages aux couleurs familiales des Wurtemberg, noir et or. Si j'avais pu, je me serais moi-même mariée dans une robe rouge et or, comme autrefois toutes les princesses de France. Ne le voit-on pas très bien dans le film *La Reine Margot* ! Mais lorsque j'avais exposé ces idées à maman, celle-ci avait poussé des hauts cris, affirmant que j'étais complètement folle ou tout à fait idiote ! Pétrie de conventions, ne s'étant jamais efforcée de remonter aux origines vraies des traditions pour en comprendre le sens, elle ne voyait que le scandale et le qu'en-dira-t-on. Seul Carl m'écouta. Et tenta de répondre à mes vœux, dans la mesure du possible.

— Et pour mon bouquet de mariée ? lui demandai-je alors que nous nous étions isolés pour évoquer la question du tapis rouge.

— Ce n'est pas la coutume dans notre famille ; la mariée ne tient qu'un livre de messe.

Ne me résignant pas à cette excuse, je parvins à contourner la sacro-sainte tradition. Et il existe des photos du mariage où l'on me voit tenant un bouquet de fleurs... en fait celui d'une petite fille de cinq ans, sortie des rangs sur le passage du cortège nuptial, qui me l'avait tendu. Je me souviendrai toute ma vie de cette enfant blonde, un petit nœud jaune dans les cheveux, à la frimousse angélique et terriblement intimidée... »

*

On s'en doute, ces us que nul ne doit transgresser pèsent à Diane, dont le tempérament épris de liberté ne s'accommode pas de traditions dont on ne lui explique ni l'intérêt ni les raisons. Dès lors, pour elle, les préparatifs du mariage relèvent du combat quotidien pour faire entendre sa voix, accepter ses désirs. Et quand s'y ajoutent des conseils de maintien et de comportement pour les années à venir...

« Un jour, poursuit Diane, pour achever de me mettre à l'aise et de me préparer au mariage, mon futur beau-père fit soudain irruption dans la chambre de Carl où nous nous étions réfugiés avec quelques cousins afin de bavarder au calme. Tout le monde se leva. De mon côté, j'exécutai une petite révérence en signe de respect, ayant toujours ressenti une profonde tendresse et beaucoup d'admiration pour le duc Philippe. Cet homme, en effet, en imposait avec son port de tête majestueux et son allure altière, renforcés par un regard bleu intense encadré dans un visage classique malgré un nez aquilin. Sous sa carapace un peu rigide, j'ai apprécié son charme et sa gentillesse ainsi que son cœur tendre et juste. Pour cela, je lui pardonnais volontiers ses idées franchement rétrogrades et son incapacité à évoluer avec le monde moderne. Ce que ses propos me confirmèrent.

— Diane, j'aimerais te parler seul à seule quelques instants, me dit-il en m'entraînant vers un angle de la chambre, à l'écart des autres.

— Un jour, lorsque je ne serai plus là, Carl et toi deviendrez chefs de la famille Wurtemberg. Sois consciente de ton rôle et sois toujours à la hauteur de tes obligations car tu en auras de nombreuses à remplir ! Toute ta vie ne sera composée que de devoirs, m'assena-t-il, avec la même autorité que le Commandeur de *Dom Juan*.

— Ne vous inquiétez pas ! Les devoirs ne pèsent pas lourd sur mes épaules car j'en accepte la charge de tout mon cœur.

Devant une telle réponse, mon futur beau-père, d'abord abasourdi, répéta avec insistance "tout est devoir", comme si je l'avais mal compris.

— Ce n'est pas un devoir si on l'accomplit dans l'amour et la joie, insistai-je.

Le duc mit rapidement fin à cette conversation. Nous

sûmes l'un et l'autre, à compter de ce jour, que notre conception du rôle échu aux héritiers de longues dynasties historiques différait et risquait de nous opposer. »

★

Heureusement, ce mariage du siècle connut aussi, à côté de ces instants parfois pénibles à vivre, des moments beaucoup plus amusants. Et même de « franche rigolade », selon la principale intéressée. « Je me souviens notamment, explique celle-ci, des quiproquos que provoquait inévitablement notre méconnaissance de la langue allemande. Et de maman qui, se piquant de parler couramment la langue de Goethe, fit rire à ses dépens toute la tablée lors d'un dîner de famille. Sachant qu'elle aimait chasser, mon beau-père lui avait organisé une chasse au chevreuil dans une de ses propriétés. Fièrement, maman voulut annoncer : "J'ai tué un chevreuil" en allemand, mais tout le monde éclata de rire devant maman médusée. Elle avait dit *"Ich habe einen Rehbock geschiessen"* (j'ai déféqué un chamois) au lieu de *"Ich habe einen Rehbock geschossen"*...

Je me suis également fait remarquer durant le mariage civil dans le salon bleu du château. Carl et moi nous tenions debout, face au maire du village avec, à ma droite, mon frère Jacques ainsi que Michel de Grèce, les témoins. J'écoutais les paroles prononcées par l'édile tout en jetant des coups d'œil furtifs vers Carl afin de calquer mes gestes sur les siens, par peur de commettre un impair. Au moment de parapher les registres officiels, Carl signa rapidement "Carl Herzorg von Württemberg" et m'invita à l'imiter en me précisant : "Signe là, en allemand." À l'oreille droite, Michel de Grèce, espiègle, me susurra mon nom à la française et, paniquée, je commis évidemment une bourde que chacun fit mine de ne pas voir. Sur le registre, je signai phonétiquement "Herzogging". Le mariage civil se conclut par une vigoureuse poignée de main et je reçus mon passeport vert, le troisième, puisque j'ai le privilège d'être tout à la fois allemande, française et brésilienne de naissance. À défaut de démonstration chaleureuse et affectueuse, la cérémonie du mariage civil fut en outre ponctuée d'interminables séances de photos pour lesquelles il fallait poser de longues minutes en attendant que toute la famille se mette à sa place dans la composition du tableau... Et je me retrouvai seule, désemparée. D'autant qu'après un nouveau déjeuner de famille Carl disparut d'un coup, m'abandonnant à mon désarroi. Je l'ai cherché partout, mais il s'était volatilisé, me laissant seule parmi les siens dont je sentais sourdre l'hostilité. Je n'imaginais pas encore que ce serait mon sort quotidien : condamnée à attendre Carl pendant de longues journées solitaires ! Cherchant à échapper à l'enfermement des réunions familiales, il avait en fait pris la fuite avec son cousin préféré, le prince Giovanni de Bourbon-Siciles, en direction de l'autre château familial, Friedrichshafen, sur les bords du lac de Constance ! »

*

Dans une époque et une belle-famille très liées au décorum, très attachées aux traditions et à leur respect, la princesse Diane suscita à d'autres reprises, par sa fantaisie et sa liberté d'esprit, quelques réactions indignées de la bonne société allemande.

« Il me fallait rassembler toutes mes forces pour soutenir le rythme effréné des fêtes qui se succédaient, même si je traversais les événements avec une parfaite insouciance, explique-t-elle. Le 18 juillet au soir eut lieu le grand bal dans les salons d'apparat du château, tout illuminés par les lustres en cristal précieux. Une nouvelle fois, je fis scandale. Avec, je le confesse volontiers, une joie indicible.

Rien n'avait pourtant été prémédité. Dans l'après-midi, le premier étage du château ressemblait à une ruche où toutes les sœurs, les cousines et les tantes caquetaient en se préparant au grand événement. À l'extrémité du bâtiment, la plus spacieuse des chambres, que nous appelons "la lanterne", avait été convertie en salon de coiffure par Alexandre de Paris, figaro du Gotha depuis que la princesse Grace de Monaco, la Bégum Aga khan III et maman l'avaient lancé. Et j'avais personnellement exigé sa présence à mon mariage.

— Nous n'en avons pas les moyens ! avait rétorqué ma mère, le regard aussi noir que déçu.

— Très bien, dans ce cas, c'est moi qui le fais venir avec son équipe, avais-je répondu, mettant à profit l'argent que m'avait donné ma grand-mère Mioul – la duchesse de Guise –, cinq mille francs, une somme pour l'époque !

Voir toutes ces parentes prenant la file en robes de chambre, pieds nus, chacune tenant un diadème sur ses genoux, pour passer entre les mains expertes du coiffeur me réjouit l'œil. Dernière à me préparer, un peu nerveuse en songeant à l'effet que produirait mon éblouissante robe de mousseline rose églantine, je devins perplexe en contemplant la somptueuse parure que Tante Caprici – la duchesse Robert de Wurtemberg, née Marie-Immaculée d'Autriche – m'avait offerte, composée d'un diadème de diamants et de rubis, d'un collier et de boucles d'oreilles assortis. Comment moderniser ces bijoux magnifiques ? Comment les associer à une coiffure dans l'air du temps ? Je ne sais qui d'Alexandre ou de moi a eu l'idée le premier, mais elle a suscité des remous : nous avons posé le diadème à l'envers sur mes cheveux !

— Cela encadrera à la perfection l'ovale de votre visage, princesse Diane, me rassura Alexandre.

L'originalité l'emporta donc sur le protocole. Avec ses dons d'artiste, le coiffeur figaro fixa le diadème les trois pointes vers le bas, parvenant à les faire coïncider avec mes tempes et le haut du front, où un rubis gorge-de-pigeon faisait ressortir plus intensément mes grands yeux bleus. Je n'étais pas fâchée de mon effet, étant en outre persuadée que Tante Caprici apprécierait mon audace. Cette tante adorable, débordante de gentillesse et d'affection à mon endroit, me parlant dans un français de cour merveilleusement châtié, était jolie et fine comme une porcelaine de Saxe. Née à Vienne dans la famille impériale, fille de l'archiduc Carl-Salvator, elle professait, malgré ses quatre-vingt-deux ans, des idées réformatrices, considérant ainsi que la prise de la pilule “était un des avantages les plus sensationnels que le progrès médical apporte aux jeunes femmes modernes, leur rendant la vie plus facile et garantissant leur liberté”. Inutile de préciser que ce genre de débat était banni des discussions familiales où de telles idées auraient fait pousser des cris d'orfraie aux autres tantes culs-bénits de la lignée !

Lorsque Carl vint me chercher pour me conduire dans le grand salon, il resta bouche bée d'admiration. Et voulut aussitôt juger de l'impact de cette trouvaille sur les quelque deux cents membres de nos familles qui attendaient notre arrivée. Lorsque nous pénétrâmes dans le salon bleu, toutes les conversations cessèrent. Je sentis converger vers moi tous les regards. J'y lus de l'admiration – comme dit maman, les Orléans sont souvent victimes d'une "violente crise d'autosatisfaction" – mais aussi la fureur dans l'œil noir que me jeta ma future belle-mère. Que m'importait ! Si, dans cette assistance parée et scintillante comme un arbre de Noël, je suscitai des sentiments mêlés d'admiration et de jalousie, c'était avant tout l'émotion d'être au bras de Carl qui m'étreignait.

Depuis ce jour mémorable, je reste sensible au regard amusé, fier et admiratif de mon mari. Aujourd'hui encore, il me regarde comme au premier jour et, avant un dîner, me passe toujours "en revue" – comme pour une inspection militaire – d'un air vaguement inquiet, en se demandant ce que je vais encore inventer... Souvent, lorsque j'entre dans le salon bleu et que mes enfants se lèvent en signe de respect, je replonge dans mes souvenirs, quarante ans en arrière. Et, d'un coup d'œil furtif, je me rappelle que je cherchai alors l'approbation muette de mes ancêtres – le roi Louis-Philippe et la reine Marie-Amélie – accrochés au mur dans leur cadre doré, et dont la fille, Marie d'Orléans, avait déjà fait souffler un vent de fantaisie dans la vie du duc Alexandre de Wurtemberg en 1837...

Maman avait voulu que toute la tribu Orléans se réunisse dans un salon pour poser devant l'objectif du photographe Seeger, devenu depuis lors photographe officiel des Wurtemberg... Toutes mes sœurs avaient sorti le grand apparat, maman portait l'une des parures de la reine Marie-Antoinette – celle qui fit couler beaucoup d'encre depuis –, papa et tous les frères étaient en frac. Thibault, tout sérieux, arborait à la surprise générale un costume-cravate, et Carl, lui, portait le cordon et les insignes de l'ordre dynastique des Wurtemberg. Nous avions vraiment fière allure.

Le bal s'ouvrit sur l'air d'une samba brésilienne, et non au son d'une valse viennoise que Carl détestait danser. Soit dit en passant, c'est là un de mes regrets ! Ma sœur Isabelle focalisa toute l'attention. Revenue d'Amérique où elle travaillait comme infirmière, elle dansa avec Thibault, tout fier du haut de ses onze ans de parader au bras de notre aînée, puis avec Juanito. Qualifiée de “princesse à marier” par la presse du cœur, elle avait été donnée favorite l'année précédente pour épouser le jeune roi des Belges, Baudouin. Comme il suffisait d'un tour de valse pour qu'aussitôt on la fiançât, les gazettes l'imaginèrent dès lors dévolue à notre cousin Juan-Carlos d'Espagne... Ce qui ne deviendrait pas le cas ! »

*

À Altshausen, pour tous les événements touchant la famille des ducs de Wurtemberg, qu'ils soient heureux ou tristes, la population locale est intimement associée. D'ailleurs, le château étant au cœur du village, l'un et l'autre vibrent à l'unisson. Revêtues de leurs uniformes historiques, les gardes bourgeoises des villes wurtembourgeoises défilèrent aux flambeaux devant les mariés, qui participèrent au bal populaire au son des cuivres de la fanfare municipale.

« Il y eut aussi le *Polterabend*, une sorte d'enterrement de la vie de célibataire qui réunit tous nos cousins et amis, se souvient Diane d'Orléans. Carl le célébra en se rasant le bouc, non que je l'aie demandé, mais parce qu'il avait fait le pari, avec ses camarades de l'université de Tübingen, qu'il garderait cette barbe jusqu'à ce qu'il se marie. L'heure était donc venue...

Pour ma part, cette journée du 19 juillet reste marquée par mes premiers pas officiels, et hésitants, dans la vie du village. Me tenant à l'entrée du château, à un endroit que la famille appelle "séminaire", je devais prononcer un petit discours en allemand à l'intention de mes futurs concitoyens d'Altshausen. Mais plus l'heure de cette allocution approchait, et plus j'avais le trac. Une peur panique que Carl tenta, en vain, de calmer.

— Ne t'inquiète pas, me dit-il, j'ai rédigé à ton intention un petit texte que tu n'as qu'à apprendre par cœur.

Il sortit alors de sa poche une feuille de papier sur laquelle il avait écrit en allemand :

"Chers habitants d'Altshausen, c'est avec un immense plaisir que je suis parmi vous ce soir, et ma vie, désormais, est auprès de vous tous. Je vous remercie de tout cœur de votre accueil et je remercie particulièrement monsieur le maire pour cette belle fête que vous avez préparée à notre intention."

Pour être franche, je ne compris pas un traître mot de ce discours. Carl, après avoir pris le temps de m'expliquer le sens de chaque mot, accepta de m'accompagner en forêt pour m'aider à mémoriser le texte. Aux pires moments de mes récitations scolaires, je n'avais vécu un tel calvaire. Et quelle humiliation devant mon fiancé, qui me reprit patiemment et avec douceur chaque fois que je bafouillai ou butai sur une prononciation impropre. Combien de temps et d'effort me fallut-il pour venir à bout de ce compliment ? On comprend ma nervosité quand sonna l'heure de la réception et que la foule se pressa devant le "séminaire".

Une estrade ayant été dressée pour l'occasion, nous arrivâmes devant le micro. Le duc Philippe, puis Carl s'adressèrent à la population d'Altshausen avant de m'inviter à prendre la parole. Tremblotante, je m'avançai, mais, en proie à une forte émotion, ne parvins pas à articuler le moindre mot. Pas une seule parole ne sortit de ma bouche. Un silence embarrassé s'installa. Il me parut interminable. Carl me proposa alors de prononcer le compliment en mon nom. Il n'en fallait pas plus pour que, mue par un déclic, je me saisisse fermement du micro et débite d'une traite les quelques phrases apprises par cœur dans la solitude de la forêt. Je fus récompensée par une salve d'applaudissements, et chacun vanta à loisir ma parfaite maîtrise de la langue allemande. Ce fut un tel succès que tous les habitants me gratifièrent ensuite de longues déclarations en allemand auxquelles je ne comprenais rien mais répondais par de charmants sourires !

La veille du mariage religieux fut déclarée jour de trêve. Nos amis et plus proches voisins, le margrave et la margravine de Bade, avaient convié tous nos invités à une excursion dans leur château de Salem, suivie d'une halte dans une auberge typique sur les bords du lac de

Constance. Le soir venu, alors que je rêvassais dans ma chambre, je vis débarquer Michel de Grèce, tout excité d'avoir assisté aux répétitions de la messe de mariage du haut de la loge du château qui communique avec l'église paroissiale. Nous bavardions tous deux quand une faim de loup nous saisit. D'un commun accord, nous décidâmes de faire une razzia dans les cuisines, situées au sous-sol du château.

— Tu ne crois pas qu'il serait plus prudent d'aller chercher Carl pour éviter de se faire pincer ? suggéra Michel.

— Oui, tu as raison. Suis-moi car je sais exactement quelles sont les dalles qui font du bruit quand on marche dessus, lui ordonnai-je en m'élançant dans l'immense couloir plongé dans l'obscurité et au bout duquel se trouvait la chambre de Carl.

Veillant à ne pas réveiller ma belle-famille qui dormait à poings fermés, nous arrivons chez Carl et l'entraînons dans notre expédition nocturne. Sans difficulté puisqu'il propose lui-même d'aller chercher les plus âgés de mes frères et sœurs, ainsi que notre cousine Christa d'Aoste, conscient de l'appétit des Orléans ! À pas feutrés, les uns derrière les autres, nous descendons donc en pyjamas et chemises de nuit les escaliers vers les lointaines cuisines. Et étouffons des petits rires de triomphe en voyant s'étaler devant nous les victuailles préparées pour le déjeuner de mes noces. Pris de fringale, nous donnons alors libre cours à notre faim en goûtant tous les plats. Carl, plus déchaîné que les autres, entreprend même d'ausculter tous les placards à la recherche des précieuses clés qui permettront d'ouvrir le saint des saints, la chambre froide où sont conservés les petits-fours, mousses au chocolat et autres douceurs. Quand il met enfin la main dessus, notre vol de rapaces se jette littéralement sur sa proie. Mais soudain, mon frère François pousse un cri.

— Silence, j'ai entendu un bruit, lance-t-il. Il y a quelqu'un qui se dirige vers les cuisines.

— C'est certainement ma belle-mère ! criai-je, complètement paniquée, d'autant que mes frères et sœurs m'ont désignée comme responsable en cas de drame, sous prétexte que je suis déjà de la maison...

Telle une volée d'oiseaux dérangés dans leurs agapes, nous disparaissons qui dans les armoires de l'office, qui dans un garde-manger, qui dans le cellier.

— Ne vous en faites pas, nous rassure Carl, si c'est ma mère je trouverai bien un prétexte pour l'éloigner.

— Convaincre ta mère ? Autant se rendre tout de suite, répondent les autres en s'efforçant de ne pas éclater de rire devant l'incongruité de la situation.

Nous attendons, le cœur battant, la suite des événements, quand je perçois la voix amusée de Carl.

— Bonsoir, oncle Henri !

À ces mots, nous sortons de nos cachettes comme des diables de leur boîte. Papa éclate de rire en voyant nos mines de conspirateurs pris au piège. Tous comptent sur l'indulgence du comte de Paris pour notre gourmandise héréditaire, persuadés qu'il a suivi lui aussi ce chemin guidé par la même faim.

— Ta mère te cherchait pour te prodiguer des conseils prénuptiaux. Ne te trouvant pas, elle m'a envoyé faire le tour des chambres. En voyant que vous aviez tous disparu, j'ai vite compris que vous aviez pris la direction des cuisines, m'explique papa, avant de décréter qu'il a aussi très faim et de se mettre à attaquer un morceau de poulet.

Tandis que nous dévorons le fruit de notre rapine, mes frères et Michel de Grèce se moquent gentiment de moi.

— Tu devrais aller voir ta mère, tu as vraiment tout à apprendre ! rient-ils.

Je doute que maman ait vraiment eu l'intention de m'expliquer quoi que ce soit sur le sujet délicat du mariage, et du reste je n'en avais aucun besoin. J'avais d'ailleurs provoqué un gros scandale à Louveciennes où le curé de la paroisse prétendait vouloir me préparer au mariage.

— Mais c'est parfaitement stupide ! avais-je protesté. Qu'est-ce qu'il connaît du mariage puisqu'il a fait vœu de célibat ?

Sans être la plus délurée de la famille, je n'étais ni la plus innocente ni la plus naïve...

Lorsque nous fûmes tous rassasiés, nous regagnâmes nos chambres. Et papa m'embrassa affectueusement.

— Dianouschka, va vite te coucher, demain sera pour toi une longue et éprouvante journée, me dit-il fermement, mais je lus dans son regard toute la tendresse d'un père et l'émotion de voir une seconde fille, peut-être celle qui le comprenait le mieux, lui échapper. »

⋆

Et puis le grand jour arrive. Trois cents invités, une atmosphère à la fois festive et émouvante.

« Le matin de mon mariage, il fallut nous lever de bonne heure pour nous faire coiffer par l'équipe d'Alexandre. Comme à la Poste ou à la Sécurité sociale, maman, mes sœurs, belles-sœurs, cousines, tantes et grand-tantes attendirent à tour de rôle. Les palabres fusaient et parfois, aussi, des reproches. Une sœur de Carl se plaignit ainsi d'avoir la même coiffure que moi le jour de mon mariage civil. Me concernant, notre cher figaro avait, lui, décidé de donner libre cours à sa créativité.

— Princesse Diane, puisque vous n'aimez guère votre robe, nous allons créer une coiffure qui sera le point de mire de toute l'assistance.

Relevant mes cheveux blonds en chignon pour mieux les laisser retomber en boucles à l'anglaise, il fixa le précieux diadème de la famille Wurtemberg aux cent trente-quatre diamants montés en fleurs pour retenir le voile de tulle blanc et parsema dans ma chevelure des fleurs d'oranger.

Dans la chambre dite “du roi”, on s'affairait autour de moi. Un léger maquillage acheva le portrait. Fin prête et habillée dès neuf heures du matin, le temps libre qui nous restait imparti suffit à une séance de pose photographique.

— Centrez bien sur mon visage, évitez la robe, ne cessai-je de recommander. Ce n'est pas une robe mais un sac de pommes de terre !

Quand papa me donna le bras pour sortir de la chambre et que je passai devant un miroir en pied, je ne pus m'empêcher de songer à une moniale que l'on conduisait au couvent. M'appuyant de toutes mes forces sur son bras, je descendis lentement les hautes marches de l'escalier d'honneur. Devant moi, Carl avançait, tenant le bras de la duchesse Rosa, en longue robe couleur parme. Il était si mince qu'il me parut encore plus grand. Juste derrière, le duc Philippe escortait maman qui avait opté pour une robe bleu canard en harmonie avec son petit chapeau en forme de tambourin agrémenté d'une broche en diamants et d'une petite voilette.

Sur le chemin de l'église, alors que je foulai le fameux tapis rouge pour lequel j'avais dû livrer bataille, j'avais le visage dissimulé par le long voile de tulle. Dans mon esprit, j'étais convaincue de ressembler à une prisonnière que l'on mène à sa cellule. Tout au long du parcours, interminable, papa et moi avons été salués avec enthousiasme par les habitants du village qui applaudissaient, certaines dames esquissant une charmante révérence. Le comte de Paris salua de la main et m'enjoignit de l'imiter.

— Salue, Diane, salue.

— Mais je ne peux pas, papa. D'une part je dois tenir le livre de messe et d'autre part je suis complètement coincée sous mon voile. Je saluerai au retour, avec Carl.

En ce 21 juillet 1960, j'avance à pas comptés vers mon destin tandis qu'au loin retentissent cent et un coups de canon. Quoiqu'un peu tendue et émue, je marche résolument vers l'autel où m'attend Carl, comme écrasé par la solennité de l'événement. Quand je fouille dans ma mémoire, c'est la vision de sa minceur, presque irréelle, qui me revient. Il paraît si frêle – tel un roseau qui plie mais ne rompt pas – dans la splendeur baroque de cette église décorée de stucs dorés rehaussés par la pourpre éclatante des innombrables glaïeuls.

Lorsque je m'avançai du prie-Dieu au bras de mon père, Carl n'osa pas lever les yeux pour me regarder. Je devais bientôt apprendre à mieux connaître son caractère ; souvent, une pudeur extrême lui interdit de manifester publiquement ses sentiments.

Le tableau avait en tout cas de quoi impressionner la

petite princesse de France de vingt ans que j'étais, élevée comme une sauvageonne sur les chemins de l'exil. À quoi peut bien songer une mariée à l'heure où elle épouse tout à la fois l'homme qu'elle aime, un nom, une tradition, une famille ô combien étrangère ?

Pour tout dire, je pensais surtout au conseil que m'avait prodigué ma masseuse russe :

— Écoutez, princesse Diane, faites bien attention, au moment d'entrer dans l'église, de mettre le pied droit en avant afin que la chance accompagne le couple, mais surtout avancez le pied en même temps que le duc Carl.

Sauf que Carl, au bras de sa mère, avait pris de l'avance et que j'ai dû remettre cette superstition à plus tard... au moment de sortir de l'église avec mon mari !

Pour l'heure, après avoir déposé un baiser sur mon front, le comte de Paris rejoint les rangs de la famille et me laisse suivre ma route, au côté de Carl, devant l'évêque auxiliaire de Rottenburg. Mélomane averti, Carl a fait exhumer la partition de la *Messe en ut majeur* de Beethoven, composée en 1807, afin qu'elle soit jouée par le grand orchestre de Stuttgart et chantée par les chœurs d'Altshausen, de Ravensburg et de Friedrichshafen. Une telle création musicale méritant bien qu'on la gravât sur un disque, jamais messe nuptiale ne fut écoutée dans un tel silence recueilli. Comme toujours, je me suis sentie entraînée dans le tumultueux tourbillon de mes pensées, me faisant perdre la notion du temps et de l'espace. Porté par les cantiques qui s'élèvent sous les voûtes de l'église, mon esprit vagabonde, et je prie avec ferveur la Sainte Vierge, Notre Seigneur sacrifié sur la grande croix derrière le maître-autel et saint Jean dont la statue attire mon regard.

"Mon Dieu, protégez-moi ! Je me sens bien jeune et inexpérimentée. Aide-moi, Seigneur, car tout s'annonce difficilement pour moi. Je ne désire que le bonheur et la paix dans ma nouvelle famille, permets-moi d'y parvenir."

Des rires dans l'assistance me sortirent de ma rêverie. L'oncle de Carl, qui avait abandonné son titre de duc Carl Alexander de Wurtemberg pour entrer dans les ordres comme bénédictin sous le nom de Pater Odo – fuyant le national-socialisme dès 1934, il joua du reste un rôle actif pendant la dernière guerre en aidant depuis les États-Unis les victimes du nazisme –, avait souhaité servir l'évêque de Rottenburg. Mais, dans l'émotion du moment, il venait de poser la mitre à l'envers sur la tête du prélat. De sorte que les deux pans d'étoffe lui pendouillaient devant les yeux et qu'il ressemblait à un mulet ! D'un geste rageur, l'évêque tenta de remettre son couvre-chef à l'endroit, mais il pencha dangereusement sur le côté pendant toute la cérémonie...

Ce pauvre évêque n'était pas au bout de ses peines. Avait-il remarqué mon regard absent durant son interminable sermon en allemand ? Profitant de ne rien comprendre à ses propos, je m'étais une nouvelle fois évadée par la pensée. J'ai d'ailleurs toujours eu cette capacité à échapper aux pesanteurs du moment et aux contraintes de la réalité par la magie des rêveries. Même enfermée entre quatre murs, je ne me sentirais jamais prisonnière ! À mon arrivée à Altshausen, on a vu combien j'étais hermétique à la langue allemande. Aussi, au moment de l'échange des consentements, avions-nous allégé le rituel, en pleine transformation. En effet, si les messes étaient encore célébrées en latin, le prêtre tournant le dos aux fidèles, les mutations en cours dans l'Église catholique romaine avaient déjà touché la liturgie du mariage. Auparavant, il ne fallait répondre qu'à la seule question du consentement. Désormais, un véritable interrogatoire était prévu, me soumettant doublement à rude épreuve du fait de mes difficultés dans la langue de Goethe. Il fut donc convenu que le rite ancien conviendrait mieux à mes connaissances linguistiques, pour peu que je n'aie qu'un *ja* à prononcer !

Après le "oui" de Carl, l'évêque se tourna vers moi et me posa la question rituelle. Obéissant aux traditions familiales selon lesquelles je ne peux me marier qu'avec le plein accord de "mon souverain et père", le comte de Paris étant chef de la maison royale de France, je devais symboliquement obtenir sa bénédiction avant de répondre. Tandis que le monseigneur rougit de confusion et d'angoisse mêlées, je sortis du rang, me dirigeai vers papa, plongeai dans une profonde révérence et attendis sagement que, de la tête, il me donnât un signe d'acquiescement pour enfin revenir à ma place et répondre le *ja* sacramentel. Alors qu'il était paniqué et cramoisi, j'entendis néanmoins l'évêque marmonner :

— *Gotteswill, sagen Sie bitte ja, königliche Hoheit !* (Pour l'amour de Dieu, dites oui, Altesse Royale !)

Avait-il vraiment pensé que j'allais tourner les talons ? En tout cas il paniqua à nouveau lorsqu'il constata que j'avais oublié de déposer l'alliance destinée à Carl sur le petit plateau d'argent. Il roula alors des yeux perdus et me fit des signes désespérés pour que je m'exécute enfin.

Mais, au moment de l'échange des anneaux, il me revint en mémoire une autre de ces superstitions dont je suis si friande. Pour que la chance accompagne les jeunes mariés toute leur vie durant, il faut que la jeune femme réussisse à passer toute seule la bague au doigt de son époux sans que ce dernier intervienne. Comment y parvenir ? Carl a les mains longues et fines, mais les jointures assez fortes. Une idée me traversa l'esprit : plonger l'alliance dans l'eau bénite pour qu'elle glisse sans peine. Opération réussie du premier coup. Comment s'étonner dès lors que, malgré les épreuves traversées, elle soit toujours fermement arrimée à son doigt ?

Vint enfin l'instant où ma sœur Anne dut relever le voile qui cachait mon visage. En accomplissant ce geste, Anita éclata soudain en sanglots. La pauvre était triste de me voir partir, elle qui était alors la plus proche de moi, avec laquelle nous avions partagé tant de fous rires et de secrets. Pour la taquiner, Juanito prétendit plus tard qu'elle avait pleuré parce que je lui fauchais son prétendant !

Dans l'émotion générale, personne ne s'est rendu compte que notre mariage n'était pas valide selon le droit canon. Ni l'évêque, ni les cocélébrants, ni nos parents, ni nos témoins (mon frère François et Michel de Grèce, de mon côté, Carl de Hesse et Loulou de Liechtenstein pour Carl) et encore moins nous-mêmes, ne se sont inquiétés de signer les registres paroissiaux de mariage ! Carl et moi ne nous en sommes aperçus que douze ans plus tard. Rien n'authentifie donc notre union religieuse, oubli qui aurait pu se révéler lourd de conséquences si, en cas de séparation, nous avions demandé l'annulation de notre mariage en cour de Rome ! Preuve est donc faite que notre union, forte et solide, n'avait pas besoin de s'appuyer sur un morceau de papier !

En quittant l'église au bras de Carl, j'ai veillé avec un

sérieux tout enfantin à fouler du pied droit le tapis rouge en m'assurant que nous marchions d'un même pas. Une clameur chaleureuse salua notre sortie, des vivats qui résonnent encore aujourd'hui à Altshausen avec la même intensité. Une foule de gens que je ne connaissais pas, venus sans doute de tous les villages avoisinants, avait tenu à nous manifester son affection. J'avoue que je me suis sentie comme transfigurée par ces démonstrations spontanées de liesse populaire. En toute innocence, j'y vis un heureux présage pour ma nouvelle vie, persuadée que ma route serait bordée de roses, sans me douter un seul instant de tous les sacrifices qu'il me faudrait consentir ni des embûches qu'il faudrait surmonter... La seule personne qui faisait contre fortune bon cœur mais pleurait discrètement en ce jour, c'était la comtesse Marie Kinsky von Wchinitz und Tettau : il est vrai qu'elle avait rêvé autrefois d'épouser mon nouveau mari. Plus tard, en 1967, elle eut la sagesse de se consoler avec un autre brillant parti, l'actuel prince régnant Hans-Adam II de Liechtenstein.

En arrivant sous les arcades de la cour intérieure du château, je me revois embrasser tendrement mes parents. D'une révérence j'ai salué mon père avant de lui baiser la main en signe de respect filial. Même mariée, je restais par la naissance une princesse de France ! Que peut murmurer un père, visiblement ému, au moment d'abandonner sa fille en terre étrangère ? “Tu vois, Dianouschka, c'est bien moi qui avais raison de te conseiller d'apprendre l'allemand”, voilà tout ce qu'il trouva à me dire !

Patiemment, pendant plus de deux heures, Carl et moi avons dû serrer les mains des invités et de tous les villageois qui ont défilé devant nous pour nous exprimer leurs vœux. Comme je les enviais de se précipiter à l'intérieur des salons pour déguster un petit verre de vin blanc produit par les vignobles du duc de Wurtemberg...

Du repas de noces, j'ai gardé le souvenir d'une table particulièrement décorée d'une riche vaisselle en fine porcelaine de Ludwigsburg, et celui de ma déception devant l'absence d'une pièce montée, jugée trop "commune". Déception atténuée par le discours empreint de gentillesse prononcé en allemand et en français par mon beau-père, me souhaitant la bienvenue dans sa famille.

Il nous fallut encore saluer tous nos invités. Combien de fois ai-je trinqué, une coupe de champagne à la main ? L'après-midi s'est écoulé doucement, dans la chaleureuse torpeur qui suit les grands événements. Toute ma famille devisait gaiement dans les salons, toutes les dames avaient abandonné leurs escarpins pour se mettre à leur aise. L'heure avançait. Or Carl avait souhaité que nous passions notre nuit de noces à Zurich, avant d'embarquer pour Lisbonne et Rio de Janeiro, destination finale de notre lune de miel.

Auparavant, une cérémonie païenne se déroula dans la "chambre du roi" où j'étais montée me changer. Mes sœurs et mes cousines se mirent en tête de participer activement à ma métamorphose et me firent couler un bon bain brûlant dans lequel, tout en riant, elles jetèrent tout ce qui leur tombait sous la main : sels moussants, dentifrice, eau de Cologne, lessive et même un peu de poudre de riz parce que ma sœur Anita prétendit qu'elle avait des vertus aphrodisiaques ! Je riais tellement que j'ai fini par prendre le bouillon. On s'en doute, la coiffure d'Alexandre n'y résista pas. Le plus simple était de la sacrifier. Sans réfléchir, je coupai ces cheveux longs qui avaient été ma fierté. Au grand dam de Carl qui poussa les hauts cris ! Avais-je voulu, inconsciemment et symboliquement, marquer une coupure avec ma vie antérieure ? Par la suite, à chaque étape décisive de mon existence – particulièrement les mariages de mes enfants – j'ai coupé mes cheveux, comme pour rompre avec le passé et initier un nouveau cycle.

En partant dans la voiture décapotable de Carl sur la route de Zurich, je savais que je m'éloignais inexorablement de ma famille et que j'écrivais une nouvelle page de ma vie. J'avais le cœur léger, j'étais riche de mille espérances. »

*

Au soir de ses noces, la princesse Diane n'imagine pas combien il lui coûtera d'efforts pour défendre sa félicité conjugale et construire pierre par pierre la maison de son bonheur. Si l'amour est un puissant moteur, il faut de la patience et de la volonté pour franchir tous les obstacles qui se dressent sur un chemin escarpé. Et les difficultés sont d'autant plus coriaces qu'une naissance princière, loin de conférer des privilèges, oblige au respect de nombreuses règles et exige la résolution de ses tourments intimes sous le regard public.

Chapitre 5

En famille

Il n'est pas besoin d'appartenir au cercle magique de la royauté pour faire l'expérience d'une vérité générale : aux débuts des années 1960, les jeunes mariées souffrent cruellement d'un manque d'expérience et passent de la pesante tutelle d'une famille de naissance à celle non moins contraignante d'une belle-famille d'adoption. Fraîche et spontanée, naturelle et primesautière, la princesse Diane a puisé dans son caractère heureux la force de supporter le carcan qui lui était imposé. Loin de se sentir muselée ni d'annihiler sa personnalité, elle cultiva ses jardins secrets et fit briller la plus belle des couronnes, celle que formèrent bien vite ses enfants autour d'elle. Les débuts furent pourtant particulièrement difficiles. Ou, pour être exact, surprenants, à son image.

*

« Tout commença par la nuit de noces qui faillit tourner au cauchemar !

Carl n'avait rien organisé, et nous étions donc partis d'Altshausen vers huit heures du soir en direction de Zurich. Arriver à une heure tardive dans une ville suisse sans réserver d'hôtel est en soi une expérience cocasse. Imaginez un jeune couple marié à la recherche d'une chambre d'hôtel pour passer sa nuit de noces ! On ne peut rêver entrée en matière plus romantique... Après plusieurs tentatives infructueuses, nous avons dû nous rabattre sur un bouge minable, mais cela nous fit bien rire tous les deux.

Le lendemain matin, au réveil, je me suis aperçue que j'avais oublié à Altshausen les précieux postiches sur lesquels je comptais pour me confectionner des coiffures dignes des fêtes que ma famille brésilienne avait prévu d'organiser en notre honneur. Cela peut paraître un détail futile, mais j'ai toujours exprimé mon originalité artistique dans mes coiffures tout en veillant à ce qu'elles rehaussent encore l'éclat de mes tenues vestimentaires. N'est-ce pas une manière amusante de jouer avec les convenances ? Je ne vis donc qu'une solution, demander à Carl d'appeler au château pour qu'un chauffeur m'apporte les postiches à l'aéroport de Zurich. Quelle ne fut pas notre surprise de voir débarquer dans l'aérogare la joyeuse bande de mes frères et sœurs, toujours enclins à profiter d'une brèche pour faire la fête. Attablés devant des sandwichs et des boissons, nous avons tant ri avec l'histoire de mes extensions oubliées que Carl et moi avons failli manquer l'avion... C'est en cela que nous formons une tribu. Avec le temps, la vie s'est chargée de nous éloigner les uns des autres ; mais toujours, lorsque nous nous retrouvons, le ciment de nos jeunes années se ressoude et nous réunit de façon mystérieuse.

Pour l'heure, Carl et moi nous envolons pour Lisbonne où nous attendent Raoul Nataf, le régisseur de la Quinta, et sa fiancée Précieuse, entourés d'une meute de reporters de presse, de photographes et de cameramen venus immortaliser notre arrivée et recueillir nos premières impressions de jeunes mariés. Ils doivent s'en souvenir, comme nous, de la joyeuse et glorieuse entrée des ducs de Wurtemberg ! À peine installés sur une montagne de valises dans la bétaillère familiale, la Peugeot Station dans laquelle papa conduisait sa kyrielle d'enfants, nous saluons les caméras de télévision tandis que Raoul entreprend de mettre le moteur en marche. La voiture refuse de démarrer. Rien n'y fait. Notre sourire devient plus crispé, et se mue bien vite en fou rire. Nous sommes contraints de redescendre et de nous mettre à pousser le véhicule sous l'œil médusé des journalistes qui ne tardent pas à nous prêter main-forte. »

⋆

Après trois jours idylliques passés à la Quinta do Ajinho, la maison de l'adolescence insouciante qui a vu éclore l'amour entre le duc et la duchesse, les nouveaux mariés embarquent sur un magnifique transatlantique italien qui fait route vers le Brésil.

« Nous avons toujours aimé les croisières et, depuis lors, notre bateau est notre point de ralliement, raconte princesse Diane. Cette traversée fut un enchantement, et nous avons participé au baptême de la ligne, fête que l'on a coutume de célébrer lorsque les navires passent l'équateur. À bord, nul n'ignore notre identité, et nous sentons que la curiosité nous place au cœur des conversations. Aussi notre baptême de l'équateur ne passe-t-il pas inaperçu. On nous réserve un traitement royal. On a commencé par nous badigeonner le corps de peinture et de sauce tomate ; j'ai même les cheveux complètement recouverts de *ketchup* ! Après ce cérémonial pour le moins barbare, nous voici coiffés d'une couronne. Carl se voit gratifié d'un trident identique à celui que tient Neptune, dieu de la mer, puis, après avoir été sacrés roi et reine, nous sommes jetés sans ménagement au milieu de la piscine.

Je réserve, pour ma part, un autre traitement à Carl. Ne se méfiant pas du soleil voilé de l'équateur, il attrape une terrible insolation et devient rouge comme une écrevisse. Pendant les dix jours de cette lune de miel maritime, sa peau est tellement brûlée que je dois la badigeonner de blanc d'œuf et de bouillie composée de yaourt et de miel. Lui-même souffre tant qu'il doit rester allongé sans possibilité de faire un mouvement. Fort heureusement, il est remis sur pied à notre arrivée à Rio de Janeiro où m'attendent, sur le quai, mes deux oncles maternels, oncle Pedro et mon parrain oncle Joaõ, ainsi que de nombreux amis brésiliens et toute une cohorte de reporters, assurés d'écrire une bonne histoire sur “leur petite princesse brésilienne qui revient au pays en voyage de noces”.

Je retrouve également le plus artiste de mes cousins germains, Joaosino, alors âgé de cinq ans, futur aventurier, amoureux de la nature et de la forêt amazonienne doublé d'un photographe de talent. Je l'ai toujours considéré comme un ami, comme un frère. Complice de mes espiègleries, il m'a sans cesse soutenue et, en dépit des années qui nous séparent, il a toujours pu compter sur moi en toutes circonstances. De son père, Dom Joaõ d'Orléans-et-Bragance, frère de maman, il a hérité un tempérament bohème, un esprit ouvert et curieux et, de sa mère, Fatima Chirine, d'abord épouse d'un prince Toussoun d'Égypte, un côté nomade et une philosophie de la vie fondée sur l'appréciation constante du présent.

Mon autre oncle, Dom Pedro-Gaston, aîné des descendants de la princesse Isabelle de Bragance (fille du dernier empereur Pedro II du Brésil) et de Gaston d'Orléans, comte d'Eu, est également un personnage haut en couleur, véritable seigneur, doté d'un esprit fantasque qui tranche nettement avec le caractère de son épouse, ma Tante Esperanza, sœur de la comtesse de Barcelone.

À la veille de notre départ de Rio vers New York, ils offrent en notre honneur une grande réception dans leur palais de Graõ-Para, ravissante maison qui fut autrefois la résidence des chambellans de l'empereur du Brésil à Petropolis. Au fond de l'immense jardin luxuriant, livré au règne végétal de fleurs exotiques et domaine d'élection de perroquets bariolés, les invités font cercle autour d'une femme mystérieuse qui répond au nom de Baba et que l'on dit douée de puissants dons de voyance. Oncle Joaõ et Tante Fatima m'encouragent à me faire tirer les cartes.

J'avoue qu'en général je ne me fais pas prier. Versée dans les sciences occultes, dotée moi-même d'une forte intuition qui confine à la prémonition, j'ai toujours aimé consulter les voyants, médiums, astrologues, numérologues et autres diseuses de bonne aventure, sorte de réminiscence familiale du temps où mon père, le comte de Paris, faisait tourner les tables lors de veillées à la Quinta au Portugal. Curieusement, un étrange pressentiment me retient d'interroger Baba. Carl, pur esprit cartésien pour qui tout cela n'a aucune importance, insistant à son tour, je finis par céder. Je prends donc place à la table où s'est installée Baba, sous une tonnelle de fleurs.

Femme imposante mais non dépourvue de charme, Baba a les yeux bruns étonnamment foncés, rehaussés par une tunique aux tons pastel. Un turban dissimule ses cheveux, et elle porte, à l'oreille, un petit bouquet de fleurs aromatiques destiné à chasser les mauvais esprits... au cas où il leur viendrait à l'idée d'interrompre sa méditation ! Carl s'est assis auprès de moi et me demande de lui traduire du portugais les prédictions de Baba. Ses paroles se sont inscrites en moi tandis qu'elle lisait mon avenir dans les cartes.

— Vous êtes déjà enceinte d'un enfant, un garçon, il sera l'aîné de trois autres garçons et de deux filles. Consacrez-vous entièrement à vos enfants et protégez-vous car vous serez malgré vous au centre de conflits familiaux. Vous aurez une vie pleine d'aventures et de voyages, et votre destinée est liée à l'art, m'annonce-t-elle tout en prenant soin de cacher soigneusement une carte.

— Dites-moi si vous voyez la mort d'un proche ! m'exclamai-je, n'y tenant plus.

— Ne vous inquiétez pas, tout ira bien pour vous, tente-t-elle de me rassurer tout en jetant des regards affolés.

— Vous me cachez la disparition d'un être qui m'est cher, j'en ai le pressentiment, réponds-je en lui prenant la main.

— Un homme, encore jeune, va brutalement disparaître dans un avenir proche. Un amour très fort vous unit, il est comme un frère pour vous..., m'avoue-t-elle alors d'une voix douce, comme cassée par l'émotion.

Je reste sans voix tandis qu'elle s'éloigne de la table aussi rapidement que son embonpoint le lui permet.

Toute la soirée, je cherche en vain Baba dans la foule des invités pour tenter d'éclaircir ce mystère. Mon esprit est tourmenté. La prédiction de Baba revient sans cesse, lancinante, sans que je puisse trouver le repos.

Elle me poursuivra à New York malgré les moments inoubliables que nous passerons Carl et moi avec toute une joyeuse bande de cousins. »

*

Au terme de ce voyage de noces, les jeunes mariés rentrent à Paris, halte prévue pour quelques jours avant de se rendre à Rome où ils sont attendus pour une audience privée accordée par Sa Sainteté le pape Jean XXIII. Au nom d'anciens privilèges dont jouissaient encore les familles royales et princières catholiques, la tradition voulait qu'un jeune couple marié se rendît au Vatican pour solliciter la bénédiction pontificale. Mais, curieusement, ce voyage à Rome inquiétait Diane. Un étrange pressentiment la tenaillait et la poussait à vouloir l'annuler à tout prix pour rester auprès des siens.

« Carl, qui ne comprenait pas alors très bien mes raisons mystérieuses – par la suite il s'est toujours plié à mes intuitions souvent justes –, céda devant mon insistance, raconte-t-elle. J'éprouvai un besoin impérieux de rester auprès de mes frères et sœurs, mes parents étant alors à la Quinta au Portugal. En termes diplomatiques choisis, Carl informa le Saint-Siège de notre changement de programme, et je me sentis soulagée de rester à Paris avant de regagner l'Allemagne une dizaine de jours plus tard. »

Mais le destin allait frapper avec violence à la porte et faire souffler un vent de tristesse sur ce bonheur naissant. La sinistre prédiction allait se réaliser.

« Il est des jours dans notre vie qui restent à jamais gravés dans notre mémoire, raconte Diane de Wurtemberg. Et quand arrive la date fatidique du 11 octobre, chaque année je ressens un serrement au cœur que le temps n'a pas émoussé.

Ce jour maudit de 1960, nous étions tous réunis au Cœur-Volant à bavarder tranquillement, nous à raconter notre périple américain, et ma sœur Hélène, revenue de son beau rêve rhodésien après l'insurrection l'année précédente des Mau-Mau, à évoquer son voyage. Pour tromper notre ennui, nous décidons Carl et moi d'aller à Paris visiter le Salon de l'auto.

J'avoue que je fus étonnée de voir tant de regards se tourner vers nous, peu versée que j'étais dans les subtilités de la starisation et la surmédiatisation des princesses, comme on la pratique aujourd'hui... À cette époque, les informations suivaient un rythme plus lent et n'avaient pas l'immédiateté que procurent le téléphone portable, Internet ou les flashes en continu ! J'ai alors pensé qu'on admirait mon manteau ou que notre bonheur de jeunes mariés hilares irradiait. Je n'ose imaginer ce qu'ils ont dû penser en nous voyant ainsi deviser gaiement alors qu'un drame familial venait de s'abattre sur nous !

Ce n'est donc que vers six heures le soir que le ciel nous est tombé sur la tête au hasard d'un détour rue de Constantine, près des Invalides, où le comte de Paris avait installé ses bureaux. À peine étions-nous entrés dans l'immeuble qu'une atmosphère inhabituelle, pesante, de malheur contenu, nous saisit à la gorge.

Prise d'une angoisse terrible, j'interroge Guite de Guyancourt, la plus proche collaboratrice de mon père. Elle tombe dans mes bras en sanglots.

— Votre frère, princesse Diane...

— François ? m'entendis-je crier. Il est blessé ?

— Non... il a été tué en Algérie.

Combien de larmes contenues en de si simples mots ?

Plus qu'un frère, je perdais un ami, un compagnon, un confident, celui qui sut comprendre mes peines d'enfant, qui n'était que tendresse et gentillesse à mon égard. En un mot, il était mon héros. Nous apprendrions bientôt qu'il est mort également en héros, versant son sang pour sa patrie – ces mots ont-ils encore un sens aujourd'hui ? – en voulant porter secours à l'un de ses hommes, tombant dans une embuscade lors d'une mission de patrouille près du village de Taourirt Ali Ou Nasseur, dans les monts de Haute Kabylie. Je suis fière de lui parce qu'il s'est battu en digne prince de France sur cette terre d'Algérie conquise par mes ancêtres en 1830 et servant comme sous-lieutenant au 7e bataillon de chasseurs alpins, corps d'armée formé par mon aïeul le duc d'Orléans, fils aîné du roi Louis-Philippe. François était le meilleur d'entre nous, franc, honnête et généreux.

Sa disparition brutale fut pour moi un coup terrible que je jugeai atrocement injuste, mais je l'acceptai comme la volonté divine. Au prix de gros efforts, Carl se retenait de pleurer. Mais je savais qu'il perdait son meilleur ami. Ce deuil cruel, nous allions devoir le surmonter ensemble et je pressentais que François allait protéger notre couple de là où il se trouve.

Papa et maman sont partis pour Alger rechercher la dépouille mortelle de François, et un avion militaire les ramena en France. Ses obsèques se déroulèrent à la chapelle royale Saint-Louis de Dreux, le 17 octobre, et il fut le premier à inaugurer la crypte nouvellement aménagée où l'ont rejoint mon frère Thibault en 1983 et plus récemment notre père, le comte de Paris en 1999, enfin maman le 11 juillet dernier.

Jamais je n'aurais pu imaginer que mon frère était aimé et apprécié de tant de gens ! La cérémonie fut empreinte de simplicité et d'émotion et je fus sensible à l'hommage spontané d'une foule d'inconnus venus lui rendre un dernier adieu. Tous se souvenaient de sa gentillesse et de sa droiture.

En regardant mes parents, murés dans leur chagrin, je sus ce jour-là que rien ne serait plus comme avant. Quelque chose venait de se briser. Jamais alors je n'avais vu pleurer mon père avec une telle détresse. La mort de François marqua la fin des jours heureux. Elle coïncida étrangement avec la fin des espérances politiques du comte de Paris. Et ouvrit pour la famille de France une ère de déclin et de dissensions intestines qui se prolonge aujourd'hui... »

*

Un deuil inattendu, une peine immense, la fin du rêve du voyage de noces, la véritable immersion dans les us et coutumes d'Altshausen et de sa belle-famille, la nouvelle vie de Diane – heureusement traversée par le bonheur d'être avec son mari – ne commence pas comme le conte de fées radieux dont elle aurait pu rêver.

« Pour moi, le réveil fut douloureux dans les premiers frimas de l'automne allemand. J'étais comme déboussolée et j'avais perdu mon plus sûr allié, même si je me suis toujours adressée à François dans mes prières pour lui demander de me venir en aide. On devine que mes débuts de jeune mariée ne furent guère glorieux en Souabe. En arrivant chez mes beaux-parents au château d'Altshausen, passé l'effervescence de mon mariage, je me sentais comme une prisonnière soumise à une véritable torture. Avais-je commis un crime pour être ainsi punie ?

Sous la férule de ma belle-mère, et de quelques autres douairières acariâtres du clan Wurtemberg, comme la terrifiante Tante Coca qui devait par la suite me mener la vie dure, le régime était des plus sévères. Interdiction formelle de sortir et, comme dans les pénitenciers, ma liberté de mouvement était circonscrite au long couloir du premier étage. Pour me promener dans les salons d'apparat, je devais demander l'autorisation, et jamais la duchesse Rosa n'aurait consenti à ouvrir les vitrines contenant les précieuses porcelaines viennoises ou saxonnes avec le trousseau de clés sur lequel elle veillait jalousement. Tout était toujours fermé à clé. Je n'ai d'ailleurs ouvert certaines portes qu'à la mort de mon beau-père, c'est-à-dire quinze ans après mon mariage. J'étais en fait une étrangère. Et on ne perdait jamais une occasion de me le faire sentir.

Même le personnel du château se rangeait dans le "camp adverse" pour faire barrage à la "petite Française". Je me souviens d'une anecdote survenue avec Paul, l'un des maîtres d'hôtel qui servait le duc et la duchesse. Il m'agaçait avec son tempérament hargneux et ses manières arrogantes à mon endroit, cherchant sans cesse à m'impressionner. Il mettait un point d'honneur à ignorer toutes mes sollicitations au prétexte qu'il ne comprenait pas mon allemand. Un jour, alors que j'aperçus dans un angle du couloir une énorme toile d'araignée, je lui fis un signe et lui demandai aimablement :

— *Bitte, Paul, können sie das putzen ?* dans mon allemand de cuisine...

Il fit mine de ne pas comprendre et haussa les épaules en tournant les talons. Agacée par son attitude, je revins à la charge d'un ton plus déterminé :

— Je viens de vous dire qu'il y a une *Spinnwebe.*

Sans faire le moindre effort pour interpréter mes propos, il les comprit littéralement et poussa les hauts cris en s'estimant "blessé et offensé". Je l'aurais accusé "d'avoir une araignée dans la tête", ce qui, en termes choisis, signifiait qu'il était à côté de la plaque ! D'une erreur de vocabulaire, il fit une humiliation...

Rien de pire pour une jeune épousée que de devoir s'imposer en harcelant continuellement son mari. C'est pourtant ce que je fus contrainte de faire pour échapper à la mainmise de ma belle-famille. Je voulais à tout prix m'extraire de cette atmosphère lourde et pressais le mouvement pour que Carl et moi puissions déménager dans les quelques minuscules pièces qui avaient été préparées à notre intention au château de Friedrichshafen, sur les bords du lac de Constance. Un temps, mes beaux-parents avaient imaginé de nous reléguer en dehors du domaine dans une jolie maison jaune en pleine nature.

Le Schloss Monrepos, relais de chasse des rois du Wurtemberg, est devenu depuis lors un hôtel. Mais, devant notre mine réjouie, ils se sont ravisés et ont jugé préférable de nous octroyer un logement sous leur toit afin de nous avoir plus facilement sous la main. Le prétexte avancé étant présenté positivement avec un beau ruban fallacieux : Carl devait vivre le plus près possible de son père pour s'initier jour après jour à ses futures responsabilités.

En conséquence, on nous signifia notre affectation au deuxième étage du château de Friedrichshafen. Sans que j'aie voix au chapitre, ma belle-mère et ses filles dirigèrent les opérations, sur fond de jalousies, de rancœurs et de récriminations, afin de nous attribuer un appartement de quatre pièces composé de deux salons, d'une chambre à coucher et d'une salle de bains.

Il ne me fallut pas longtemps pour comprendre que cet appartement n'était absolument pas adapté aux conditions normales d'un jeune couple moderne, fût-il princier, puisque aucune cuisine n'était prévue dans l'aménagement. Et quand j'eus l'"audace" de poser la question, aussitôt on m'accusa de ne jamais être contente de mon sort. Aujourd'hui, je ris en songeant au conseil de famille que convoqua mon beau-père pour résoudre l'épineuse question de "ma" cuisine ; après moult débats, on nous communiqua le verdict : nous pourrions à loisir utiliser la grande cuisine du château ou faire comme tout le monde... prendre nos repas en famille ! J'avais le choix entre me priver d'intimité conjugale ou me condamner à boire un café froid puisque la grande cuisine se trouvait à un quart d'heure de distance de notre appartement et qu'il fallait emprunter un dédale de couloirs, plongés dans l'obscurité et le froid cinglant de l'hiver. À force de protestations, j'obtins l'autorisation exceptionnelle d'installer une kitchenette à notre usage personnel à l'emplacement d'une ancienne salle de bains. Et il fallut un an de discussions vives et de travaux pour que la cuisine vît enfin le jour dans le grenier... juste à temps pour préparer les biberons de notre premier fils Frédéric ! C'est lui aujourd'hui qui l'utilise car, lorsqu'il s'est marié avec Marichen [1], je leur ai octroyé tout un étage avec pour règle absolue de leur ficher la paix. »

★

Ces querelles désagréables, cette obligation de se battre pied à pied pour obtenir de vivre heureuse, les belles-sœurs de Diane ne les comprennent pas. Pire, elles la jugent alors « capricieuse et irresponsable ».

« Évidemment, aucune ne se mit à ma place, rétorque Diane. Enceinte, je devais parcourir toute la journée les longs couloirs pour aller chercher de quoi préparer notre petit déjeuner à Carl et moi ou nous servir une collation, un café... Est-ce cela que l'on appelle communément la “vie de château” ? Mon rêve tout simple, alors, était d'avoir un petit réchaud pour me servir un café brûlant, luxe suprême dont j'étais depuis longtemps privée.

Qui peut imaginer la détresse d'une jeune mariée amoureuse face à une famille rigide, austère, et terriblement étriquée ? J'avoue que j'ai fait l'effet d'une tornade dévastatrice s'abattant sur les Wurtemberg, complètement fossilisés dans leur château ancestral. Incapables

1. Diminutif de la duchesse Marie, née Marie de Wied.

d'épouser le progrès et la modernité, ils s'arc-boutaient sur des habitudes surannées et se renfermaient sur eux-mêmes dans la peur inquiète d'avoir à affronter les changements de l'inconnu. S'ils étaient à couteaux tirés avec moi, c'est que j'incarnais un bouleversement intempestif, une sorte de danger qui menaçait la tranquille routine d'une famille ô combien traditionnelle. Pour eux, je n'étais qu'une gamine, prête à mettre en péril l'ordre établi et la quiétude immuable du vieux château antique et solennel. J'avais souvent l'impression qu'on me traitait comme une enfant capricieuse dont on craignait les réactions violentes et bruyantes mais dont il fallait, malgré tout, assurer l'éducation pour qu'elle se coule dans le moule de la tradition. Mais ce fut tout le contraire qui se produisit. C'est moi qui servis de guide à Carl, l'aidant à sortir de son carcan familial rigoriste, lui qui était paralysé par des principes d'un autre temps.

Je me souviens encore du scandale que j'avais, involontairement, provoqué en faisant admirer à mes belles-sœurs une paire de draps roses ornés de splendides broderies blanches qui nous avaient été offerts.

— Tu ne vas tout de même pas faire dormir Carl dans des draps de cette couleur, c'est bon pour les hommes efféminés ! ont-elles osé m'asséner, perfidement.

Il est vrai que la question de mon trousseau ne pouvait qu'envenimer les choses. Avant mon mariage, papa avait promis monts et merveilles au duc de Wurtemberg, assurant qu'il offrirait un million de francs en dot. Et lorsque mon futur beau-père avait voulu consigner tout cela sur un contrat devant notaire, le comte de Paris avait joué les offensés, estimant que sa parole d'honneur valait signature. Mais ni Carl ni moi n'avons jamais vu le premier centime de cette dot. Pas plus que le trousseau que maman était supposée m'avoir confectionné ! Du reste, sur ce point, la mesquinerie de mes parents n'a pas eu de limite. J'ai payé la note du coiffeur Alexandre avec l'argent donné par ma grand-mère, et les Wurtemberg ont réglé tout le mariage. Absolument tout. Même le transport des deux pur-sang arabes que le roi du Maroc Mohammed V avait envoyés au comte de Paris et que mon père aurait vendus si je ne l'en avais empêché... En l'apprenant, je finis par comprendre que ma belle-famille m'ait reçue avec une carabine en se disant : "Voilà une autre Orléans qui en veut à la fortune des Wurtemberg." Il est vrai qu'ils avaient en outre de quoi s'inquiéter après l'amère expérience du mariage de mon frère Henri avec Ali. Ma belle-sœur Marie-Thérèse avait reçu six cent mille marks de dot qui furent entièrement engloutis dans l'affaire Jacobi, du nom du financier véreux à qui mon père les avait confiés et qui s'est volatilisé avec le magot... Pour ma part, je ne suis entrée dans la famille Wurtemberg qu'avec trois robes, deux manteaux et deux paires de draps !

Aussi ma belle-famille fit-elle tout pour que je me sente la Cendrillon qui venait d'épouser son prince charmant. Faute de trousseau de mariage, Carl et moi ne disposions pas de serviettes de toilette, de nappes ou même de torchons de cuisine. Mon mari dut se résigner à demander du linge de maison à sa mère. Et lorsque je déballai la commande, je fus stupéfaite de constater que le linge avait été marqué aux seules initiales de Carl... On ne pouvait mieux me faire comprendre que rien ne m'appartenait dans cette maison et que je dépendais totalement du bon vouloir de mon mari ! »

*

Comment, psychologiquement, résister à un tel accueil ? Comment conserver sa bonne humeur, préserver sa joie de vivre, lorsque l'on se trouve dans un milieu hostile qui vous le fait sentir ?

« Contre mauvaise fortune je fis bon cœur, raconte Diane. Dans un premier temps, je m'employais à aménager notre petit appartement entièrement vide, à l'exception des cadeaux de noces qui nécessitent de longues semaines pour les déballer et pour envoyer en retour une lettre de remerciement. Avec Carl, nous avions été au Portugal choisir des meubles dans une manufacture célèbre afin de commander un grand lit de style Louis XVI, deux petites tables de nuit et deux commodes, le tout finement ouvragé. Quand j'y songe aujourd'hui, je ne peux m'empêcher de sourire au comique de la situation ; voilà un jeune couple princier dont les deux familles regorgent de trésors historiques et de mobilier authentique, contraint d'aller s'acheter le strict minimum en copie d'époque ! Comment s'étonner ensuite que j'aie mal accepté les ventes de meubles organisées plus tard par mon père chez Sotheby's à Monaco, sous le fallacieux prétexte qu'il s'était séparé des demeures familiales ?

Ayant toujours vécu simplement parmi de jolies choses, je n'ai pas eu de peine à m'adapter à notre petit appartement de quatre pièces auquel je tentais de donner un style attrayant. Je fis peindre les murs de notre chambre à coucher en bleu pâle, et profitai d'un séjour à Paris pour courir acheter un tissu à motifs de grosses marguerites jaunes au marché Saint-Pierre. J'installai dans un coin un autel orné de dentelles et de deux bougeoirs, plaçant au centre une Sainte Vierge qui m'avait accompagnée depuis l'enfance.

Je fus aidée dans ma tâche par une gouvernante, Frau Dilger, et une cuisinière, Rosa, qui resta plus de dix ans auprès de nous avant de se marier à son tour. Cette rouquine haute comme trois pommes, aux yeux pétillants de gentillesse et incroyablement débrouillarde m'aida grandement à apprendre l'allemand et à me familiariser avec les us et coutumes du château de Friedrichshafen. Je m'efforçais de vivre en autarcie, sachant que, si je m'aventurais dans le huis clos familial, je risquais d'essuyer un tir groupé de critiques acerbes ou les piques acérées de furies jalouses. Souvent, je partais me réfugier dans le parc. Là, j'adressais mes prières à Dieu, lui demandant de me donner la force de supporter l'injustice et d'endurer les vexations au quotidien. Fort heureusement, Carl, comblé de joie à l'idée de devenir père, me soutenait et partait au front demander à ses parents de nous attribuer une chambre supplémentaire pour notre fils à naître. Désormais, à chaque naissance, le même scénario se reproduirait. Pour limiter les frais, j'ai fait appel à mon esprit pratique en utilisant les moyens du bord. Que pouvais-je dire ou réclamer, je n'avais aucune fortune personnelle ?

Je suis donc partie en expédition dans les greniers d'Altshausen, farfouiller dans les malles, afin de mettre la main sur de vieilles dentelles. Avec Carl, nous avons effectué de merveilleuses razzias dans les greniers de ses parents. Ce furent d'amusantes chasses au trésor qui étaient autant d'occasions de passer des moments à deux, à feuilleter de vieux livres français enfouis sous la poussière de l'oubli. Le rituel devint immuable ; chaque fois que nous étions invités chez mes beaux-parents, à peine achevées les embrassades d'usage, nous filions vers les combles pour une exploration des cavernes d'Ali Baba princières. Un jour, à ma grande stupéfaction, je tombai à l'office sur un immense panneau qui retint ma curiosité. Y étaient reproduits en dessins tous les modèles de la vaisselle du château, ainsi que les prix de chaque pièce... telle une liste de prix de vente affichée dans une boutique. Carl me donna l'explication : "Lorsqu'un employé casse une tasse ou une assiette, il est tenu d'en payer sa contre-valeur sur ses gages." J'évitai de juger les usages pratiqués par mes beaux-parents, mais me jurai en mon for intérieur de ne jamais procéder de la sorte lorsque je serais à la tête de ce château. Le respect des règles ligotait le duc de Wurtemberg jusque dans le simple partage d'une caisse de vieilles nippes.

Avant la naissance de Frédéric, alors que nous avions trouvé un lot de dentelles anciennes datant de l'époque Napoléon, mon beau-père, qui ne s'était jusque-là jamais soucié de leur présence, entreprit de les partager équitablement afin de ne pas faire de jaloux parmi mes belles-sœurs. Cela devint une affaire d'État. J'envoyai alors mon lot de dentelles couleur champagne à maman pour qu'elle fasse réaliser à Séville une robe de baptême et une parure pour le berceau dans lequel dorment tous les héritiers Wurtemberg depuis des générations. »

*

La comtesse de Paris, qui n'a jamais caché son « bonheur d'être grand-mère », poursuit, de son côté, son tour du monde pour accueillir la naissance de ses petits-enfants après Catherine de Limbourg en Rhodésie, son frère Thierry au Portugal, Marie et François d'Orléans à Boulogne. Elle arrive donc à Friedrichshafen à la fin du mois de mai 1961.

« Frédéric choisit le premier jour du mois de juin pour venir au monde, se souvient Diane. Or ce jour-là la tempête faisait rage dans toute la région. À telle enseigne que la procession du Saint-Sacrement à travers les champs avait été exceptionnellement annulée en cette date de *Frohleichnahm*, que mon fils devait traduire ensuite par "jour du *happy* cadavre" ! Pendant toute la nuit, le vent a soufflé si fort que des arbres ont été arrachés et que les eaux paisibles du lac de Constance se sont déchaînées. Autant dire que l'ambiance était électrique à Friedrichshafen où toute la famille venait de s'installer pour y passer les mois d'été. Juste après minuit, Frédéric est né. Aussitôt, les médecins se sont penchés sur lui en remarquant qu'il avait une jambe légèrement déformée. Il fallut toute ma détermination pour leur tenir tête et les empêcher de lui infliger le supplice d'une attelle barbare. À force de massages, je pus obtenir par la douceur la parfaite récupération de son membre. Huit jours plus tard, Frédéric, Philippe, Charles, François, Marie était baptisé dans un salon du château tandis que je gardais la chambre. Afin de retrouver au plus vite ma forme et ma silhouette, je me suis imposé un régime draconien que ma chère amie Hilda, arrivée de France, m'appliqua scrupuleusement, à base de bains de boue, d'applications de cataplasmes, de jus de légumes et de fruits, de marche et de gymnastique d'assouplissement. Un mois après, j'avais perdu les vingt kilos pris pendant ma grossesse et retrouvé ma ligne svelte. »

À chaque naissance, le même rituel va se reproduire. Et, à l'image de toutes les femmes soucieuses de leur tour de taille, la princesse Diane se surveille sans indulgence et traque avec rigueur les kilos superflus. Comme les souveraines, les femmes politiques ou les chefs d'entreprise, sa vie vécue pour partie sous le regard public suppose qu'elle participe avec plaisir aux dîners officiels sans jamais prendre un gramme !

*

Les naissances des enfants de Carl et Diane n'apaisent pas les tensions familiales, et le climat général de Friedrichshafen est d'autant plus lourd que toutes ses belles-sœurs étendent le champ des rivalités féminines à l'efficacité des régimes minceur comme à la course aux bébés.

« À l'été 1962, je me suis retrouvée malgré moi entraînée dans une ridicule concurrence avec ma belle-sœur Lisa, mariée au prince Antoine de Bourbon-Siciles [1]. Plus que tout au monde, elle désirait que son enfant naisse avant le mien. Afin de provoquer l'accouchement, je me souviens même qu'elle s'astreignait à toutes sortes de tra-

1. Chacune des sœurs du duc de Wurtemberg a un surnom. L'aînée, issue du premier mariage du duc Philippe, est la duchesse Marie-Christine, veuve du prince Georg de Liechtenstein, surnommée Putsi. Viennent ensuite Élisabeth, princesse Antoine de Bourbon-Siciles, dite Lisa ; Marie-Antoinette, rebaptisée Véti ; Marie-Thérèse, d'abord comtesse de Clermont puis duchesse de Montpensier, appelée Ali, et enfin Mausi, qui est la duchesse Hélène, mariée au prince Frédéric Pallavicini.

vaux de force et ne cessait de monter et descendre en courant le grand escalier du château. Pour parvenir à ses fins, elle était prête à prendre le risque d'un accident ! Moi, je préférais rester tranquille dans ma chambre et ménager mes forces avant l'arrivée de ma fille, d'autant que j'accouchai le 11 juillet tellement rapidement que Carl eut juste le temps de descendre à la cave chercher une bouteille de champagne. Quand il remonta, l'enfant dormait paisiblement dans mes bras ! Aussi, exactement une semaine avant que naisse Marie-Caroline de Bourbon-Siciles, j'avais donné le jour à Mathilde, naissance avancée que ma belle-sœur Lisa vécut comme une offense personnelle, se sentant humiliée de ne pas être la première.

Insensible à ces mesquineries qui marquèrent mes premières années de femme mariée, je lui fis la politesse d'attendre qu'elle donne naissance à sa fille pour célébrer le baptême des deux cousines en présence de l'évêque du diocèse et même du ministre-président du Land. Une nouvelle fois cependant, je m'exposai aux critiques aigres suscitées par mon comportement jugé singulier. Loin de faire mon soi-disant "devoir" en recevant les invités dans les jardins au bord du lac de Constance, je refusai de participer à ces festivités pour consacrer toute mon énergie à reprendre des forces. Pour mes six enfants, je devais procéder de la sorte, n'éprouvant aucune fatigue ni aucune difficulté à retrouver ma taille de guêpe... »

*

Les premières années de son mariage, la princesse Diane les consacre à ses maternités puisque naissent successivement, et à rythme ininterrompu, Frédéric en

1961, Mathilde en 1962, Eberhard en 1963, Philippe en 1964 et Michael en 1965. Il est vrai que, dans le même temps, elle éprouve quelques difficultés à s'acclimater à l'ambiance familiale qui règne chez les Wurtemberg. Carl, lui, s'absente souvent pour faire le tour des propriétés en Allemagne et en Autriche, qu'il doit gérer, et laisse son épouse entre les griffes de sa tribu.

« Je sais pourquoi aujourd'hui je ne peux pas rester longtemps à table, il faut que je me lève dès la dernière bouchée avalée ! s'amuse la princesse. À la table de ma belle-famille, je vivais les repas comme un cauchemar, et je croyais bien que j'allais mourir d'ennui. N'oubliez pas que je venais d'une famille nombreuse où les déjeuners et les dîners constituaient autant d'occasions bruyantes de faire des bêtises et de manifester notre fantaisie. Là, j'avais la furieuse impression d'être entrée au couvent pour une retraite ; il ne me manquait que la robe de bure ! Un silence pesant plombait l'atmosphère lourde, et l'on n'entendait que le bruit des couverts dans l'assiette. Du reste, je préférais ce recueillement propice à mes évasions par la pensée au bavardage qui animait parfois la réunion familiale. Évidemment, on ne parlait d'aucun des sujets qui fâchent comme l'argent ou la politique, et la conversation, pour rester innocente, roulait sur le thème récurrent des bébés et des problèmes de couches. Parfois je tentais des diversions, en explorant des thèmes d'actualité ou des sujets artistiques, mais, devant l'absence de réaction, je faisais vite marche arrière. Combien de fois ai-je tenté d'entraîner mon beau-père, le duc Philippe, vers des questions d'intérêt général, m'efforçant d'engager un dialogue qui puisse nous sortir des chemins balisés. Mais le chef de famille appartenait à une autre époque, et sa grille de lecture se révélait tellement démodée qu'il semblait réfractaire à toute innovation technique, culturelle et politique. Le souffle vivifiant des années yé-yé et les révolutions paisibles de la vie moderne n'avaient donc pas droit de cité dans l'antique demeure des Wurtemberg. On comprend aisément qu'aucun disque des Beatles n'ait jamais pénétré à Friedrichshafen ! Je me creusais néanmoins la tête pour trouver des sujets de conversation inédits. Philosophie, théologie, religion... mais tous se voyaient révoqués sans appel. C'était comme si j'avais prononcé un blasphème de nature à nous expédier tous en enfer. *Vade retro Satanas !*

Un jour, ne sachant plus de quoi parler pour meubler ces silences interminables, je me suis attaquée à une passion des Orléans, les fantômes. Sans qu'il ait été besoin d'avoir recours au paranormal, les foudres familiales se sont aussitôt abattues sur moi. Je lus dans les yeux tout l'effroi qu'ils ressentaient face à celle qu'ils considéraient sûrement comme une diablesse possédée par les démons.

Même si je vivais douloureusement cette fermeture d'esprit, avec le recul je me souviens aussi du plaisir que prenait la jeune sauvageonne que j'étais à titiller leurs certitudes.

— Les esprits ne peuvent revenir hanter les lieux de leur vie terrestre, affirmait doctement mon beau-père.

— Vous dites cela, papy, parce que vous n'en avez jamais vu. Vous croyez bien en Dieu sans l'avoir jamais vu ! lui répliquai-je un jour, excédée par un comportement aussi obtus.

Le pire est que, si une de mes belles-sœurs partageait mon avis, elle se garda bien de se manifester, et tous restèrent figés dans l'attente de la réaction officielle que seul mon beau-père, porte-parole de toute la famille, pouvait formuler en réponse à mes impertinences.

Lassée de batailler en vain contre une armée d'ombres chinoises, je fis donc mon deuil de ces repas de famille où même l'évocation d'un coup de cœur pour un livre faisait l'effet d'un coup de feu intempestif, et me réfugiai auprès de mes enfants dans le petit appartement que nous nous étions aménagés.

Sur ce point, très tôt, j'ai imposé ma décision de ne laisser personne s'occuper de leur éducation. Refusant de les confier à des nannies, je les ai moi-même entourés d'affection et de tendresse. C'est ce qui explique sans doute le lien affectif très fort que chacun maintient avec moi. Je crois pouvoir dire que, tout en jouant mon rôle de princesse, j'ai avant tout été une mère. »

⋆

Puisqu'il faut bien s'occuper entre deux allaitements, et alors que les usages ne prévoient aucun rôle effectif pour l'épouse du futur duc de Wurtemberg, la princesse Diane vaque à des occupations *a priori* inoffensives puisqu'elles touchent le domaine artistique qu'elle affectionne tant.

Avant que l'idée ne vînt aux anciennes familles royales et princières d'Allemagne de disperser sous le feu des enchères les trésors endormis sous la poussière des greniers de châteaux, la princesse Diane poursuit ses investigations sous les combles afin de meubler son « trois pièces-cuisine » de Friedrichshafen. Sans grand enthousiasme, ayant sans doute préféré voir son vieux mobilier

XIXe siècle livré à la nouba des rats, le duc de Wurtemberg laisse faire ces opérations commandos de vide-grenier. Quelques produits d'entretien, une bonne dose d'imagination et ce qu'il faut d'énergie suffisent à Diane pour redonner vie à ces meubles anciens outragés par le temps qu'elle nettoie, rafistole, bricole et restaure au grand dam de ses belles-sœurs.

« J'avais transformé le châssis d'un vieux tableau en ravissant miroir après l'avoir patiemment recollé pièce par pièce comme un puzzle. À peine l'avais-je accroché au mur de mon appartement que je vis défiler la noria des sœurs de Carl s'extasiant si fort qu'il fallait être sourde pour ne pas y déceler une pointe d'envie. Elles me harcelèrent pour connaître mon secret que je finis, de guerre lasse, par leur confier : de véritables trésors se cachent dans les greniers du château. Je venais d'ouvrir la boîte de Pandore ! Vertes de jalousie, et animées sans doute par la crainte de perdre une miette de leur part d'héritage, elles firent le siège du duc Philip pour obtenir le droit de grimper jusqu'à la grotte d'Ali Baba et de procéder au pillage en règle des souvenirs du passé. S'appropriant sans scrupule tout ce qui leur tombait sous la main, ont-elles seulement songé qu'elles dispersaient ainsi l'héritage familial qui devait un jour, selon le régime du majorat allemand, revenir à mon fils aîné Frédéric comme seul dépositaire des biens Wurtemberg ? Si seulement, plus que par l'appât de possessions, elles avaient été animées par l'attrait de beautés artistiques, j'en aurais éprouvé moins d'amertume ! Mais leur inculture en matière d'histoire de l'art et leur absence de tout goût critique les détournèrent résolument des trésors Belle Époque pour lesquelles elles nourrissaient une profonde aversion et qui sortirent exsangues de leurs expéditions “punitives”. De véritables saccages furent perpétrés sur des chefs-d’œuvre méprisés par simple ignorance. Un jour, je suis tombée par hasard sur un magnifique lustre Gallé qui avait été brisé, sans la moindre considération, à coups de marteau par les cousins “Wurtemberg noirs [1]”, parce que jugé indigne d’être suspendu au plafond du château ! Combien de fois ai-je tenté, en vain, de leur faire partager mon enthousiasme pour les lignes pures de l’Art déco ou pour le raffinement de la Belle Époque.

Sur ce chapitre également, l’intransigeance et l’orthodoxie répondaient à mes plaidoyers pour la diversité des goûts et des opinions. Le seul qui parvenait à me comprendre était Carl qui, ayant été toute sa jeunesse contraint de réprimer ses élans, avait trouvé refuge dans un retranchement sur lui-même fait de grande solitude. S’il m’avait choisie, c’est parce que mon tempérament faisait écho en lui à cette fantaisie qu’il s’était interdite. On ne pourra certes pas accuser mon cher mari d’être mondain, et il faut rechercher dans son enfance solitaire et l’enfermement des huis clos familiaux l’origine de son peu de goût pour les grandes réunions festives et bruyantes. Pour être franche, je crois qu’il a toujours trouvé ma famille envahissante, même si au début de notre mariage il s’est bien gardé d’en rien laisser paraître. En 1963, mon frère Jacques, duc d’Orléans, est venu s’installer dans notre région afin d’y accomplir son service militaire, et j’avoue

1. Branche cadette de la famille Wurtemberg issue du duc Albrecht-Eugen (1895-1954) et de la princesse Nadejda de Bulgarie (1899-1958), ainsi appelée parce que ses représentants ont les cheveux noirs.

que je me suis toujours montrée très protectrice et indulgente envers mon cadet. »

★

Cette même année, le 20 juin très exactement, naît le troisième enfant du couple, prénommé Eberhard – ce qui signifie littéralement cœur de sanglier –, comme nombre de ses ancêtres depuis le XIIIe siècle. Huit jours après sa naissance, c'est le frère cadet du duc Philippe, Carl Alexander de Wurtemberg, moine bénédictin sous le nom de Pater Odo à l'abbaye de Neuburg près d'Heidelberg, qui le baptise.

Un destin exceptionnel attend-il le nouveau-né ? La princesse Diane, toujours à l'affût des signes, interprète favorablement des phénomènes étranges, comme cet essaim d'abeilles qui choisit de s'installer sur le rebord de la fenêtre de la chambre du poupon. Faut-il voir également comme un heureux présage le fait que l'enfant soit né coiffé, c'est-à-dire qu'il porte en haut du crâne un lambeau de placenta qui lui fait comme une petite calotte ? Au centre de toutes les conversations ô combien peu rationnelles, on glose aussi sur une petite tache en forme de rein qu'Eberhard porte sur le bras gauche ! La princesse Diane a en tout cas toujours observé avec une tendresse prononcée et une pointe d'interrogation le destin de son petit « cœur de sanglier ».

★

« Un accident me révéla la faiblesse dont souffrait soudain mon organisme, raconte Diane de France. Cette année-là, mon frère Jacques faisait donc son service militaire dans notre région et, passionné d'équitation depuis son plus jeune âge, consacrait tout son temps libre à cavaler dans la campagne environnante. Un jour, à force d'arguments, il me persuada de l'accompagner dans sa promenade, mais, à peine relevée de mes couches, je ne mesurai pas ma fragilité, rendue pourtant plus évidente encore par la médiocrité de mes capacités équestres. Et le sort voulut que je fisse une mauvaise chute de cheval, me cassant une jambe. Cet incident m'obligea à rester trois semaines immobilisée sur un lit d'hôpital.

On s'en doute, j'étais rongée d'inquiétude : pour la première fois, je me trouvais éloignée de mes enfants, dont un nourrisson. Autant dire que cette triste expérience me guérit à jamais de l'envie de pratiquer des sports à risque. Dès lors, je m'interdis donc la pratique du cheval et du ski.

En outre, cet accident remit sur le devant de la scène les dissensions avec ma belle-famille. Le fossé se creusa plus profondément qu'une douve. Certes, ce qui n'arrangea pas le climat, à mon retour au château, je profitai de la présence de mon frère cadet pour échapper à l'emprise de mes beaux-parents en évitant soigneusement les réunions familiales, préférant demeurer dans mon appartement. Une fuite logique puisqu'il avait suffi, en effet, de trois semaines d'hospitalisation pour que ma belle-famille engage, sans m'en parler et prenant prétexte de mon accident, une gouvernante qui s'était fait une réputation non usurpée de sergent-major, un vrai dragon d'infanterie qui ne cacha pas sa répugnance envers mes trois petits garçons, réservant ses quelques maigres élans de tendresse à ma fille Mathilde.

Au sortir de l'hôpital, il ne me fallut d'ailleurs pas longtemps pour constater le pouvoir néfaste de cette gouvernante. Mon petit bébé fut la pauvre victime innocente de cette femme redoutable. Elle avait tellement serré ses langes en l'emmaillotant à l'ancienne qu'Eberhard se mit à souffrir d'une déformation des jambes. À cinq mois, il ne pouvait pas se maintenir assis !

Quand je le retrouvai, il fixa sur moi ses grands yeux bleus apeurés. Mon sang ne fit qu'un tour. Comme toute mère l'aurait fait, je réagis alors en tigresse. Reprenant d'autorité mon fils des bras de la nurse, je lui intimai l'ordre de s'en tenir éloignée. L'orage ne tarda évidemment pas à exploser. Les éclats de nos voix retentirent dans tout le château. Amèrement, je lui reprochai en vrac ses méthodes barbares, son manque total de tendresse, sa manie de gaver les enfants comme s'ils étaient mal nourris et son arrogance ostentatoire.

— Altesse royale, vous n'y connaissez rien, me dit-elle. Je suis mille fois plus compétente que vous. D'ailleurs, moi, je suis diplômée.

— Que savez-vous de l'instinct maternel, répliquai-je, furieuse. Combien d'enfants avez-vous ? Vous ne toucherez pas à mon fils, compris !

Hors d'elle, la gouvernante me jeta alors au visage son dernier argument :

— Sauf votre respect, je suis ici sous les ordres de la famille de votre époux et je n'ai que faire de recevoir vos conseils.

Le ton monta encore d'un cran. La nurse menaça de partir et, trop heureuse, je lui indiquai la porte. Je l'entendis ensuite éructer, promettant d'aller se plaindre à mes beaux-parents qui, sans doute, croyait-elle, m'obligeraient à rendre les armes. Mon bébé dans les bras, je traversai comme une furie les longs couloirs qui menaient au bureau de mon mari.

— Choisis, lui assénai-je quelques instants avant que la nurse nous rejoigne, c'est la gouvernante ou moi ! Si tu tiens à la garder, eh bien moi je partirai avec mes enfants. Je refuse que cette femme reste ici une minute de plus.

Je venais de prendre une longueur d'avance sur le dragon qui, lui, crut bon de devoir expliquer à mon mari qu'en matière d'éducation j'étais pire que nulle. Mais, devant ma détermination, Carl avait-il vraiment le choix ? Il me donna raison et renvoya la nurse.

Toute à la joie de ma victoire, je réorganisai sur-le-champ la vie de ma maisonnée. Je m'attaquai en premier lieu à la santé d'Eberhard, l'installant pratiquement nu dans une chambre bien chauffée et patiemment, jour après jour, lui appris à marcher à quatre pattes. Au bout de deux mois, il parvint enfin à se déplacer tout seul. Puis, à l'aide de ses mains, il put se relever seul. En l'espace d'un an, l'enfant était sauvé, parfaitement maître de ses mouvements. »

*

Dire qu'entre deux naissances la vie de la princesse Diane s'écoule paisiblement serait un euphémisme. Rien de nature à émouvoir les eaux endormies du lac de Constance ! Pour rompre la monotonie de ses longues journées, il y a bien deux fois par semaine les soirées au club franco-allemand dont son mari et Diane sont les héros dans une atmosphère d'autant plus gaie et détendue qu'elle peut à loisir y parler français. Sauf qu'entre une belle-famille rigide et protocolaire, et la vie mondaine d'un petit village de la campagne allemande, il n'y a guère de place pour la fantaisie.

« Un rien suffisait à me distraire de ma routine, confie-t-elle, même les anecdotes ou les péripéties les plus anodines. À cette époque, les soirées franco-allemandes ressemblaient surtout à des banquets organisés pour les troupes stationnées de ce côté-ci du Rhin, encore que nous ne voyions que les officiers supérieurs. Un soir, lors d'un souper protocolaire en l'honneur d'un groupe d'officiers hollandais, Carl et moi présidions chacun une table. Il était visible que tout séparait les officiers français, gouailleurs et caustiques, de leurs frères d'armes néerlandais policés et pour tout dire guindés. Chaque fois qu'on présentait un plat à ceux-ci, ils s'empressaient de remercier dans leur langue, ce qui sonnait phonétiquement comme "dans le cul". Saisissant aussitôt les intentions malicieuses de tous les Français présents, je me mis à redoubler d'attentions envers les officiers hollandais juste pour la satisfaction de les entendre répéter à l'envi le mot magique qui nous faisait rire aux éclats. Quand il comprit la situation, Carl me fixa de son regard acier qui me transperça et me cloua net dans mon élan d'indiscipline. Pétrifiée par son air de reproche, je repris aussitôt mon sérieux et cessai de m'amuser aux dépens de ces pauvres Hollandais.

À l'occasion d'une autre soirée donnée pour des généraux français, Carl et moi étions partis en Mercedes, détail qui a son importance puisque à l'issue de la soirée qui s'éternisait nous dûmes repartir sous le regard des officiers nous saluant au garde-à-vous sur le perron. Carl mit le moteur en marche tandis que je saluai d'un geste de la main. Et soudain je fus projetée contre le pare-brise parce que Carl, enclenchant une marche arrière, avait percuté un tronc d'arbre qu'il n'avait pas vu. Furieux, il lâcha un juron mais ne voulut pas sortir du véhicule sous le regard des officiers. La situation m'amusant plutôt, je ne pus réprimer un sourire. Voulant être aimable, le capitaine s'avança courtoisement et s'offrit à aider mon mari dans ses manœuvres. Au comble de l'énervement, Carl refusa et alla cette fois heurter un muret, me projetant à nouveau en avant. Je me serais crue dans une scène d'un film muet avec Laurel et Hardy, et le comique de situation déclencha chez moi une véritable crise de rire au point d'en avoir les larmes aux yeux. Plus je riais, plus Carl fulminait. M'interdisant de baisser la vitre pour que nul ne se rende compte de son état de colère, il m'intimait l'ordre de me calmer et de ne surtout pas cesser de saluer imperturbablement de la main les généraux que nos simagrées rendaient perplexes. Quand enfin Carl dégagea le véhicule, les uniformes semblaient se gondoler tant les militaires étaient eux aussi secoués par le rire. En inspectant les dégâts causés sur la voiture, enfin arrivés dans la cour d'honneur du château familial, mon mari ne trouva toutefois pas matière à sourire.

Toutes mes mésaventures, si elles me distrayaient de la monotonie du quotidien, ne suscitaient guère le rire de ma belle-famille dont je mesurais chaque jour un peu plus les limites du sens de l'humour. Je me souviens d'une randonnée en compagnie des épouses des officiers français de notre club que nous organisions une fois par semaine. Comme j'étais celle qui dominait le mieux la langue de Goethe, je servais d'interprète lors des excursions dans les villages aux charmantes auberges si typiques où l'on nous servait un bon café et de savoureuses pâtisseries tout aussi crémeuses. Carl, préférant sans doute me savoir chaperonnée à moins qu'il ne doutât de mes compétences de conductrice, me mettait à disposition le chauffeur du château, homme d'autant plus utile qu'il pouvait nous renseigner sur les curiosités locales dignes d'être visitées. Comme on le verra, il nous permit également de nous tirer sans trop de dommages de situations délicates que ne manquaient pas de provoquer nos difficultés à saisir toutes les nuances de l'allemand. Je dois avouer que, si ces excursions nous conduisaient souvent vers une église baroque, le plus fréquemment l'unanimité des envies et des goûts nous entraînait à déambuler dans les rues de Constance.

Un jour, comme il faisait particulièrement froid, notre balade dans la ville fut abrégée, et nous nous dirigeâmes, le chauffeur, les femmes d'officier et moi, vers un café où nous espérions pouvoir nous réchauffer. L'endroit devint vite notre lieu de rendez-vous privilégié, non parce que les énormes gâteaux au chocolat y étaient plus savoureux qu'ailleurs, mais parce qu'à l'heure du thé l'établissement était curieusement peu fréquenté. C'était un endroit tranquille, vaste, meublé seulement de grands fauteuils confortables, où nous nous sentions tout à notre aise. À ma grande surprise, mon mari me questionna un jour sur la façon dont nous occupions nos après-midi dans la charmante ville de Constance. Que pouvais-je lui dire, à part nos innocentes promenades, nos emplettes dans les magasins et, récompense salvatrice, nos moments de détente devant une tasse de café et une pâtisserie.

— Mais peux-tu me dire, Diane, dans quel établissement vous vous rendez à l'heure du thé, toi et tes amies.

— Oh tu sais, un peu partout. Mais je dois dire que, dernièrement, nous avons découvert un endroit particulièrement *cosy*, pas très fréquenté et qui a l'avantage d'offrir de grands sofas sur lesquels il est agréable de s'allonger. De temps en temps, nos conversations sont à peine troublées par la présence de quelques messieurs très convenables qui nous regardent fort gentiment.

— Mais Diane, as-tu une idée du genre d'endroit que vous fréquentez ?

— Non, pas du tout, mais où est le mal ? Je sais seulement que cet établissement est fort sympathique.

— Eh bien, je vais te dire : ce n'est rien d'autre qu'un bordel ! Le bordel du coin fréquenté pas tous les notables de la ville. Heureusement, le chauffeur m'a prévenu. Maintenant, te voilà avertie, alors évite de t'y rendre.

Sans doute craignait-il que je voie ceux qui, le matin même, m'avaient présenté leurs hommages au château ou, pire, que j'y sois reconnue par tous les notables de la région ! Gagnée par un fou rire né de la cocasserie de la situation, je me précipitai dans le couloir pour téléphoner à toutes mes complices et partager avec elles cette bonne blague. Notre mésaventure alimenta longtemps nos conversations... mais aussi celles de ma belle-famille. Mon mari était quand même horrifié, me répétant sans cesse : “Ça ne se fait pas, ce n'est pas convenable.” Moi, j'essayai de lui faire entendre raison en lui expliquant que, en toute innocence, nous n'avions commis aucun péché de chair, à défaut de gourmandise. »

*

Fidèles en cela aux contes de fées qui veulent que les princes se marient et aient beaucoup d'enfants, Carl et Diane de Wurtemberg agrandissent à nouveau leur famille. Pour fêter leur quatrième année de mariage, la princesse attend son quatrième enfant. Dans ces années 1960, à une époque où l'esprit contestataire n'a pas encore soufflé sur cette région souabe traditionaliste, il est de coutume que les métayers reçoivent avec déférence les propriétaires fonciers, surtout s'il s'agit de l'héritier des anciens rois de Wurtemberg. Et quand la jeune épouse du futur maître est enceinte, l'accueil n'en est que plus convivial.

« C'était en 1964, alors que nous passions en famille l'été au bord du lac, Carl me fit faire le grand tour des propriétés louées aux fermiers. Pour l'occasion, ceux-ci avaient mis les petits plats dans les grands, très fiers de nous faire goûter toutes les variétés de charcuterie qu'ils confectionnaient eux-mêmes. Comme à chaque visite, c'était une véritable débauche de victuailles étalées sur les tables. En raison de ma grossesse, j'étais littéralement affamée et me jetais avec frénésie sur la nourriture, faisant honneur à tout ce qu'on m'offrait. Plus je dévorais, plus on me resservait. Et je revois encore le regard inquiet de Carl me voyant engloutir tant de cochonnailles.

Une fois, après les agapes, vint le moment d'aller faire le tour du propriétaire. J'insistai pour accompagner mon mari, me disant qu'une promenade digestive ne manquerait pas de me faire le plus grand bien, mais obligeant du même coup la fermière à m'escorter. Elle et moi à l'arrière de la petite troupe, une vingtaine de mètres derrière nos époux, devisions aimablement quand, soudain, j'entendis un bruit suspect. La robuste paysanne venait, le plus naturellement du monde, de lâcher un vent sonore. Je ne m'en inquiétai pas jusqu'à ce qu'elle récidive quelques secondes plus tard. Un peu interloquée, je me dis : “Mon Dieu, la pauvre femme ne doit pas se rendre compte de ce qui lui arrive pour péter ainsi comme un âne au soleil !” Comment aurais-je pu imaginer que ce n'était là que le coup d'envoi d'un véritable concert, joué en toute simplicité et sans aucun embarras ? Mais que faire ? Devais-je manifester ma surprise ? Envisageant en moi-même toutes les possibilités et m'interrogeant sur le fondement d'un tel comportement, j'optai sans plus m'émouvoir pour l'hypothèse d'une coutume locale. Me sentant moi-même le ventre quelque peu gonflé, je me décidai à m'abandonner moi aussi et sans complexe à cette tradition plutôt singulière. De concert avec la fermière, j'attaquai donc gaiement ma partition. Seulement voilà, Carl, qui se retourna, commença à s'affoler en entendant cet étonnant duo. Et parut surtout choqué de nous voir discuter comme si de rien n'était. Je vis bien que son angoisse augmentait au rythme grandissant de ses coups d'œil furtifs vers nous... Le pire, ce fut de constater qu'il accélérait le pas pour nous empêcher de le rejoindre. Le concert ne prit fin que lorsque je rejoignis mon mari déjà installé dans notre voiture. Il m'assaillit alors de reproches :

— Mais enfin, Diane, qu'est-ce qui t'a pris ? Es-tu devenue complètement folle ? Te rends-tu seulement compte de l'inconvenance de ton comportement ?

Éclatant de rire comme à l'accoutumée, je lui rétorquai :

— Je n'ai fait que lui donner la réplique. Et puis, je croyais que c'était l'usage ici ! »

★

Si l'extravagance de la princesse Diane ne laisse pas d'étonner le duc Carl[1], celle-ci n'en accomplit pas moins avec sérieux, responsabilité, rigueur – voire ponctualité – la mission qu'on assigne depuis toujours dans les familles princières aux épouses. Leur quatrième enfant est un troisième garçon : Philippe, Albrecht, Christoph, Ulrich, Marie naît le 1er novembre 1964 à Friedrichshafen. Un magnifique bébé de cinq kilos dont le père n'est pourtant pas là. En pleine saison cynégétique, le duc Carl est parti chasser chez ses voisins ! Une naissance qui la comble de bonheur mais qui la laisse aussi inexplicablement épuisée, signe avant-coureur de la maladie qui manquera de l'emporter quelques années plus tard et à laquelle elle devra pourtant sa renaissance.

★

Mais cette naissance n'assure en rien la position de la princesse vis-à-vis de sa belle-famille. Sa détermination n'a même d'autre effet que d'exacerber le flot des critiques qu'à mots couverts on lui assène. Et dire qu'en 1965 elle a osé émettre l'idée saugrenue, voire révolutionnaire, que l'instinct maternel peut avantageusement remplacer les certitudes d'une nurse diplômée. Dès que

1. Depuis la chute de la monarchie en 1918, tous les enfants du chef de Maison portent le titre de duc accolé à leur prénom avec le prédicat d'altesse royale. Mais seul le chef de famille est duc en titre de Wurtemberg. Ainsi l'époux de la princesse Diane est-il « duc Carl » jusqu'en 1975, date de la mort de son père, avant de devenir « le duc de Wurtemberg ».

1957. A 17 ans, la tête pleine de rêves, la princesse Diane d'Orléans ne songe qu'à quitter Paris et rejoindre, pour les vacances, la Quinta do Ajinho, au Portugal, la maison de son enfance.

Dans les mises en scène des photos de la Famille de France, rien n'est laissé au hasard. Au manoir du Cœur-Volant, les onze enfants sont disposés selon un rang hiérarchique autour du comte et de la comtesse de Paris entre jeux de société et sapin de Noël. La princesse Diane est reconnaissable à ses deux longues nattes blondes.

21 juillet 1960. Au château d'Altshausen, en Allemagne, la princesse Diane de France épouse Carl, futur duc de Wurtemberg. Cette grande réunion du gotha fit la une de l'actualité des deux côtés du Rhin et scella la réconciliation franco-allemande.

Princesse de conte de fées, star au look glamour ou top-model pour papier glacé, la duchesse de Wurtemberg joue la métamorphose comme une forme ludique de sa fantaisie.
Les mille visages d'une princesse.

Moins rebelle côté cour, la princesse Diane est épouse, mère, belle-mère et grand-mère.

Elle a célébré ses 40 ans de mariage avec le duc de Wurtemberg (en haut à gauche), son 60e anniversaire en présence du roi d'Espagne (en haut à droite avec deux de ses petits-enfants), s'est montrée royale avec ses quatre fils (Michael, Eberhard, Philippe, Friedriech, en bas à droite) en novembre 1988 au mariage de sa fille aînée Mathilde et plus détendue avec tous les siens lors de vacances.

Mécène, la princesse Diane est aussi une artiste passionnée dont les œuvres au profit de la fondation des Enfants de la vie, sont reconnues et exposées dans le monde entier.
La princesse rebelle a transformé sa fantaisie et son extravagance en don qui la font couronner reine de l'art.

l'idée d'aller au cinéma lui traverse l'esprit, elle s'entend dire par l'entourage : « Tu es vraiment une mère corbeau prête à abandonner ses enfants ! »

« L'éducation de mes enfants cristallisa nos différends, analyse Diane. Un soir, dans le grand salon familial, je me lançai dans une tirade sur ce sujet, n'hésitant pas à théâtraliser la scène.

— Vous pouvez me prendre tout ce que vous voulez, mais, moi vivante, vous ne toucherez pas à mes enfants. Nul ici ne peut prétendre avoir de droits sur eux, et qui mieux que moi sait ce qui est bon pour eux, moi qui les ai désirés et mis au monde ? Je vous préviens, je ne laisserai personne empiéter sur mon territoire de mère.

Qu'avais-je dit là ! Jusqu'à présent, mon obéissance quasi filiale m'avait valu des remontrances qui avaient au moins le mérite d'être directes. Ma révolte n'eut d'autre effet que de rendre la contre-attaque plus sournoise. Désormais, derrière le paravent des sourires, le fiel allait pouvoir s'écouler sans retenue. Tout se passa dans mon dos, en catimini.

— Mon pauvre Carl, tu as bien du mérite de supporter une femme comme la tienne, disait l'une.

— Diane a vraiment un caractère difficile, ajoutait l'autre.

Belles-sœurs, cousines, tantes, se déchaînèrent d'autant plus volontiers et à loisir qu'elles-mêmes avaient confié l'éducation de leurs enfants à d'horribles gouvernantes. Tandis que j'ignorais ces commérages en me consacrant entièrement à ma progéniture, elles redoublaient de perfidies et autres méchancetés. Pour seul dérivatif, je me replongeai avec délices dans la peinture. Sans deviner alors que ce rude combat familial ainsi que la toxicité des matières utilisées dans cette passion allaient m'entraîner sur la pente dangereuse d'un empoisonnement au plomb. »

*

Les seuls piliers sur lesquels la princesse Diane peut s'appuyer sont à la fois ses enfants et son mari, qui demeure son plus fidèle et loyal allié. Quel plus beau témoignage que la perspective d'un nouveau bonheur avec la naissance d'un cinquième enfant, pour leur cinquième anniversaire de mariage. C'est le 1er décembre 1965 que vient au monde Michael, Henri, Albrecht, Alexandre, Marie, dont la naissance ne modifie en rien la détermination de la princesse à refuser l'assistance d'une nurse dans l'éducation de ses enfants. Dès potron-minet, ces derniers prennent des habitudes peu en usage dans les cours en se précipitant dans la chambre de leurs parents, sautant sur le lit conjugal et couvrant leur mère de baisers. Sans protocole, ils prennent possession de toutes les pièces du château, leur nouveau royaume, se lancent dans de joyeuses courses folles, jouent à cache-cache ou partent s'égailler dans le parc.

« On ne cessait de me répéter que le jardin du château ne m'appartenait pas, précise-t-elle. D'ailleurs, de temps en temps, on me rappelait obligeamment que rien, absolument rien, ne m'appartenait dans cette maison qui n'était pas la mienne, et que je n'étais pas autorisée à me rendre où bon me semblait sans en avoir obtenu préalablement la permission du duc ou de la duchesse, mes beaux-parents. J'étais certes prisonnière, mais ne songeais pas à me révolter tant qu'on me laissait vivre en parfaite osmose de tendresse avec mes cinq enfants. Pour avoir été stricte sur le respect des valeurs et des bonnes manières, je crois pouvoir dire que j'ai laissé à mes enfants une grande liberté d'action. Je leur ai avant tout appris à respecter les autres, la nature, mais aussi les œuvres d'art et tout ce qui constitue leur environnement.

À partir de leur troisième anniversaire, j'avais même pris l'habitude de les rassembler dans ma chambre, d'abord pour prier et réciter ensemble un "Je vous salue Marie" devant la statue de la Sainte Vierge et celle de l'Enfant Jésus qui trônent en majesté sur un petit meuble, puis, quand ils se sont mis à grandir, pour s'installer sur notre grand lit et bavarder librement avec moi. Des principes d'éducation aux antipodes de ce que les bonnes âmes rigoristes voulaient infliger aux miens. »

*

L'année de cette cinquième naissance marque également un tournant dans la vie de femme mariée de Diane de France. Ayant donné à la dynastie des Wurtemberg, selon l'expression consacrée, *the heir and the spair* (l'héritier et la pièce de rechange), elle obtient enfin de sa belle-famille l'indépendance géographique qui lui a jusqu'alors cruellement fait défaut. En effet, les travaux entrepris au château de Friedrichshafen, en partie détruit par les bombardements de la guerre, et que son beau-père avait planifiés sur plusieurs années, sont enfin achevés. Dans cet ancien couvent de forme carrée reconverti en demeure princière, de larges et profonds couloirs s'ouvrent sur de minuscules cellules de moines transformées en chambres. Dès que le deuxième étage est restauré, le duc accepte enfin de céder à Carl et à Diane un appartement plus spacieux, car, rappelons-le, ils devaient grimper au grenier pour utiliser leur minuscule cuisine. À force de persuasion, la princesse s'est enfin fait attribuer quatre grandes chambres, une salle à manger, une cuisine et un office. Se lançant, malgré sa grossesse, dans ce qui restera l'une de ses activités favorites, la décoration d'intérieur. Brimant un peu son originalité pour ne pas heurter les goûts de sa belle-famille, elle décide cependant de faire souffler un vent de fraîcheur et de couleur dans des pièces qui n'avaient jamais connu que le gris ou le crème. Le duc Carl, qui a toujours eu un goût français prononcé, rêve même alors d'une salle à manger de style Louis XVI décorée dans les tons de bleu, au deuxième étage. Avec l'aide d'un architecte venu de France, les travaux de décoration vont donc bon train, et ce dans le plus grand secret pour ne pas éveiller la jalousie, la curiosité et le conformisme des Wurtemberg. Qui aurait pu penser que cette salle à manger allait lui faire verser par la suite bien des larmes ?

Simultanément à la reconstruction de cette aile du château, le duc Philippe réaménage l'ensemble des bureaux d'où il gère ses propriétés et les affaires familiales. La date de l'inauguration est fixée au 1er décembre 1965, jour que choisit le bébé pour venir au monde. La naissance de Michael est considérée comme un heureux présage pour le futur de ces installations car la Saint-Michel est la fête du saint patron de l'Allemagne.

*

Mais, tandis que la princesse parvient difficilement à retrouver force et énergie après la naissance, signe annonciateur de sa maladie, elle est un jour convoquée dans le bureau de son beau-père.

« Lorsqu'il me demanda par le téléphone intérieur de venir le rejoindre dans son bureau, je soupçonnai immédiatement l'imminence d'un conseil de famille, se souvient Diane. Quand je pénétrai dans la pièce plongée dans une semi-pénombre, ma belle-mère était occupée à tricoter, entourée de mes belles-sœurs bien campées dans leurs fauteuils, toutes installées à m'attendre et prêtes à fondre sur moi. Au moment où elles levèrent sur moi leurs regards réprobateurs, je me demandai ce que j'avais bien encore pu faire de travers.

Aimablement, mon beau-père se leva pour m'embrasser, mais, pour gagner du temps sur le verdict qui n'allait pas tarder à s'abattre sur moi, je fis le tour de toute l'assistance, sachant pourtant que ces baisers ne devaient rien à la tendresse. Coutumière du cérémonial, je m'assis et attendis de recevoir les réprimandes. La joute allait pouvoir commencer. À six contre une.

— Il paraît, me dit le duc, que tu te nourris exclusivement de cuisine française.

— Que voulez-vous dire ? Le fait de prendre un steak avec des frites serait-il, selon vous, un flagrant délit de chauvinisme ?

— Ce que nous te reprochons, répliqua-t-il, c'est qu'ici en Allemagne, dans ta nouvelle patrie, tu te comportes toujours comme une Française !

Je m'étonnai, en mon for intérieur, qu'un homme aussi charmant et courtois que mon beau-père, s'exprimant dans un français impeccable, puisse avoir imaginé une telle diatribe antifrançaise sans y avoir été poussé par son épouse, née archiduchesse d'Autriche. Était-ce là la revanche posthume de Marie-Antoinette, qu'on avait maltraitée et qualifiée d'Autrichienne à la Révolution ?

Je décidai de prendre cette situation avec recul, philosophie et bonne humeur.

— Si je vous ai bien compris, papy, vous pensez que je devrais mieux témoigner de mon intégration en Allemagne en m'empiffrant de choucroute ?

— En tout cas, tu devrais éviter de choisir des recettes françaises !

— Puisque vous semblez spécialisé dans les questions culinaires, rétorquai-je, trouvez-vous qu'il soit sain pour mes enfants de n'avaler que des aliments bouillis ?

Mon impertinence eut le don de focaliser sur moi cinq paires d'yeux bleus qui, jusque-là, avaient pris soin d'éviter mon regard. Prenant mon courage à deux mains, je décidai de ne pas m'en laisser conter.

— Pour ma part, cher papy, et vous me donnerez raison, je pars du principe qu'il faut proposer à manger aux enfants des choses saines : de la viande rouge, de la salade, des légumes cuits, des jus de fruits... En un mot, toutes ces bonnes choses qui sont produites ici même, en Allemagne.

— Bon, bon, très bien, passons, marmonna-t-il, un peu embarrassé. Mais il y a un autre reproche que l'on pourrait te faire : c'est que tu restes française par le style de ta décoration !

— Que voulez-vous dire par là ?

— Ta salle à manger est estampillée Louis XVI, et c'est intolérable !

— Mais, mon cher beau-père, vous vous trompez d'interlocuteur et devriez en parler à votre fils puisque c'est lui qui a souhaité ces transformations. À vrai dire, c'est même lui qui a voulu donner un style Louis XVI à cette pièce. En outre, c'est bien la première fois qu'on reprocherait à une princesse d'Orléans de revendiquer une filiation avec ce roi Bourbon !

À court d'arguments, je vis mon beau-père, refusant d'abdiquer et de reconnaître le ridicule de la situation, me chercher querelle sur des vétilles encore plus ridicules.

— Pourquoi as-tu décoré ton arbre de Noël à la française ? Quelle est cette mode de suspendre des papillotes au sapin ?

— Je suis confuse, papy, mais ces papillotes sont d'origine tchèque et non française. Vous savez, c'est ma grand-mère Dobrzensky qui nous a appris à les fabriquer ; cette coutume n'a donc rien à voir avec la France !

— Qu'importe, grommela-t-il, il faut que cela cesse. Tes choix de décoration sont incompatibles avec le style de notre château et avec notre pays.

Avant de lui décocher l'estocade, tout en veillant à ne pas lui faire perdre la face, je lui proposai en souriant un compromis :

— Vous avez raison. Je retirerai ma salle à manger Louis XVI quand vous aurez supprimé les ornements italiens du grand salon, vous savez, les stucs de Bagnato.

Je sus que j'avais gagné la partie. Considérant la conversation achevée, je quittai alors la pièce sans saluer personne.

Seule dans ma chambre, j'écumai de rage et versai des larmes amères. Quoi que je fasse, ma belle-famille cherchait par tous les moyens à contrôler mes faits et gestes. Pensez que ma belle-mère me fit en effet savoir un jour qu'il m'était désormais interdit de cueillir des fruits dans le jardin parce que j'étais dans une propriété privée. De brimade en vexation, on voulait me dompter, mais c'était mal me connaître.

Je subis peu après ces altercations un véritable harcèlement. Le personnel de maison, qui ouvrait les portes en s'inclinant respectueusement devant le duc et la duchesse, reçut l'ordre de ne plus me saluer. Mes belles-sœurs, elles, me demandèrent de changer de parfum sous prétexte que je leur donnais la "nausée". Je leur répondis que, pour ma part, j'étais indisposée par leurs odeurs de choucroute qui montaient jusqu'à mon appartement. Faut-il souligner que toutes ces scènes se déroulaient évidemment lorsque Carl était absent du château ?

De peur de le lasser avec mes éternelles récriminations, je préférais toutefois garder pour moi les blessures d'amour-propre que ces humiliations provoquaient. Mon mari, pour sa part, quand il rentrait de voyage, entendait toujours la même chanson : "Ta femme est impossible." Quel couple aurait pu y résister ? »

*

Contre vents et marées, Carl de Wurtemberg assume le choix qu'il a fait en épousant Diane de France. Pendant les premières années de leur mariage, il reste sourd aux sirènes familiales qui dénigrent systématiquement tout ce que fait sa femme. Mieux, il prend toujours sa défense.

Ce n'est que tout récemment d'ailleurs que le duc raconta à Diane qu'au mariage des Bade l'autoritaire reine Frederika lui avait déclaré tout de go :

— Mon cher neveu, tu as fait l'erreur de ta vie en épousant cette insupportable Diane !

La remerciant de ses conseils, il lui suggéra poliment mais fermement « de garder, à l'avenir, ses remarques pour elle ».

Souvent, les commentaires les plus désobligeants proviennent même des propres sœurs de la princesse, telle Anita qui fait plusieurs fois mine de plaindre complaisamment Carl du mauvais caractère de son épouse. Mais là encore le duc ne fléchit pas, connaissant parfaitement, et appréciant, la personnalité originale et libre de celle qu'il a choisie. En fait, c'est le tempérament de feu de Diane qui alimente les critiques et exacerbe les fureurs d'un environnement familial traditionaliste et peu ouvert à l'évolution des mœurs.

« La première fois que j'assistai à un enterrement en Allemagne, se souvient Diane de France, c'était pour l'un des voisins de Carl, le vieux prince de Hohenzollern, chef de la branche catholique de Sigmaringen. Mon cher mari m'avait recommandé de choisir dans ma garde-robe des vêtements strictement noirs. Mais surtout de me hâter pour être prête à l'heure prévue. Nous avions en effet une longue route à faire, et les chauffeurs avaient préparé quatre voitures pour toute la famille.

J'avais passé un petit tailleur acheté à Paris qui se composait d'une jupe portefeuille assez courte, comme le voulait la mode de l'époque. Le tout avec une paire de chaussures à talons très hauts. Le temps d'embrasser mes enfants dans leurs chambres, je descendis dès que je le pus le grand escalier pour rejoindre toute la famille réunie au bas des marches. Et là, je découvris à mon grand étonnement toutes les femmes de la famille en grand deuil de cour : longs manteaux noirs qui traînaient jusqu'au sol, lourds voiles de crêpe. On aurait dit des pleureuses grecques. Autant dire que mon apparition, dans ce tailleur noir mais court, sema la consternation. Carl observa la scène tranquillement en grillant une cigarette et ne put s'empêcher d'esquisser un sourire. Mon beau-père, lui, tremblant de colère, m'ordonna d'aller me changer et me reprocha l'inconvenance de ma tenue. Comme je lui répondis que je ne possédais rien d'autre en noir, il me demanda de faire l'effort d'enfiler au moins des bas de cette couleur. Agacée par tant de pudibonderie, je finis par mettre la main sur des collants gris anthracite. Toutefois, voulant prouver que l'on peut être en deuil mais de son époque, je choisis de les provoquer un peu.

— Vous voyez, dis-je, je suis en noir de la tête aux pieds. Vous me trouvez suffisamment décente ?

Et d'un geste vif, soulevant ma jupe, je leur dévoilai mes dessous en lançant :

— Regardez, même ma petite culotte est noire !

Et je les plantai là, tous muets de stupéfaction. »

*

Combien de temps Diane peut-elle accepter de subir de telles brimades et résister à ce qu'elle ressent comme une oppression familiale ? Où est la femme libre qui a quitté sans regret la tribu Orléans pour s'émanciper dans le mariage ? Si le clan Wurtemberg s'est décidément ligué contre elle, le destin va aussi s'en mêler.

Lorsqu'elle découvre qu'elle est victime du saturnisme, elle doit en effet abdiquer toute résistance. Elle perd tout en même temps son courage légendaire, la force de s'occuper de ses enfants et même l'espérance d'une nouvelle naissance. Mais, à force de volonté, encouragée à la fois par son mari et ses amis, elle parviendra non sans mal à remonter la pente et à dompter la maladie. Une bataille dont elle sortira victorieuse et qui libérera en elle de nouvelles énergies qu'elle exprimera dans ses activités artistiques, à travers la création d'une fondation pour les enfants, mais aussi lui insufflera la volonté de ne plus jamais se laisser dominer par le pouvoir oppressif d'une tradition, d'une famille ou d'un milieu.

*

« Ce n'est que quelques années plus tard, explique la princesse Diane, que je traduisis en révolte les coups de boutoir répétés subis dans ma vie de couple.

Je ne saurai dire qui a pris ses distances le premier. Était-ce mon mari, qui finit par prêter peu à peu une oreille plus attentive aux critiques dont j'étais l'objet et que l'on prenait un malin plaisir à ressasser devant lui ou moi, lassée des remontrances et de batailler sans véritable aide conjugale ?

En tout cas, je ne supportais plus les humiliations que l'on persistait à m'infliger, les brimades incessantes, je n'en pouvais plus des interdits qui cherchaient à museler mon exubérance... Ayant échappé à la mort, je ne voulais pas me laisser enterrer vivante dans un château d'où suintait l'ennui. N'ayant d'autre échappatoire, je choisis de fuir.

Après plus de vingt ans de bons et loyaux services, je me décidai enfin à prendre ce que Carl et moi appellerions pudiquement "mes congés payés". J'ai craqué l'année de mes quarante ans.

Combien de femmes, engluées dans le même bourbier, et acculées, pour se sauver, à un choix dramatique, n'auraient-elles pas tout envoyé valser, sans se retourner ? Moi, j'ai préféré, par amour pour mes enfants, prendre quelques vacances. Le soleil de l'Espagne me réchauffa, et je confesse que j'ai su trouver le réconfort sur l'épaule compatissante d'hommes, fussent-ils roi, prince ou simples anonymes. Toutefois, au plus fort de notre crise conjugale, l'amour qui nous unissait, Carl et moi, était comme la flamme qui vacille mais ne s'éteint pas. Aussi, attachés l'un à l'autre, ne rompîmes-nous jamais totalement nos liens. Carl fit d'ailleurs preuve de compréhension pour mes états d'âme. Pour ma part, je sus rester attentive à l'appel du devoir. Jamais je n'aurais accepté de divorcer. Lorsque ma belle-mère décéda en 1983, je me décidai enfin à retrouver ma place au côté de mon mari et repris la vie commune dans notre demeure, le château d'Altshausen, fidèle à la promesse que j'avais faite au père de Carl de maintenir la famille unie. »

⋆

Tant qu'elle a pu, jusqu'à l'âge de quarante ans, la princesse résiste à l'appel du large. Et la naissance de la duchesse Éléonore, Fleur, à Friedrichshafen le 4 novembre 1977, si elle semble en apparence couronner une union princière qui a su résister à toutes les tempêtes, ne résout rien, bien au contraire. « Douze ans après la naissance de Michael, celle de Fleur ne laissa pas de surprendre, précise Diane. Tout le monde savait en effet que j'avais été malade. Ma mère me reprocha même cette grossesse à cause de mon âge – j'avais 37 ans

–, craignant de me voir mettre au monde un enfant pas très beau ou anormal. Quand, par ailleurs, je reçus la visite de ma belle-mère à la clinique, celle-ci m'asséna que le prénom Fleur s'associait mal avec celui de Wurtemberg. Ce à quoi Frédéric, qui était là, répondit que le bébé serait ni plus ni moins la fleur de la famille. Nous lui offrîmes un baptême authentiquement royal – ce fut le plus grand de tous mes enfants – puisqu'elle eut pour parrains le roi d'Espagne Juan Carlos et le roi Siméon II de Bulgarie. » La crise est remise seulement à plus tard.

« Ensemble, nous avons réussi coûte que coûte à maintenir l'édifice, dit aujourd'hui le duc de Wurtemberg après plus de quarante ans de mariage. Mon épouse a un système de fonctionnement formidable qui lui permet de concilier tout à la fois sa vie de famille, son art et ses obligations sociales. C'est très rare d'y parvenir en ne renonçant à rien. Je la remercie chaque jour d'avoir su marier harmonieusement vie d'artiste et vie de famille sans jamais négliger ses responsabilités auprès de moi.

Avec sa fantaisie, elle contrebalance ma rigueur. Grâce à son caractère et à son appétit de la vie, elle sait comment me garder jeune et motivé pour mon travail. Notre association est équilibrée, elle est la mère de famille, et moi le chef de famille.

Quand je suis aux États-Unis dans le cadre des affaires, on parle toujours de sa famille. Et si je dis être marié depuis plus de quarante ans, on me demande si c'est avec la même femme et si c'est la première. En Amérique, c'est vrai qu'une telle longévité est devenue très rare. Mais je peux vous dire que vivre avec une artiste née sous le signe du Bélier n'est pas donné à tout le monde. »

« Je me sens très sereine aujourd'hui, renchérit la princesse Diane. Tous les jours, je me dis que j'ai la chance d'avoir une famille unie avec la certitude que le chaînon continuera après moi. Et si je disparais demain, je peux partir l'esprit tranquille. Mes enfants sont les véritables joyaux de ma couronne. Tous les six constituent la plus belle œuvre d'art de ma vie. Mais je n'oublie pas que je ne l'ai pas sculptée seule dans mon atelier, celle-ci étant le fruit d'une longue et patiente construction que nous avons réalisée, Carl et moi, surmontant un à un les obstacles qui ont jalonné notre vie de couple. »

*

Mais cet horizon à nouveau radieux n'aurait pu être aussi azuréen sans l'éclaircie qui survint alors entre la princesse Diane et ses belles-sœurs.

« Alors que je travaillais dans mon atelier, je reçus la visite inopinée de Mausi venue me parler au nom de ses sœurs.

— Je sais que nous n'avons pas toujours été gentilles avec toi et que nous ne t'avons pas rendu la vie facile. De tout cœur j'espère que tu nous pardonnes, me dit-elle.

Je l'embrassai et la serrai dans mes bras en l'assurant que je ne voulais pas m'appesantir sur le passé.

— Regardons en avant ! lui répondis-je. Ce que j'ai vécu, je devais le vivre. Je devais traverser ces épreuves car tel était sans doute mon destin. Mais la vie continue, et je souhaite ardemment que ce qui nous a opposés hier nous rapproche aujourd'hui pour qu'ensemble, en toute harmonie, nous construisions l'avenir de notre belle-famille.

Avec le temps, je sus aussi apprécier combien ma "belle-famille" était belle ! »

Chapitre 6
L'art d'être princesse

Princesse, oui, mais résolument rebelle, Diane ne craint pas d'affirmer : « J'agace certainement mon milieu, et particulièrement les familles princières allemandes conservatrices, parce que j'ai choisi de construire mon bonheur à ma façon sans me soumettre aux normes et critères des autres. Les contraintes ne peuvent être acceptées que si elles sont vécues avec sincérité. »

Si elle a mis du temps à s'acclimater aux rigueurs wurtembourgeoises, sa fantaisie, alliée à la volonté de bien faire, lui a peu à peu gagné tous les suffrages.

« Au début, j'ai surpris et inquiété à cause de mon caractère primesautier, gai et léger, reconnaît-elle. Je voulais faire souffler un air de changement tout acquis aux idées nouvelles qui dérangeait, mais on a fini par m'écouter et me comprendre car je ne dissimule jamais. Je suis franche, trop peut-être parce que je ne sais pas jouer la comédie. Que je sois devant le pape, un roi, un ministre ou tous ceux, anonymes, que je côtoie dans ma vie quotidienne, je n'ai pas deux discours, je reste moi-même. Avec le temps, j'ai appris à me taire si on ne m'interroge pas, ayant remarqué combien la vérité dérange... »

★

Le sort a voulu que la princesse Diane devienne duchesse de Wurtemberg à un moment crucial de son existence. En effet, après quinze ans de mariage dont pas moins de quatre à lutter contre la maladie qui la rongeait, elle s'est sentie épuisée d'avoir bataillé contre sa belle-famille et les sempiternelles récriminations dont elle faisait l'objet. Elle était même sur le point de prendre du champ pour échapper à l'emprise d'un univers confiné qui l'empêchait de respirer, pour reconquérir aussi sa liberté et le respect d'elle-même à un moment de sa vie où sa singularité lui paraissait niée et bafouée. Le chemin de l'indépendance allait la conduire, naturellement, en Espagne de 1980 à 1983.

★

Pour autant, quelque temps auparavant, lorsqu'elle apprend que son beau-père, le duc Philippe, a été transporté au printemps 1975 à l'hôpital de Ravensburg, elle fait taire sa révolte et remet à plus tard ses « congés payés ». Mais, devant la chambre du malade, en véritable cerbère, veille sa belle-mère, la duchesse Rosa, qui lui en interdit l'accès.

« Lorsque je finis par m'approcher de mon beau-père,

je vis comme un éclat rieur dans son regard, presque un soupir de soulagement. Sachant que son temps lui était compté, alors que je lui baisais la main en témoignage de respect et d'allégeance, comme, enfants, nous avions toujours fait avec notre père, il sembla par des propos inattendus tirer un trait sur le passé et nos affrontements.

— Diane, toi seule peux sauver mon château. Maintiens la flamme de l'héritage familial. Je t'en conjure, fais-le pour moi, pour Carl, et aussi pour ton fils.

— Je vous le promets, papy. Soyez rassuré ! lui répondis-je, émue par cette marque de confiance et d'estime alors qu'il me témoignait enfin la bonté de caractère que les événements tragiques de son existence et son éducation l'avaient conduit à dissimuler.

J'ai tenu encore cinq ans, mais mon installation à Altshausen releva encore du bras de fer quotidien. Lors des obsèques de ma belle-mère en mars 1983, je me retrouvai donc à la croisée des chemins.

Quand Carl me demanda de rentrer à Altshausen et d'y reprendre ma place, pouvais-je dire non à un tel appel au secours et refuser la main tendue ? Mais comment renouer les fils distendus avec un homme que nos aventures respectives avaient éloigné de moi ? Sans rien renier de ce que j'avais vécu loin du domicile conjugal, je lui proposai une paix des braves. J'étais prête à rentrer au bercail, poussée en cela par le respect que j'ai toujours éprouvé envers mon mari ainsi que par mon instinct maternel. Mes enfants réclamaient ma présence, je me devais à leur amour autant qu'aux vœux que j'avais prononcés.

Carl m'ouvrit son cœur. Une nouvelle lune de miel s'offrit à nous. Il eut l'intelligence de tirer un trait sur le passé et d'absoudre les fautes que j'avais pu commettre. Je n'eus jamais à le regretter et surtout pas aujourd'hui alors que je viens de marier ma petite Fleur avec le jeune comte Moritz von Goëss. Fleur, que le roi d'Espagne et le roi Siméon de Bulgarie s'empressèrent de porter sur les fonts baptismaux, est pour moi la deuxième fille que j'avais attendue seize ans.

Cette seconde fille qu'une diseuse de bonne aventure m'avait prédite autrefois. Quand j'étais jeune en effet, lors d'une fête de charité organisée par maman sur la place du village de Sao Pedro de Sintra, au Portugal, avant de tenir mon stand de sardines grillées, j'avais aidé une tireuse de cartes à s'installer. Laquelle m'avait annoncé mon avenir en ces termes : "Vous épouserez un prince nordique et vous aurez quatre garçons et deux filles." Après mon mariage, j'avais même acheté deux lits en prévision... »

*

Dès 1975 et la mort de son père, Carl est devenu duc de Wurtemberg. Selon la règle du majorat en vigueur dans les familles princières et aristocratiques d'Allemagne, la fortune revient à l'aîné, en l'occurrence au cadet. Suite aux renonciations de son frère Ludwig, Carl a endossé aussi le rôle de chef de famille et d'héritier dans la pleine acception du terme, à charge pour lui de dédommager ou d'entretenir ses frère et sœurs.

Pour Diane, ce changement de statut s'accompagne d'un déplacement géographique puisque toute la famille s'installe alors au château d'Altshausen. Tout d'un coup, elle n'est plus l'étrangère soumise à la loi d'une belle-famille rigoriste, mais la maîtresse des lieux décidée à prendre possession de son nouveau domaine afin d'y marquer son empreinte, le rendre plus chaleureux et plus convivial pour sa famille et, accessoirement, damer le pion à ses belles-sœurs.

« Tant que vivait ma belle-mère, qui partit s'installer en 1975 dans notre appartement de Friedrichshafen, je pris soin d'imposer ma loi par la douceur et non de passer en force, explique la princesse. Certains vieux serviteurs, fidèles et loyaux mais pour qui tout changement s'apparentait à une révolution, ont préféré jouir de leur pension et d'un repos bien mérité. Ceux qui sont restés m'appelaient, je l'ai su plus tard par mon chauffeur, "la panthère", en référence sans doute à mon avancée prudente mais aussi à ma détermination de tueuse quand on touchait à mes petits !

La cohabitation avec mes belles-sœurs et surtout avec les cousins germains de Carl – que nous appelons les "Wurtemberg noirs" parce que les enfants du duc Albrecht-Eugen et de la princesse Nadège de Bulgarie avaient les cheveux couleur jais – ne fut pas toujours paisible. Tous avaient pris les confortables mais déplorables habitudes d'empiéter en permanence sur notre vie de famille, de considérer le château comme un moulin ouvert à tous les vents, et exigeaient de ma part que je fournisse un service digne des meilleurs hôtels : blanchissage, cuisine à toute heure... Dès que je protestais, je trouvais sur mon chemin ou une belle-sœur, ou ce chameau de Tante Coca – la princesse Eudoxie de Bulgarie, sœur de la princesse Nadège (mais aussi du tsar Boris III) et qui l'avait suivie de son château confisqué en Allemagne de l'Est jusqu'à Altshausen –, laquelle s'empressait d'aller se plaindre au duc de l'insulte faite à sa dignité.

La période entre 1975 et 1980 tourna parfois au cauchemar. Je m'efforçais de remettre de l'ordre à Altshausen où rien n'avait été classé ou trié depuis la guerre. Chaque fois que je transportais des caisses de livres, de photos ou d'archives, j'entendais le cousin de Carl, Alexandre de Wurtemberg, me dire perfidement : "Diane, tu n'as pas le droit de toucher à ça car tu n'es qu'une Orléans." Se prétendant historien, il entendait m'interdire l'accès aux archives. Quand je pus enfin y entrer après deux années de lutte acharnée, je découvris qu'il avait orchestré le massacre des collections par son inculture et collé des étiquettes sur les anciennes et précieuses reliures de cuir. En plus, il trouvait le moyen de dénigrer systématiquement la nourriture servie !

Cette fois, c'est moi qui allais avoir la victoire. Je mis le holà aux pratiques spécieuses qui voulaient que chacun se serve sur la bête. Un beau jour, je décidai que la ligne blanche avait été franchie et voulus protéger mon intimité de cette envahissante famille qui abusait de nos libéralités et de ma gentillesse. Je déclarai le blocus, fermai les portes et consignai la famille dans l'aile du vieux château.

Désormais, Altshausen ne serait plus un libre-service. »

*

La princesse Diane peut aussi enfin donner libre cours à sa sensibilité d'artiste pour la décoration d'Altshausen.

« J'ai tout décoré moi-même en prenant mon temps, en cherchant ce qu'il y avait sur place dans nos greniers ou en privilégiant les éléments décoratifs régionaux. Là où je suis, je me débrouille toujours avec les moyens du bord. On veut sans cesse avoir ce qui est inaccessible alors que tout est si simple, si beau et si valorisant pour soi-même quand on puise dans son esprit créatif et curieux. »

Les gens du village ne sont pas les derniers à applaudir à la fantaisie de leur nouvelle duchesse et assurent à qui veut l'entendre que la princesse Diane était prédestinée à s'installer en ces lieux parce que le grand escalier de cette commanderie de l'ordre Teutonique avait été dédié à Diane, « la déesse chasseresse protectrice de la forêt et de la nature ».

Outre ses responsabilités vis-à-vis du village d'Altshausen, étroitement associé à la vie du château, le rôle de princesse se résume bien souvent à la gestion quotidienne d'une PME où le travail et l'emploi du temps de chacun doivent être définis, avec une large place réservée à l'intendance. Altshausen, il est vrai, reste pour la famille et les amis la meilleure fabrique de biscuits de Noël et de confitures.

« Une autre de mes activités très prenante est l'organisation des fêtes de Noël à Altshausen ou dans notre maison de Palma. Toute l'année, ma liste dans la poche, je cherche au cours de mes voyages de quoi offrir des cadeaux originaux à tous les membres du personnel, avec interdiction absolue de tomber dans la banalité ou de commettre l'impair de doublonner. C'est un minimum d'attention envers les autres et une façon de les remercier de leur loyauté au fil des ans. »

★

Longtemps privée de toute indépendance financière, la princesse Diane, passée de la coupe d'un père scrutateur sous celle d'une belle-famille peu disposée à lui ouvrir les cordons de la bourse, avait appris le système D. Ramenant des étoffes de ses voyages, elle les confiait à des petites mains expertes pour lui confectionner des robes. C'est dire si la duchesse de Wurtemberg eut longtemps peu conscience du pouvoir financier de son mari. Des anecdotes en témoignent à loisir.

« C'est à Salgau, un jour que j'hésitai entre deux paires de chaussures, que l'ami qui m'accompagnait m'assura que je pouvais sans crainte m'offrir les deux », se souvient-elle.

Plus cocasse, l'aventure qui faillit coûter au duc sa réputation d'homme d'affaires.

« Alors que je me promenais avec les enfants sur les bords du lac de Constance, juste après la mort de mon beau-père, je repérai un petit bateau Glastrom auquel je donnai le doux nom de *Mi Sultan*. N'ayant pas d'argent, moi qui avais toujours dit depuis mon adolescence que j'épouserais un homme avec qui je n'aurais pas besoin de faire mes comptes, je fus abasourdie par le prix d'achat de cinq mille DM que je me proposais de payer à crédit, par mensualité de cent DM. Méfiant, le vendeur n'accepta la transaction que lorsque je lui prouvai que j'étais bien la duchesse de Wurtemberg. L'affaire fut conclue.

Mais, le lendemain matin, Carl m'appela dans son bureau et me demanda sur un ton neutre si j'avais acheté quelque chose sans lui dire. Je cherchai vainement dans ma mémoire avant de me souvenir de l'épisode du bateau. Il m'expliqua alors que, alerté par le vendeur, la

Deutsche Bank avait interrogé les banques du pays, toutes inquiètes car persuadées que, si la duchesse payait à crédit, c'est que le duc était ruiné !

Cette histoire m'a servi de leçon... j'ai eu le bateau comptant dans la journée !

Financièrement, je suis devenue indépendante lorsque Carl m'a convaincue de prendre une carte de crédit – que lui-même approvisionne et que son administration financière contrôle. Il fallait toutefois que je parvienne, non sans mal, à faire entrer ma signature "princesse Diane, duchesse de Wurtemberg" sur l'emplacement prévu à cet effet au revers de la carte et sur les tickets de débit. Depuis, j'ai fait d'heureuses découvertes... »

*

« Au chapitre de la mode, je ne crois pas être particulièrement dépensière eu égard au rôle de représentation que je dois assumer, explique Diane. Pour être franche, je n'y attache pas une importance capitale même si j'aime être élégante en toutes circonstances. Certaines femmes n'arrivent pas à être elles-mêmes si elles n'ont pas la sécurité d'une robe griffée par un grand couturier. Je suis différente car j'aime ce qui me va. Ayant assez de personnalité, je me fiche de l'origine de la robe. Quand j'ai des activités officielles, les gens du village aiment me voir bien habillée et apprécient que je change de tenues. Comme je suis très frileuse, j'aime porter le soir un vieux manteau que j'adore parce qu'il est très chaud. Lors du mariage civil de mon fils Philippe, je l'ai enfilé le soir pour la fête du village, mais le lendemain, les villageois se sont plaints à ma bonne Rosa "qu'ils en avaient assez de voir la duchesse ressortir toujours ses vieilles nippes". En souvenir, j'ai donné le nom du village d'Altshausen à mon manteau fétiche, mais, dès que je veux le mettre pour une activité officielle en extérieur, les bonnes me l'interdisent !

Récemment, après un audit de ses contrôleurs financiers, Carl m'a demandé de réduire le poste "achat de vêtements". Après avoir protesté, estimant qu'il exagérait, je décidai de lui obéir à la lettre. Notamment pour le mariage du prince Laurent de Belgique, le 12 avril 2003. Comme je me fiche pas mal du regard des autres, j'ai roulé dans ma valise une vieille robe, et nous partîmes en direction de Bruxelles sans plus de manières. Le duc fut tellement gêné de mon audace – même si je fis bonne figure parée comme une princesse – qu'il s'empressa de me donner sa bénédiction pour courir renouveler ma garde-robe chez Christian Lacroix ! Ainsi sont les hommes... »

*

S'il est une couronne dont la princesse Diane peut se montrer légitimement fière, c'est celle que tressent autour d'elle ses six enfants éduqués certes avec des principes respectueux des traditions, mais surtout rassasiés d'amour maternel.

« S'occuper de six enfants, pour n'importe quelle femme, c'est toujours facile si elle les a désirés. Comme j'ai ardemment voulu mes enfants, je les ai élevés avec amour, sincérité et simplicité. Il est vrai que j'avais eu le mauvais exemple de mes parents sous les yeux à qui j'avais un jour demandé : "Pourquoi avez-vous produit autant d'enfants si c'était pour ne pas vous en occuper et leur reprocher ensuite d'être le fruit de cette éducation ?" Je me souviens d'avoir une autre fois lancé à mon père : "Vous auriez dû vous contenter d'Isa et d'Henri, puis vous arrêter là. Vous aviez un héritier, et c'était bon !"

En réaction contre ce que j'avais connu, je me suis donc gardée de reproduire le schéma parental et j'ai voulu que mes enfants sentent combien je les avais eus avec plaisir. En disant cela, il me revient à l'esprit que ma mère pensa longtemps que les enfants sortaient du nombril ! Autre époque, autres mœurs. Personnellement, j'ai souhaité offrir une colonne vertébrale à mes enfants, préférant les éduquer moi-même plutôt que de les confier à des gouvernantes. Jusqu'à ce qu'ils aient quinze ans, j'ai tout fait moi-même et été tout le temps avec eux. Le soir, je les réunissais dans ma chambre, et nous avions des conversations sur la vie. Ils montaient sur mon lit, et je leur inculquais le respect de l'être humain. Je leur ai appris à respecter tout le monde, quelles que soient la position sociale, la religion, la race ou la nationalité de chacun. Je leur ai appris à ne jamais proférer de médisances, car c'est à mes yeux ce qu'il y a de pire, moi-même ayant payé un lourd tribut à ce travers répandu et sachant combien il est difficile de se défendre contre ceux qui disent du mal sans savoir. J'accepte qu'on affirme que je suis une originale, mais qu'on raconte des vilenies erronées sur moi me blesse. J'ai été très sévère sur ce chapitre avec mes enfants, leur expliquant que la médisance peut tuer. Ensuite, je leur ai enseigné le respect de certaines règles de bienséance. Il y a un rituel, une hiérarchie à préserver.

Mes enfants me témoignent leur respect dû à l'épouse

du chef de famille en se levant lorsque j'entre dans une pièce ou en me baisant la main. Et moi, quand ils partent, je les bénis en dessinant une croix sur leur front. Cela n'enlève rien à l'affection profonde qui nous lie d'autant que je suis plutôt une mère poule qui couve sa nichée, maintenant en permanence le fil entre tous... grâce à la fabuleuse invention du téléphone portable.

J'ai encouragé mes enfants à suivre chacun leur voie, les enjoignant à gagner aussi leur vie car, hormis Frédéric, l'héritier, tous doivent apprendre un métier. »

*

Si, justement, le duc Frédéric a rejoint son père dans la gestion des affaires familiales après son service militaire et un stage dans une banque, ses frères et sœurs donnent corps à leurs passions. La duchesse Mathilde a effectué à Paris un apprentissage dans une école de stylisme, dans les années 1980. Eberhard, plutôt tenté par une carrière d'ingénieur, s'est passionné pour l'aviation qui le conduira à Toulouse où est assemblé le nouvel Airbus avant de se lancer lui-même dans l'invention et la commercialisation d'un scooter à puce électronique.

Philippe, pour sa part, a la fibre artistique héritée de son sang Orléans et manifeste un goût prononcé pour les antiquités. Après un stage chez Christie's, la maison de vente aux enchères, à Londres, il est entré chez le concurrent Sotheby's en Allemagne dont il est aujourd'hui, comme expert en mobilier ancien, l'un des hauts responsables.

Quant à Michael, authentique jouisseur aimant la bonne chère et les cigares, il se consacre aux vignobles du domaine et à la production du vin blanc sec “Herzog von Württemberg”, après avoir étudié l’agronomie à l’université de Tübingen.

Enfin, Fleur, la petite dernière, a cherché sa voie sur les routes d’Europe, enrichissant son apprentissage des langues à Paris, Rome, Madrid et Londres.

*

« Une éducation réussie est celle qui se donne avec amour, tendresse et sens de la justice et de l’équité, explique la princesse Diane. J’essaie d’être comme une sœur pour mes enfants, dans le sens où ils me confient en toute liberté leurs joies et leurs peines. Même quand ils protestent contre l’autorité de leur père, je m’efforce d’arrondir les angles. J’ai trop souffert dans ma jeunesse du manque de communication entre nos parents et nous pour ne pas maintenir à tout prix le dialogue entre Carl, moi et nos enfants.

Le duc est un homme d’affaires doué, mais son caractère pointilleux et perfectionniste, largement empreint de pessimisme dubitatif, voire d’une mélancolie qui a toujours sommeillé en lui, s’accommode parfois mal des grands projets de notre fils Frédéric. Si Carl lui met le pied à l’étrier, le met en selle pour la conduite des affaires familiales, il doit aussi un jour accepter de lui confier les rênes ! »

Il est vrai aussi que l’éducation sévère du duc ressurgit en toutes circonstances. Lui qui se souvient avoir « bouffé des betteraves pendant son enfance, agrémentées d’un morceau de viande tous les quinze jours en cette période de guerre », regrette l’hédonisme actuel d'une société attachée à des valeurs matérielles. « Nos enfants sont le fruit d'une société d'héritiers, estime-t-il. Ils sont surtout doués pour dépenser le patrimoine que nos ancêtres ont bâti et que j'ai, je crois, consolidé. »

Avec une franchise parfois déconcertante mais toujours mue par l'amour immodéré qu'elle porte aux siens, la princesse Diane monte parfois au créneau dans les bureaux du duc pour réclamer sa clémence et son indulgence. Mieux que quiconque elle sait faire parler sa bonté, dissimulée sous un masque de pudeur et de rigueur contenues.

*

Mère aimante et indulgente, la princesse Diane ne résiste pas à la tentation d'égrener les souvenirs familiaux qui attestent l'originalité de caractère de ses enfants ou témoignent de l'importance qu'elle occupe dans leur cœur.

« Mon fils aîné Frédéric s'est toujours comporté avec moi comme un protecteur, dit-elle. Même quand il n'avait qu'une dizaine d'années, il prenait la responsabilité de ses frères et sœurs lorsque nous voyagions, les cinq enfants, moi, les deux chiens, en voiture ou en avion. C'est un garçon toujours souriant, gai, positif et bourré d'humour. Il est également très sensible et cherche à faire plaisir en toutes circonstances.

Eberhard a toujours été, de son côté, indépendant et rêveur. Un jour, à l'âge de quatre ans, sans rien demander à personne, il est sorti du château en direction de la ville. Je l'ai aperçu de ma fenêtre et ai appelé aussitôt le concierge qui lui a couru après pour le rattraper. "Je pars voir le monde”, a-t-il répondu à nos pressantes questions. Il a toujours été un *globe-trotter* mais je sais que je peux compter sur lui en cas de pépin. Il me répète toujours : “Ne t’en fais pas, maman, je serai toujours là pour m’occuper de toi !”

Philippe, d’un naturel plus réservé et timide, est aussi un artiste. Ce fut le seul de mes enfants capable de rester des heures avec moi dans l’atelier pour laver mes pinceaux. Doté d’un goût très sûr, il insistait toujours pour m’accompagner en ville lorsque je partais m’acheter des robes et, d’un œil critique, me conseillait.

Michael, qui a longtemps été le dernier, est aussi le plus calme, le plus réfléchi. Malgré sa douceur et sa tendresse, il peut toutefois se montrer volontaire et imposer ses choix.

Quant à la Petite Fleur – nom que tous lui donnèrent d’emblée –, elle a évidemment été choyée et gâtée. Lorsqu’elle est venue au monde, sa sœur aînée Mathilde avait seize ans, et les cinq enfants voulaient s’occuper d’elle comme d’une poupée – surnom qu’elle a d’ailleurs toujours porté – car ils aimaient l’habiller. À dix ans, elle m’a enfin avoué qu’elle en avait assez de porter des robes et des chaussures qui plaisent surtout à ses frères et sœurs ! Gaie, plaine de vie et d’énergie, Fleur est notre rayon de soleil. Souvent, alors que je voyage, elle reste auprès de son père à Altshausen. Maintenant qu’elle est mariée, Carl va trouver la maison bien vide...

Une grande complicité féminine me lie à mes filles Mathilde et Fleur, et j’ai d’ailleurs toujours pris beaucoup de plaisir à me promener en ville avec la première. Lorsqu’elle était élève à l’école de stylisme de la Chambre syndicale de la couture à Paris, et qu’elle vivait alors chez sa grand-mère, la comtesse de Paris, je prenais souvent le chemin de la capitale pour passer du temps avec elle. »

*

Tous les enfants répondent en écho à leur mère sur l'air de la complicité.

« Ma mère a sans cesse été présente pour nous quand nous étions enfants. Maintenant elle nous donne toujours de son inépuisable énergie, lance des idées nouvelles et apporte de l'élan dans notre vie. Même si nous évitons de la placer sur un piédestal, j'avoue que c'est merveilleux d'avoir une mère originale », résume la duchesse Mathilde.

« Ce qui la définit le mieux, c'est son énergie car c'est très motivant pour nous tous. Elle est comme un noyau nucléaire... qui ne faiblit jamais. Mais attention aux réactions atomiques », s'amuse Michael – que toute la famille appelle « Michi ».

L'aîné des enfants, le duc Frédéric, renchérit : « Ma mère, c'est un volcan, madame cent mille volts. Elle a beaucoup de tempérament. C'est assez fantastique d'avoir une mère aussi jeune avec qui on peut parler de tout ! Sans me mettre de pression comme héritier, elle m'a appris très tôt à prendre des responsabilités, à organiser les choses et à m'exprimer en public pendant les cérémonies officielles ou les fêtes de famille. »

*

La princesse rebelle peut cependant se monter stricte sur la question des mariages.

« Dès le berceau, il faut faire l'éducation des princes en établissant certaines règles et des principes qui les aideront à avancer dans la vie de sorte qu'ils se sentent parfaitement à l'aise avec des gens de tous les milieux. Bref, le contraire de snobs !

J'ai toujours dit à mes enfants qu'ils étaient libres d'épouser qui ils voulaient, mais j'ai également insisté sur les difficultés qui peuvent naître de la confrontation de milieux trop différents. Après, quand ils prennent conscience de leur erreur, ils divorcent ! C'est trop facile. Aujourd'hui, au moindre problème, les jeunes couples se séparent sans accepter tous les efforts que nécessite la construction d'un couple. Quand on est amoureux, on ne voit pas les failles ; mais ensuite, on fait payer cher à l'autre son propre aveuglement. Je ne suis pas opposée par principe au divorce, mais je regrette qu'on fasse souffrir inutilement des enfants, toute une famille, pour prix de sa propre inconséquence. Avant de se marier devant Dieu, il faut faire le bon choix où la passion amoureuse doit laisser s'exprimer la réflexion, la raison...

J'ai toujours expliqué à mes enfants qu'ils pouvaient épouser qui bon leur semblait... à condition d'être unis par une similitude d'éducation et de compréhension de notre manière de vivre ; c'est beaucoup plus qu'une question de sang bleu, de lignée dynastique ou de naissance ! Après tout, les altesses catholiques ayant reçu la même éducation que nos enfants, ce n'est pas ce qui manque en Allemagne... Quand on est un roi sur son trône, comme mon cousin et ami Juan Carlos d'Espagne, on peut laisser ses enfants se marier librement car personne n'objecte rien à ses décisions souveraines. Mais quand on est comme nous, loin du trône, et la couronne royale placée sur nos armoiries à défaut d'être sur nos têtes, on doit beaucoup plus montrer l'exemple car on est toujours en point de mire. »

★

De ce point de vue également, la duchesse de Wurtemberg doit exciter la jalousie de ses sœurs ou de sa parentèle royale par la réussite des mariages de ses enfants.

La première à convoler fut Mathilde. « J'avais obtenu d'elle la promesse qu'elle se marierait en hiver car les couleurs sont si belles à Altshausen », se souvient la princesse Diane qui avait également profité du calendrier – le choix de la date s'était porté sur le 19 novembre 1988 – pour commander à Catherine Puget une somptueuse robe longue brune imprimée de grosses fleurs violettes aux tiges rebrodées de fil d'or et assortie à un manteau de cour gansé de fourrure qui, avec la toque, la faisait ressembler à l'impératrice Catherine de Russie. « Vive la Tsarine » criaient les villageois amusés sur son passage. Sous le regard de toute l'Europe royale représentée – les grands ducs de Luxembourg, les princes régnants du Liechtenstein, le prince héritier Philippe de Belgique, la comtesse de Paris (grand-mère maternelle de Mathilde), le duc de Bavière (grand-père maternel de son fiancé)... –, la duchesse Mathilde épousa cette année-là à Altshausen le fils des châtelains voisins autrefois muselés par leur puissant suzerain, le comte héritier Erich von Waldburg-Zeil. « J'avais demandé à Catherine Puget, une de mes créatrices de mode préférées, de confectionner dans le même tissu que la robe de mariée les toilettes des demoiselles d'honneur, dont ma fille Fleur et sa cousine Kildine de Sambucy de Sorgue, tandis que les pages (mes neveux Melchior de Schönborn, Alexandre et Axel de Sambucy) portaient des pantalons bouffants et des tuniques à brandebourgs dignes des fastes de la cour de Russie. »

L'organisation de fêtes, aussi somptueuses que chaleureuses – le mot *gemütlich* semble avoir été créé pour décrire l'ambiance qui règne à Altshausen –, devient une spécialité de la famille Wurtemberg. Et en particulier les mariages. D'autant que la générosité coutumière du duc s'exerce à l'égard de ses nièces, comme la princesse Marie d'Orléans qui, voulant échapper aux dissensions familiales et à la pression que son grand-père fait peser à Dreux où elle désire épouser le prince Gundakar de Liechtenstein, accepte avec bonheur l'hospitalité de son oncle Carl sur les bords du lac de Constance, au château de Friedrichshafen. Une autre nièce, Christa Pallavicini, fille de la duchesse Hélène (Mausi), bénéficia des bontés du duc, toujours attentif à ses responsabilités de chef de famille.

« Je n'en ai pas l'air, mais je suis très organisée, explique Diane. Ne voulant pas que les mariages de mes enfants me prennent au dépourvu, survenant d'un jour à l'autre, j'avais depuis longtemps anticipé et, par exemple, préparé les trousseaux de mes filles. » D'autant que seules les duchesses Mathilde et Fleur ainsi que l'héritier Frédéric se sont mariés à Altshausen.

*

Quand vint le tour du duc Philippe, en 1991, précédant de deux ans son frère aîné, il fallut se mettre d'accord avec sa belle-famille pour se partager l'organisation des festivités. On peut supposer, au vu de la personnalité de la duchesse en Bavière née comtesse Élisabeth Douglas, que ce ne fut pas de tout repos. Déterminée à caser ses cinq filles aux plus brillants partis d'Europe – à l'instar de ce qu'avait dû faire sa mère en mariant une fille à un Wittelsbach, l'autre au duc anglais de Marlborough... –, Élisabeth de Bavière voulait en jeter plein la vue en unissant sa première fille Marie-Caroline (surnommée Manini) au duc Philippe de Wurtemberg et ne relâchant sa pression que lorsqu'une autre de ses filles, Sophie, convola en 1993 avec le prince héritier Aloïs de Liechtenstein. L'histoire ne dit pas comment l'épouse du duc Max en Bavière, fils cadet de l'héritier des rois Wittelsbach, Albrecht, duc de Bavière, put s'entendre avec la duchesse de Wurtemberg qui n'a jamais caché son peu de goût pour l'afféterie, les minauderies, autant que pour les intrigues. Qu'importe. Officiellement et pour la presse illustrée, le ciel était limpide, et l'harmonie aussi paisible que les eaux dormantes du Starnbergersee. « À la fois pour recevoir mes nombreux amis et pour maintenir les liens d'affection avec les villageois d'Altshausen, j'étais bien décidée à organiser un somptueux mariage civil chez nous, un mois avant le mariage religieux en Bavière », explique aujourd'hui la duchesse de Wurtemberg.

Un mois après l'union civile célébrée par le maire d'Altshausen M. König – M. Roi en français –, le grand mariage du duc Philippe et de la princesse Marie-Caroline de Bavière réunit tout le Gotha au château de Tegernsee le 27 juillet 1991. Parmi les invités du prince et de la princesse Max de Bavière se pressent les grands ducs de Luxembourg, le prince Philippe de Belgique, l'infante Elena d'Espagne, les princes de Liechtenstein... qui avaient été conviés l'avant-veille au grand bal offert par le chef de famille, Albrecht, duc de Bavière au château de Nymphenbourg. Une nouvelle fois, pour les noces de son fils, la princesse Diane a opté pour une création de Catherine Puget en mousseline aquatique, camaïeu de bleus de la mer, et, assorti, un grand chapeau de paille fine signé Jacques Pinturier.

La princesse Diane maîtrise l'art consommé de frapper les esprits par ses tenues empreintes de majesté royale. Ainsi, pour le mariage du duc héritier, en novembre 1993, elle se surpassa, éclipsant, comme le soleil avec les autres planètes, toutes les altesses conviées à la noce. Sur une robe couleur or, le soir du bal, elle arbora la parure en saphir et diamants de la reine Olga qui, comme suspendus dans les airs sur le diadème, tintinnabulaient lorsqu'elle était en mouvement. Depuis toute petite, la princesse Diane a le goût du spectacle, le sens de la représentation.

« N'est-ce pas cela aussi le rôle symbolique des membres de familles royales ? argumente-t-elle. Souvent, on me parle de la part de rêve que nous incarnons, un rêve qui éveille des émotions nobles, qui permet à chacun de s'élever par un phénomène de transposition. Ne vaut-il pas mieux, quand on veut vivre par procuration l'existence de ceux qui sont en pleine lumière, rêver à ceux qui essaient de jouer un rôle utile – social, culturel ou historique – plutôt que de s'abrutir en regardant des jeunes s'ennuyer dans un loft à la télévision comme des souris de laboratoire ? » Comment ne pas songer, en écoutant ce propos, à la psychanalyse des contes de fées dans le monde moderne telle que l'exprime Bruno Bettelheim et selon laquelle, pour schématiser, les princes – fussent-ils sans responsabilité politique réelle – aliènent leur liberté sur l'autel de la monarchie représentative (donc symbolique, du grec *symbolé*, qui rassemble) pour que leurs sujets vivent tranquilles ! Et comment, à propos des fastes et de la pourpre royale, ne pas songer à ce mot de George Orwell : « Tant qu'on promènera des figures de cire dans un carrosse, on évitera les Hitler et les Staline. » Il voulait, à n'en pas douter, exprimer l'élan d'affection basiquement humain qui unit le public et ses princes, loin de l'hystérie totalitaire des idéologies.

*

Mais revenons au mariage, le 13 novembre 1993, du duc héritier Frédéric de Wurtemberg.

« Les noces de Frédéric constituèrent un événement dynastique de grande importance, se souvient Diane. Lorsque, après Carl, il sera le chef de notre famille, c'est à lui qu'il appartiendra de préserver l'unité de notre Maison et de poursuivre son histoire pluriséculaire. Son épouse devra l'aider à maintenir l'harmonie et l'entente familiales. C'est pourquoi les cérémonies furent empreintes d'un éclat particulier. »

D'autant que le duc héritier Frédéric épousait la princesse Marie de Wied, elle-même descendante de la fille unique du dernier roi du Wurtemberg Guillaume II. Comme cette princesse Pauline, épouse de Frédéric, sixième prince de Wied, n'aimait pas la branche cadette catholique que la loi salique catholique imposait comme héritière de la dynastie, elle avait tout tenté pour que l'héritage échoie aux Wied qui, au début du XXe siècle, avaient déjà étendu leur sphère d'influence à l'Albanie (où régna brièvement Guillaume de Wied en 1914), à la Roumanie où la reine poétesse « Carmen Sylva », épouse du roi Carol Ier, était née princesse de Wied. « L'amour plus fort que l'histoire » fut du reste le titre de *Point de vue* en 1993, en annonçant ce mariage. Dans le même temps, et tacitement, le duc de Wurtemberg sembla alléger les règles familiales régissant les mariages de sa famille puisque la fiancée, « Marichen », ne pouvait revendiquer les seize quartiers de sang royal – sa mère, la princesse Ulrich de Wied, est fille de pharmacienne – ni apparaître dans le précieux tome I de la bible du sang bleu, l'*Almanach de Gotha* ! Il n'aura échappé à personne, à l'époque, que le sens pratique, la diplomatie et la volonté conciliatrice de la princesse Diane surent résoudre les différends et lever bien des interdits.

★

Cette question des mariages reste depuis longtemps un sujet de discussion tabou entre la princesse et son cousin préféré, le roi Juan Carlos d'Espagne. Ce dernier se plaint souvent, en effet, des fréquentations de ses enfants – on se souvient des liaisons de son fils, l'infant Felipe, prince des Asturies, avec le mannequin norvégien Eva Sannum, qui fit couler beaucoup d'encre à Madrid –, mais n'a visiblement rien fait dès leur enfance pour guider leur choix ni établir des règles. « Imagine-t-on les Espagnols s'incliner et faire le baisemain à une reine très catholique qui a posé dévêtue pour des magazines de mode ? » s'interrogeaient en chœur les éditorialistes madrilènes voici seulement deux ans.

La princesse Diane raconte qu'avant les noces de son fils Frédéric, elle téléphona au roi :

— Je sais que tu pars en visite officielle à Jérusalem, je te remercie de prier pour moi.

Et elle ajouta :

— Tu devrais aussi prier pour tes enfants et leur mariage.

— Je n'en peux plus de leurs histoires et finis par ne plus croire à leur mariage, répondit le monarque, désabusé, lui qui avait laissé l'éducation des enfants à la reine Sophie, pour prix, disent les gazettes, de ses infidélités conjugales.

— À propos, comme pour le mariage de Philippe, ta fille Elena sera placée à côté de mon fils Eberhard. Comme ils se connaissent très bien, elle ne s'ennuiera pas ! conclut la princesse Diane attristée d'entendre le roi abdiquer toute volonté de préparer l'avenir matrimonial de sa dynastie.

Ce que l'histoire officielle ne dit pas, à quelque temps du mariage de l'infante Elena avec don Jaime de Marichaler en mars 1995, c'est qu'une idylle était née depuis quelques années entre la fille aînée du roi d'Espagne et le duc Eberhard. Mais la romance avait été brisée net par l'opposition résolue de la reine Sophie, laquelle n'a jamais caché son inimitié teintée de jalousie à l'égard de la princesse Diane qu'elle considère plus comme une « rivale trop sexy » que comme une cousine pourtant déférente...

*

Au mariage du duc Frédéric, à l'exception des souverains espagnols, tout le Gotha européen répond présent : la famille grand-ducale de Luxembourg, les princes régnants du Liechtenstein, les princes de Belgique, le roi et la reine de Bulgarie, sans oublier bien sûr la comtesse de Paris, sa sœur la princesse Thérèse d'Orléans-et-Bragance et toute la kyrielle des cousins Orléans.

Cinq jours de fête ponctuent l'événement. Au programme, précédant la cérémonie nuptiale dans la chapelle baroque d'Altshausen mitoyenne du château, une réception au château de Friedrichshafen, une autre au château de Ludwigsburg prêté par l'État, mariage civil, bal...

Avec son esprit fantasque et son imagination débordante, la princesse prétendit exhumer une tradition ancestrale romantique. « J'ai expliqué que l'entrée de l'épouse du futur chef de la famille Wurtemberg doit être soumise à un cérémonial précis, raconte-t-elle. À la nuit tombée, une calèche attelée à quatre chevaux conduisit le duc héritier dans la forêt à un kilomètre du château, où étaient rassemblés la famille et les villageois. À sept heures, saluée par les applaudissements de la foule, la calèche réapparut ramenant Frédéric et Marichen, laquelle faisait ainsi son entrée à Altshausen. »

Le lendemain, 13 novembre, la même agitation que celle du 21 juillet 1960 règne dans le château où toute l'équipe d'Alexandre de Paris s'active à coiffer les princesses avant la cérémonie religieuse. Sur le parcours, balisé d'un tapis rouge désormais coutumier depuis 1960, les volontaires en uniforme des gardes royaux wurtembourgeois font une haie d'honneur au cortège nuptial. Dans sa robe blanche signée Jacques Fath, le front ceint d'un diadème de diamants à motifs de fleurs retenant un voile court orné de dentelle ancienne, la nouvelle duchesse Frédéric de Wurtemberg accomplit les mêmes gestes que la princesse Diane, plus de trente ans avant elle. « En y songeant, j'ai voulu accueillir ma belle-fille à bras ouverts, et, par chance, nous nous entendons à merveille. »

*

Dix ans après, un autre mariage, le dernier sans doute pour cette génération, fait résonner la joie et la fête dans l'antique demeure des Wurtemberg. À l'heure où nous achevons ces lignes, la duchesse Fleur, la petite dernière, vient d'y unir son destin à l'homme qu'elle s'est choisi, le comte Moritz von Goëss, issu d'une vieille famille aristocratique de Carinthie.

« Maman se réjouissait de venir à Altshausen assister au mariage, la veille de ses quatre-vingt-douze ans, se souvient la princesse Diane. D'autant qu'elle était impatiente de retrouver des cousines tchèques, également proches parentes de Moritz. Le sort en a décidé autrement. Mais Fleur a voulu que le bal soit maintenu en hommage à sa grand-mère qui aimait la vie, la gaieté et la fête. »

Pour bénir cette union, Fleur savoura la présence de son parrain le roi d'Espagne et la reine Margarita de Bulgarie, ainsi que sa marraine Lotti, la princesse von Quadt-und-Isny née princesse de Bavière. Fleur et Moritz vivront à Vienne où lui, après avoir étudié en Grande-Bretagne et travaillé comme financier dans une société autrichienne à travers l'Europe, s'occupe aujourd'hui d'une société de transformation de bois.

« Avec Fleur, je suis sûre que je ne tarderai pas à être de nouveau grand-mère », s'amuse la duchesse de Wurtemberg qui a déjà onze petits-enfants : cinq filles chez Mathilde – « elle aimerait tellement donner le jour à un héritier mâle ! » ; trois chez le duc Frédéric dont le bouillonnant héritier Guillaume au milieu de ses deux sœurs Marie-Amélie et Sophie-Dorothée ; et trois chez Philippe qui vit à Frankfort.

« Mon originalité les amuse, même si parfois mon énergie les épuise. Je suis une mère et une grand-mère qui bouge et qui remue. Pour eux, c'est plus amusant d'avoir une grand-mère dynamique qu'une rabat-joie qui passe son temps à sermonner. Mes petits-enfants sont les seuls à me donner un surnom ; ils m'appellent Chouchounetta. Je crois que Chouchou, en chinois, cela veut dire vent. C'est mon fils Michael qui très tôt m'avait donné ce surnom. J'avoue que je suis une grand-mère peu conventionnelle dans la mesure où je laisse s'exprimer la sensibilité de chacun, où je flatte leur originalité et où j'entretiens avec eux des rapports attentifs, pas seulement d'adultes à enfants !

C'est d'ailleurs la raison pour laquelle mes belles-filles hésitent à me confier leurs enfants l'été à Palma. Elles trouvent que je leur accorde trop de liberté, que je n'interdis rien sauf le manque de respect et surtout que je les laisse manger ce qu'ils veulent. Finalement, j'évite de m'en mêler même si j'aimerais qu'on ne brime pas leur personnalité. J'aime mes petits-enfants mais j'aimerais surtout les savoir heureux car libres et épanouis. »

Chapitre 7
Les secrets de famille

À quoi peuvent bien encore servir les familles royales dans l'Europe du XXIe siècle ?

La question ne se pose en fait pas vraiment en Grande-Bretagne, au Danemark, en Suède, en Belgique, au Luxembourg, en Espagne, au total pas moins de dix États sur le vieux continent qui ont conservé la forme monarchique à leurs institutions démocratiques. Au risque de décevoir la presse *people* assoiffée de potins royaux, la véritable finalité de ces figures emblématiques n'est pas de faire rêver dans les chaumières, mais plus utilement de couronner la démocratie pour en pérenniser la pratique, d'incarner un pouvoir symbolique unificateur et pacificateur au-dessus de la mêlée politique, de représenter au présent et pour le futur (grâce à la naissance d'un héritier) la continuité historique, et de servir de porte-drapeau à toute une nation par-delà ses clivages naturels et les intérêts particuliers qui la constituent.

Depuis longtemps, dans ces dix monarchies, le débat est clos, et la polémique éteinte, d'autant qu'à l'est de l'Europe – en prévision de l'élargissement de la Communauté – les anciennes républiques communistes font appel aux descendants des rois qui ont incarné leur souveraineté après avoir porté l'ambition nationale au XIXe siècle. À Sofia, l'ancien souverain Siméon II a ainsi été rappelé par son peuple et porté au pouvoir comme Premier ministre de Bulgarie ; en Roumanie, le gendre du roi Michel Ier et, en Hongrie, le fils de l'archiduc Otto de Habsbourg ont été chargés des contacts avec la Communauté européenne...

Mais est-ce là le rôle qui peut être assigné aux familles royales non régnantes ? Trop ancrées dans l'histoire millénaire de l'Europe qu'elles ont contribué à façonner, les dynasties doivent-elles abdiquer le magistère moral qu'elles ont acquis sur les champs de bataille au nom du sens de l'histoire et du progrès ? Les princes de ces anciens royaumes en sont-ils réduits à conjuguer le passé alors que leur seul nom suffit à leur conférer une responsabilité – à défaut de légitimité – au regard de l'histoire ?

Leur tâche n'est pas des plus aisées. Plus que jamais la règle du « noblesse oblige » les contraint, les emprisonne, les muselle, voire les empêche d'avancer au rythme du temps. Car, s'ils ne disposent plus des attributs du pouvoir – au nombre desquels une relative discrétion sur leurs faits et gestes, la protection de leur intimité ou la gestion de leur communication –, la curiosité du public n'a pas faibli à leur endroit, et l'on attend d'eux qu'ils perpétuent à l'infini des valeurs traditionnelles. Les difficultés naissent quand on leur réclame aussi qu'ils maintiennent un mode de vie hérité du passé sans en avoir désormais les moyens, et quand on leur demande de demeurer exemplaires comme leurs ancêtres à l'heure où ils doivent travailler pour vivre.

Contre cet écueil se sont échoués maints membres de familles royales, traînant d'abord leur oisiveté dans des palaces de la Riviera, avant de ruiner ce qu'il leur restait de réputation en vendant des torchons, des savonnettes, voire des titres et des décorations...

*

À cet égard, l'Allemagne offre un saisissant raccourci des différentes voies qui s'ouvraient dès 1918, avec la chute de la monarchie, aux quelque trois cent cinquante familles princières et « médiatisées [1] » issues du Saint Empire. Quoi de plus normal quand on sait que l'Allemagne était un vivier d'altesses au sang bleu que comptabilisaient jalousement les ducs de Saxe-Cobourg férus de généalogie dans le petit almanach rouge édité dans leur capitale Gotha (et qui par extension a donné son nom de Gotha à tous les membres des familles royales ou princières dignes d'y figurer). L'appartenance à la *jet-set* des princes de Schaumburg-Lippe ou de Fürstenberg, avec son cortège de croustillantes affaires de cœur propres à émouvoir les pages illustrées de *Bunte*, était un danger qui guettait les autres familles souveraines d'Allemagne mais auquel ont échappé en majeure partie les

1. Sous ce terme qui vient de *médiat*, on désignait à l'époque les princes régnant sur des États placés sous la souveraineté immédiate de l'empereur romain germanique.

héritiers des cinq royaumes de l'Empire allemand : Prusse, Bavière, Hanovre, Saxe et Wurtemberg[1].

« Depuis la chute de la monarchie en novembre 1918, nous sommes des citoyens ordinaires, explique aujourd'hui Carl, duc de Wurtemberg. Pour autant, nous ne pouvons ignorer l'Histoire puisque c'est ma famille qui a donné son nom à ce pays. Cela implique avant tout des responsabilités morales, et nous devons nous efforcer d'être utiles particulièrement dans les domaines social, éducatif, artistique... »

Comment une personnalité originale comme la princesse Diane peut-elle prétendre s'affranchir des règles et des carcans sociaux, tout en assumant sa part d'héritage historique et familial ?

« Je me sens bien partout, mais plutôt que de fuir mon destin dans je ne sais quelle échappée, j'ai préféré en comprendre le sens, l'accepter et jouer un rôle qui me permette de me tourner vers les autres, répond-elle. Je suis princesse et je vis dans un château, mais j'aurais pu tout aussi bien mener une vie de bohème en me dédiant à ma carrière d'artiste. Je dois aussi avoir le goût de l'aventure. Quand je me suis mariée, je n'étais guère sortie du Portugal ou de France et je me lançai en *terra*

---

1. Sur les ruines du Saint Empire romain germanique qu'il venait de faire tomber, l'empereur Napoléon Ier bâtit la Confédération du Rhin en 1806, avec trente-sept États dont cinq royaumes, cinq grands-duchés, onze duchés et seize principautés. Après le congrès de Vienne en 1815, cette union devint la Confédération germanique regroupant trente-neuf États puis, après la défaite de Sadowa et la guerre de 1870, Guillaume Ier, roi de Prusse proclamé empereur d'Allemagne au château de Versailles, la transforma en IIe Reich réunissant vingt-cinq États.

incognita sans en parler la langue. Étant téméraire, j'adore ce genre de situation. Malgré toutes les épreuves, je fus heureuse de vivre dans un pays étranger parmi une famille que je ne connaissais pas.

Qui que nous soyons, nous devons nous montrer fiers de notre passé, de nos racines, de notre héritage. Pour ma part, je n'oublie pas que je suis née princesse de France. Ce n'est pas parce que j'habite depuis quarante ans en Allemagne que je vais changer de sang, celui des rois de France ! Les princesses de France ont toujours gardé ce titre de naissance et elles restaient "filles de France" même lorsqu'elles épousaient le roi d'Angleterre... ce qui, on s'en souvient, provoqua la guerre de Cent Ans !

Comme princesse de France, j'estime être en droit de manifester ma tristesse et ma colère devant les avanies subies par ma famille et auxquelles les errements de mon père et l'inconséquence de mes frères ne sont pas étrangers. Depuis quelques années pourtant, je me tiens à l'écart des querelles familiales qui secouent les Orléans. Non que je refuse de m'en mêler, mais je risquerais à tout moment de jeter de l'huile sur le feu par un excès de franchise...

À l'inverse, la famille Wurtemberg n'a jamais cessé de se montrer exemplaire et est restée fidèle au pacte d'affection contracté depuis des siècles avec la population. Cette symbiose entre les habitants du Land Württemberg et notre famille m'avait d'autant plus frappée que cet enracinement ne devait rien à un engagement politique, mais plus certainement au vécu d'un destin partagé en commun dans les heures de joie et de peine, dans la vie de la cité comme dans les événements du château, et à notre présence active dans les affaires culturelles et sociales. Si nous voulons continuer de jouer un rôle, il nous faut maintenir les traditions et l'héritage familial. Notre famille ne peut pas prétendre tout à la fois être un point de repère si elle brade son héritage moral et historique, abandonne sa position, part s'installer dans une chaumière pour cultiver des patates. C'est certes une activité très noble, mais, à l'instar de ceux qui la pratiquent, il faut s'y consacrer entièrement sans prétendre vouloir jouer un rôle politique ou historique. »

⋆

Mais l'histoire ne rattrape-t-elle pas toujours celles et ceux dont le nom y a été associé ? Car même lorsque, victimes d'une curieuse amnésie, ils veulent s'extraire de leurs racines, le poids du passé se signale à eux. Quand les langues se taisent, les pierres parlent encore.

Pour preuve, au cœur de la Souabe, on trouve dans de vieux grimoires trace de la présence de Conrad, seigneur de « Wirtemberg », un château près de Stuttgart, vers 1083. Par une habile politique familiale que pratiquait également la dynastie de Habsbourg, les comtes de Wurtemberg surent agrandir leur pré carré en épousant de riches héritières. C'est ainsi que ces comtes, admis en 1137 dans l'illustre assemblée du Saint Empire romain germanique, firent l'acquisition des comtés d'Urach, de Calw, mais aussi des possessions des ducs de Teck avant d'hériter, en 1444, du comté de Montbéliard, terres allant de Besançon à Bâle. En effet, Eberhard IV le Jeune avait épousé en 1397 Henriette de Montbéliard, encore mineure. Le petit-fils de ce dernier, Eberhard sixième du nom, surnommé le Barbu, fut reçu à la célèbre diète de Worms en 1495 qui marqua la fin du Moyen Âge et institua des règles communes aux différents territoires de ce qui n'était pas encore l'Allemagne. Là, les Wurtemberg furent élevés par l'empereur Maximilien au rang de ducs.

« Plutôt que de briguer des postes honorifiques à la tête du Saint Empire, les Wurtemberg ont préféré jouer un rôle efficace et déterminant à l'échelle de la région, où ils exerçaient leur souveraineté », précise aujourd'hui le duc Carl.

*

À telle enseigne que cette dynastie a été habile à tirer son épingle du jeu dans les différents conflits européens, faisant alliance notamment avec Napoléon quelques siècles plus tard.

Le duc Frédéric II, non content d'avoir triplé la taille du Wurtemberg malgré la perte de Montbéliard en 1801, fit même taire les rivalités féodales qui agitaient les familles « médiatisées » de l'empire tels les Waldburg ou les Hohenlohe. Ce géant de deux mètres dix fut l'allié de Bonaparte comme prince électeur de l'Empire en 1803 et, en récompense de son engagement militaire au côté de Napoléon, reçut, lors de la paix de Presbourg en 1805, de nouveaux territoires en Souabe ainsi que le titre très convoité de roi du Wurtemberg. Signe de cette alliance, le nouveau roi Frédéric Ier donna sa fille Catherine en mariage à Jérôme Bonaparte, roi de Westphalie, dont sont issus les actuels princes Napoléon. Il aurait pu tomber bien pire puisque « l'ogre de l'Europe » entendait disposer de tous les jeunes tendrons couronnés pour les marier de force à ses maréchaux.

Pour autant, lorsque Napoléon voulut unir sa sœur Pauline au fils de son nouvel ami, le futur Guillaume Ier de Wurtemberg, ce dernier s'empressa d'épouser la princesse Charlotte-Auguste de Bavière dont il se sépara quand le danger fut éloigné. Nul en Europe n'avait d'ailleurs été dupe car chacun se souvenait d'avoir vu le jeune couple, lors de ses noces en 1808, repartir dans des attelages différents. Il épousa ensuite la fille du tsar Paul Ier, la grande-duchesse Catherine de Russie[1].

Ce fut pour lui l'occasion de demander à son beau-frère, Alexandre Ier, des explications sur la mort mystérieuse de sa propre mère, la princesse Auguste-Caroline de Brunswick-Lunebourg. En effet, cette dernière avait convolé en 1780 avec le futur roi Frédéric Ier lorsqu'il n'était encore qu'un officier à la cour impériale de la Grande Catherine de Russie — elle-même mère du tsar Paul Ier. On disait que ce colosse de Frédéric de Wurtemberg, tandis qu'il faisait ses armes en Russie, avait usé de manières brutales envers son épouse et l'avait battue tellement que cette dernière avait été obligée d'aller implorer au palais d'hiver la protection de la tsarine. Si son mari avait poussé le vice jusqu'à la séquestrer, elle était heureusement parvenue à se faire délivrer en jetant des billets de détresse par la fenêtre de sa chambre. Tan-

1. La grande-duchesse Katarina Pavlovna, fille du tsar Paul Ier de Russie, avait pour mère la tsarine Maria Feodorovna, qui était née princesse Sophie Dorothée de Wurtemberg, elle-même sœur de Frédéric Ier de Wurtemberg. Guillaume Ier de Wurtemberg convola donc avec sa cousine germaine lorsqu'elle fut veuve de son premier mari, le prince Georges d'Oldenburg.

dis qu'on la libéra sur ordre de l'impératrice, son geôlier d'époux se vit, lui, un temps exilé. Néanmoins, l'humeur de la Grande Catherine variant au gré de ses emportements amoureux, elle fit par la suite enfermer au château de Lohde, en Estonie, son ancienne protégée parce que celle-ci avait eu le malheur de devenir sa rivale en s'amourachant d'un des favoris de la Messaline couronnée.

La princesse Charlotte-Auguste de Bavière, quant à elle, ne fut pas trop lésée par son mariage rapide avec Guillaume Ier de Wurtemberg puisqu'elle devint, quelques années plus tard, la quatrième épouse de l'empereur François Ier d'Autriche[1].

*

Marié en secondes noces à Charlotte, la fille aînée du roi George III d'Angleterre, le roi Frédéric Ier impressionnait par sa taille mais aussi par son obésité, laquelle nécessitait de faire échancrer les tables et les bureaux derrière lesquels il s'asseyait pour que sa bedaine trouve une position confortable et qu'il puisse manger ou écrire à son aise. Lorsque son protecteur le convoquait à Paris,

1. Lors de la mort de la reine Catherine de Wurtemberg à Stuttgart en 1819, Charlotte-Auguste fut obligée, comme l'écrit si joliment Ghislain de Diesbach dans *Les Secrets du Gotha* (Julliard, 1964), « en tant que quatrième femme de son second mari de prendre le deuil de cour pour la mort de la seconde femme de son premier mari » ! Les amateurs de généalogie, qui auraient du goût pour la litote, pourront à loisir le vérifier en se promenant dans les méandres des cousinages royaux.

il accourait ventre à terre, ce qui ne relevait pas de la seule figure de style.

Munificent, il aimait offrir fêtes et bals, soit à la Residenz de Stuttgart, soit au château de Ludwigsburg, et aurait bien aimé impressionner Napoléon par son faste. Fort heureusement, la prudente et modeste Charlotte de Grande-Bretagne lui recommanda de ne pas trop étaler ses richesses de peur que l'Empereur ne réclame à son allié des contributions plus importantes. On put assister ainsi un jour à une scène surréaliste où, quand Napoléon en visite s'extasia devant les précieuses tapisseries des Flandres, la reine lui prétendit, baissant les yeux, que c'était son propre « ouvrage » ! Lorsque l'Empereur s'émerveilla quelques mètres plus loin devant les pièces de mobilier, elle eut l'esprit d'expliquer que son beau-père en était l'auteur, lui qui avait, autrefois, trompé ses soucis politiques en s'adonnant à la menuiserie !

Dans l'imbroglio politico-matrimonial de l'époque, le roi Frédéric Ier de Wurtemberg, après la campagne de Russie, chercha à se détacher adroitement de la pesante protection française et n'hésita pas, lors de la bataille de Leipzig d'octobre 1813, à rejoindre la coalition des souverains décidés à en découdre avec Napoléon Ier. Cet habile retournement lui permit ainsi, au congrès de Vienne, qui, en 1815, redistribua les cartes de l'Europe à la chute de l'Aigle, de faire reconnaître par ses pairs son titre de roi et ses accroissements territoriaux.

*

Habile, sa famille s'efforça par la suite de résister à la mainmise des rois de Prusse sur la Confédération germanique et à leur volonté hégémonique d'imposer un processus d'unification de l'Allemagne sous leur casque à pointe.

« Tout le sud de l'Allemagne était en fait opposé aux Prussiens et à leur manière expéditive de tout s'octroyer dans leur désir de soumettre à leur seule loi les principautés jusque-là indépendantes », précise aujourd'hui le duc Carl de Wurtemberg. Pourtant, cette animosité envers la Prusse ne se manifesta guère politiquement après la défaite de Sadowa de 1866, bataille qui élimina la menace de l'Autriche dans le camp de laquelle s'étaient placés les Wurtemberg, et le chancelier Bismarck trouva peu d'opposition sur le chemin qui le conduisit jusqu'à Versailles en 1871 – après la défaite de Napoléon III à Sedan et la chute du Second Empire – où il fit proclamer Guillaume Ier empereur d'Allemagne. Était-ce parce que la Bavière se voyait alors dirigée par Louis II, un roi plus amateur d'opéra que d'armes, et que le Wurtemberg avait à sa tête Carl Ier dont l'épouse Olga[1] était, disait-on à l'époque, « le seul homme dans le couple » ? En tout cas, sans l'influence de la reine Olga, qui impressionnait lorsqu'elle paradait à la tête des régiments de grenadiers ou de dragons, le roi Carl Ier n'aurait pu conserver pour son État la large autonomie et les

1. La reine Olga de Wurtemberg était née Olga Nicolaievna. Fille du tsar Nicolas Ier, elle aussi épousa son cousin germain lorsqu'elle convola en 1846 avec le futur roi Carl Ier. En effet, le tsar Nicolas Ier, son père, n'était autre que le frère de la reine Catherine de Wurtemberg, tous deux enfants du tsar Paul Ier et de Sophie-Dorothée de Wurtemberg ! Ainsi, en soixante-dix ans, on compta pas moins de trois alliances entre les familles Wurtemberg et Romanov.

droits qui lui avaient été concédés par le nouvel Empire allemand.

À sa mort sans descendance, en 1891, lui succéda sur le trône Guillaume II, le fils de son cousin germain Frédéric – fils du prince Paul, lui-même frère du roi Guillaume Ier –, qui n'avait de commun avec le Kaiser que son homonymie. Le nouveau roi, déjà âgé de quaranre-deux ans, était, par un de ces cousinages dont seules les familles royales ont le secret, le neveu du roi Carl Ier puisque sa mère, Catherine de Wurtemberg, se trouvait être la sœur cadette de son prédécesseur ! Comme l'écrit Dieter Langeviesche dans *Das Haus Württemberg* : « L'Allemagne a connu deux révolutions. Lorsque la première éclata en 1848 naissait le prince Guillaume, et lorsque s'acheva la seconde, en 1918, il abdiqua en roi. » Lui qui avait reçu une parfaite éducation militaire s'opposa à la passion exacerbée du Kaiser pour les uniformes chamarrés en adoptant un style de vie rigoureusement « civil », notamment dans son choix de s'habiller de vêtements bourgeois. Cette même application à refuser le style ostentatoire en vigueur à Berlin le poussa à dédaigner les meilleurs partis disponibles dans les cours européennes, partis que les moyens et la réputation de la dynastie wurtembourgeoise l'autorisaient pourtant à briguer, pour leur préférer une plus discrète princesse, Marie de Waldeck-Pyrmont. Épousée en 1877, elle lui donna deux enfants : Pauline, devenue princesse de Wied, et Ulrich, un fils qui ne vécut que quelques mois. Veuf en 1882, Guillaume se maria à la princesse Charlotte de Schaumburg-Lippe, mais ils ne parvinrent pas à avoir d'enfant. Une nouvelle fois, le roi modeste refusa de chercher une épouse dans les plus prestigieuses dynasties d'Europe parce qu'il répugnait à contracter une union de convenance de « nature à donner au pays l'exemple d'un couple froid et sans amour ». En imposant une morale bourgeoise contre ce qu'il qualifiait d'« hypocrisie aristocratique » – il estimait que le temps des maîtresses était révolu –, la population le gratifia du surnom de « bon roi ». Il jouissait même d'un tel respect dans le pays que les mouvements sociaux-démocrates – par principe républicains – ne s'opposèrent pas à lui. Mieux, lui-même accompagna le processus de démocratisation du Wurtemberg. Une attitude qui contrastait avec celle du Kaiser, plus dogmatique et plus conservateur. Entre le roi soldat et le roi bourgeois, deux conceptions différentes de la monarchie s'opposaient : l'une traditionnelle et rigoureuse, l'autre apaisée et progressiste.

« Lorsque, par un effet de dominos, la chute de l'Empire allemand, en 1918, provoqua l'abdication de tous les souverains de l'Allemagne dynastique, il n'y eut pas de grand changement au Wurtemberg, explique aujourd'hui le duc Carl. Les socialistes proposèrent même à Guillaume II de devenir le premier président de la République. Il refusa mais put continuer à se promener seul avec ses chiens et sans escorte dans les rues de Stuttgart comme il l'avait toujours fait. Tout simplement parce qu'on n'avait pas remis en cause la personnalité du souverain mais la forme monarchique du pouvoir. »

Le roi choisit alors de se retirer dans un ancien couvent près de Tübingen et s'éteignit paisiblement le 2 octobre 1921 à Bebenhausen. À ses funérailles, pas moins de cent mille personnes vinrent lui rendre hommage. Et l'on respecta son vœu de reposer pour l'éternité non pas dans la crypte familiale du château de Ludwigsburg, mais dans le petit cimetière de la ville. Il s'était depuis longtemps éloigné des formes traditionnelles du monde ancien.

Avec cette disparition, le royaume de Wurtemberg se trouve à la croisée des chemins. À l'époque, cette famille fait en effet l'actualité dynastique en ouvrant trois brèches où se mêlent affaires de cœur, liens du sang, données politiques et questions religieuses.

*

À la mort sans successeur mâle du roi Guillaume II, les droits dynastiques auraient dû, en toute logique, se transmettre à son plus proche héritier, le descendant du duc Alexandre de Wurtemberg (1804-1885) qui n'était autre que le fils de Louis, frère cadet du premier souverain Frédéric Ier. Or Alexandre, jeune officier de l'armée wurtembourgeoise en service en Autriche, s'était amouraché durant un bal à la cour d'une jeune comtesse d'origine hongroise, Claudine Rhédey von Kis Rhéde. Et, au mépris des lois familiales sur l'égalité de naissance dont l'objectif premier était d'empêcher des familles de lignées moins nobles d'entrer dans la course au pouvoir, l'avait épousée le 2 mai 1835 à Vienne. Pour le jeune prince, dont la nouvelle femme fut titrée par l'empereur d'Autriche pour la circonstance comtesse de Hohenstein, le prix à payer fut un mariage morganatique. Si l'origine du mot nous échappe – d'aucuns prétendent qu'il proviendrait de *Morgen Gabe*, ce don du matin que l'on aurait remis après une nuit de plaisir et qui par extension qualifiait le mariage offert en cadeau d'une nuit d'amour –, ce mariage morganatique, véritable plaie menaçant les familles royales, avait pour conséquence d'exclure de la succession les enfants nés de noces bergères. Or, peu après la naissance de leur troisième enfant, la comtesse de Hohenstein trouva la mort dans des conditions tragiques. Alors qu'elle assistait à des manœuvres militaires à Pettau auxquelles participait son mari, son cheval se cabra et la mit à terre au moment même où un escadron de cavaliers lancé au galop arrivait sur elle. Piétinée, elle mourut sur le coup... enceinte du nouvel héritier !

Si leurs deux filles Claudine et Amélie connurent des existences modestes en Autriche, leur fils Franz fit parler de lui à Vienne, Stuttgart et même Londres. Surnommé « le bel uhlan », avec sa taille bien prise, ses moustaches conquérantes et son regard mariant certitude et romantisme, titré prince puis duc de Teck en 1871 par son cousin le souverain du Wurtemberg qui ne voulait surtout pas qu'il revienne dans le royaume alors que lui rêvait de pouvoir y reprendre ses droits, ce dernier chercha désespérément dans les cours royales un beau parti. C'est-à-dire une jeune fille riche et bien née à défaut de belle. La princesse Marie-Adélaïde de Grande-Bretagne, fille du duc de Cambridge, petite-fille du roi George III et donc cousine germaine de la reine Victoria, ne fut pas longue à tomber dans ses filets. D'autant que maints prétendants avaient refusé sa main parce que sa gaieté et sa gentillesse ne parvenaient à compenser ni son âge – elle avait trente-trois ans – ni son embonpoint. Dépourvu de toute situation et de moyens financiers, le duc de Teck ne fit pas la fine bouche et échangea sans se faire prier sa garnison viennoise contre un appartement au palais de Kensington et à Whitelodge.

Leur fille Mary, que ses amis appelaient toujours May à cause de son mois de naissance, allait définitivement venger son père du poids humiliant de sa naissance morganatique. S'en remettant aux intrigues de la reine Victoria désireuse de mériter son surnom de grand-mère de l'Europe en mariant sa parentèle, Mary fut destinée dès 1891 au prince Albert de Grande-Bretagne, duc de Clarence et fils aîné du futur Édouard VII. Malheureusement, ce dernier, qu'avait déjà rejeté la princesse Alix de Hesse et qui ne put épouser non plus la princesse catholique Hélène d'Orléans parce que son père le comte de Paris s'y opposait, ne put honorer les ambitions matrimoniales qu'on nourrissait pour lui. Il mourut mystérieusement en janvier 1892 d'une très officielle grippe qui cachait bien mal une autre maladie nerveuse moins avouable. Comment la victoire pouvait-elle échapper à Mary si près du but ? Par un habile jeu de passe-passe, elle eut tôt fait de se fiancer au frère du précédent, le duc d'York. Et, le 6 juillet 1893, au palais de Saint James, Mary de Teck convolait avec celui qui deviendrait le roi George V d'Angleterre !

Redoutable matriarche de la monarchie britannique, Queen Mary allait mettre un point d'honneur à faire oublier l'obscurité de sa naissance, au point même, affirme-t-on aujourd'hui parmi les historiens, qu'elle souffla à son mari son refus d'accueillir en Angleterre le tsar Nicolas II et la tsarine Alexandra Feodorovna au moment de la Révolution russe. Et pourtant il eût suffi d'un mot du roi pour que le Premier Ministre Lloyd George obtempère et que l'on sauve son cousin germain. Ce mot ne fut jamais prononcé, laissant seuls sur le quai de leur destin tragique les derniers souverains régnants de la lignée des Romanov. Faut-il voir là un autre avatar de ce que l'on appelle la revanche sociale ?

*

Au sortir de la Première Guerre mondiale, une autre branche de la famille Wurtemberg allait jouer un rôle qui, en apparence anecdotique parce que se déroulant à Monaco, fut néanmoins d'importance puisque la France s'en mêla. Comme souvent dans l'histoire tumultueuse du rocher d'Hercule, la succession au trône de Monaco se posa au prince Albert Ier, arrivé au pouvoir en 1889. De son union avec la fille du duc de Hamilton, le prince marin n'avait eu qu'un fils, le futur Louis II, lequel, jaloux de son indépendance, n'exprimait aucune intention de se marier. Or, en l'absence de tout héritier, le trône revenait au descendant de la princesse Florestine, tante d'Albert Ier, qui avait épousé un prince wurtembourgeois, le duc d'Urach.

Le gouvernement français, refusant d'imaginer que des princes allemands puissent régner en Principauté, exigea du prince Louis qu'il reconnaisse sa fille Charlotte, née en 1898 de ses amours clandestines avec Juliette Louvet, la fille d'une blanchisseuse de Constantine. On se hâta, et, en 1919, Charlotte fut légitimée en présence du président Raymond Poincaré, puis reconnue officiellement comme héritière présomptive avant d'être mariée à un comte français, Pierre de Polignac. Dans le même temps, Paris et Monaco signèrent un traité garantissant tout à la fois l'indépendance, l'intégrité et la souveraineté de la Principauté qui ne pouvait être cédée à aucune autre puissance que la France. On y ajouta même une clause dynastique stipulant que, si la famille Grimaldi manquait d'héritier, Paris imposerait sa loi sur le Rocher.

Il s'en était fallu de peu pour que les Wurtemberg régnassent à Monaco. En effet, la princesse Florestine de Monaco, sœur de Charles III le fondateur de Monte-Carlo, avait épousé Guillaume, duc d'Urach, le fils né de l'union morganatique du duc Guillaume de Wurtemberg – autre frère du premier roi Frédéric Ier – avec Wilhelmine von Thunderfeld. De brillantes alliances attendaient leurs descendants comme un pied de nez de l'histoire au diktat des règles matrimoniales. Un siècle plus tard, n'est-il pas amusant de relever que la situation pourrait se répéter à Monaco où, en l'absence d'héritier chez le prince héréditaire Albert, sa sœur aînée, la princesse Caroline, est devenue par mariage une authentique altesse germanique qui ne se fait plus appeler désormais que « SAR la princesse de Hanovre », et dont les enfants pourraient un jour accéder au trône monégasque pour peu qu'ils prennent le nom et les armes des Grimaldi ?

*

Étrangement, la question dynastique se posa aussi à la famille Wurtemberg en 1921, à la mort du dernier souverain, Guillaume II. Il ne restait en effet alors en lice que les descendants mâles du duc Alexandre de Wurtemberg, dixième des treize enfants de Frédéric-Eugène et frère du premier roi Frédéric Ier. Or ce dernier, qui avait épousé la princesse Antoinette de Saxe-Cobourg, avait eu pour fils le duc Alexandre. Lequel, par amour, s'était marié en 1837 avec la princesse Marie d'Orléans, fille du roi Louis-Philippe. Le 2 janvier 1839, sur son lit de mort alors qu'elle agonisait d'une maladie de poitrine, la fille du roi des Français exigea de son mari la promesse que leur fils Philippe, bien qu'issu d'un père protestant, puisse être élevé dans la religion catholique. Un engagement qu'il prit et tint malgré l'opposition du roi Guillaume Ier de Wurtemberg.

« Quand les ducs de Wurtemberg épousent des princesses d'Orléans, on peut être sûr qu'une révolution est en marche », sourit aujourd'hui le duc Carl.

Car l'autre point commun qu'avait Marie d'Orléans avec la princesse Diane, c'est la reconnaissance de leur statut d'artiste et de leur tempérament affirmé. Troisième des huit enfants de Louis-Philippe d'Orléans et de Marie-Amélie de Bourbon-Siciles, la princesse Marie, née à Palerme en 1813, manifesta très tôt un goût pour l'art et même une âme d'artiste. On raconte qu'avant d'avoir pris des leçons elle manifestait pour le croquis les mêmes dispositions que celles de son frère Joinville. Son professeur de dessin, Ary Scheffer, beau-père d'Ernest Renan, mesura au premier coup d'œil la portée de son talent qu'il décrivait « comme naïf et profond à la fois ». Mais, trop modeste pour accepter d'exposer ses œuvres, la princesse Marie, douée aussi pour le modelage et la sculpture, laissa à sa famille un grand nombre de tableaux et d'aquarelles, et ne consentit à livrer au regard du public qu'une seule de ses créations – « en raison de son caractère religieux et patriotique » –, la statue de Jeanne d'Arc en armes qui fut placée au musée de Versailles, ainsi que la statue équestre en bronze de la Pucelle qui se trouve dans la cour d'honneur de l'hôtel Groslot d'Orléans.

Mais on peut se demander de quelle princesse il s'agit lorsqu'on lit dans une chronique de l'époque : « Il se rencontre cependant à la cour des Tuileries des esprits grincheux qui reprochent à Marie d'être plus artiste que princesse, de ne point aimer à faire les frais d'une conversation, de se soustraire souvent aux ennuis d'une réception officielle pour aller travailler dans son atelier. »

Élevée avec simplicité dans une famille très unie que l'on brocardait pour ses goûts bourgeois mais qui valorisait les vertus religieuses, les qualités humaines et les fruits de l'art et de l'esprit, la princesse Marie était, si l'on en croit Cuvillier-Fleury dans son *Journal*, « une aimable causeuse, spirituelle, vive et d'une capacité remarquable malgré son apparente légèreté ». Très attachée à ses sœurs Louise et Clémentine, le mariage de son aînée avec le roi des Belges Léopold Ier en 1832 fut pour elle un déchirement. Victime très jeune d'une maladie de langueur que l'on nomme aujourd'hui tuberculose, la princesse Marie vit sa santé décliner à vue d'œil et pressentit qu'elle mourrait jeune. Elle se demandait parfois s'il n'était pas préférable d'attendre sa fin prochaine dans la cellule d'un couvent, elle qui suppléait par un sursaut d'énergie mystique aux accès de faiblesse lorsque, par exemple, elle dessinait les vitraux bientôt installés dans la chapelle Saint-Saturnin du château de Fontainebleau.

Elle rêvait pourtant de faire naître et de répondre à des sentiments amoureux. Il y eut bien en avril 1835 un projet de mariage avec le comte de Syracuse, frère du roi Ferdinand de Naples, mais la négociation achoppa sur des considérations politiques tant il est vrai que nombre de cours royales d'Europe ne pardonnaient pas aux Orléans d'avoir relevé le sceptre que Charles X, dernier roi Bourbon de France, avait laissé choir par ses ordonnances de 1830. Au cours d'un voyage qu'elle effectua au printemps 1837 chez sa sœur la reine des Belges, la princesse Marie entendit pour la première fois vanter les qualités de cœur d'un neveu du roi Léopold Ier, le fameux Alexandre de Wurtemberg. L'idée fit son chemin à pas de géant puisque le duc ne tarda pas à se présenter au château de Neuilly où il plut aussitôt à la charmante princesse qui lui donna son consentement après seulement quelques jours de réflexion. Le mariage eut lieu le 17 octobre 1837 au Grand Trianon de Versailles en présence de la famille royale et des souverains belges. Après la signature de l'acte civil, l'évêque de Versailles célébra dans la chapelle la cérémonie religieuse, qui fut doublée d'une cérémonie protestante par le pasteur Cuvier.

À l'heure où la reine Marie-Amélie se portait au-devant de ses fils, le duc de Nemours et le prince de Joinville, qui revenaient conquérants après la prise de Constantine en Algérie, la jeune duchesse Alexandre de Wurtemberg posa le pied de l'autre côté du Rhin. L'accueil que le jeune couple reçut à Stuttgart par le roi Guillaume Ier et sa troisième épouse la reine Pauline fut bienveillant et débordant d'affection.

Un an après son mariage, la princesse Marie, qui s'était attiré toutes les sympathies en Allemagne, montra les premiers signes de la maladie qui allait l'emporter. En janvier 1838, alors qu'elle résidait à Gotha, un incendie se déclara dans lequel elle manqua périr brûlée vive. On parvint à la sauver en l'emportant, à peine vêtue, en plein froid, dans la maison voisine. Un drame qui laissa apparaître son mal. D'autant que dans le feu disparut aussi l'album qui contenait les portraits qu'elle avait esquissés des membres de sa famille. Pour elle, ce fut comme une nouvelle séparation. La naissance de son fils, le 30 juillet 1838, au château de Neuilly où elle avait accouché auprès des siens selon la tradition, et où elle séjourna pour se refaire une santé, ne fit qu'empirer ses troubles. Ayant du mal à se relever de ses couches, très affaiblie par cette grossesse et son mal, une convalescence lui fut imposée sur les bords de la Méditerranée. D'abord à Gênes, où un vent glacial la poursuivit, puis sous les cieux plus cléments de Pise qui lui inspirèrent un dessin d'une Vierge à l'Enfant à la facture émouvante et prémonitoire.

Ce fut son adieu à l'art, auquel Alfred de Musset rendit hommage dans son sonnet :

Alors ses nobles mains qui, de travail lassées,
ne prenaient de repos que le temps de prier,
ses mains riches d'aumône et pleines de pensées,
ses mains où tant de pleurs sont venus s'essuyer,
frissonnent tout à coup et retombent glacées.

Tandis que son mal la rongeait chaque jour un peu plus, ses forces déclinaient. Recluse dans le palais du grand duc de Toscane à Pise, de crise de toux en crise de toux, manquant chaque seconde de s'étouffer, elle sentit avec lucidité sa fin approcher. Dans son lit de douleur, elle trouva encore la force de s'adresser à son frère le duc de Nemours et à son mari le duc Alexandre :

— Alexandre, je t'en conjure, fais-toi catholique. Je te le demande. Nemours, dis à maman que je l'aime. Je suis contente qu'elle ne me voie pas comme ça. Dis-le-lui bien.

Elle revint plusieurs fois sur le même sujet, suppliant encore :

— Le petit aussi. Fais-le, Alexandre, fais-toi catholique ! Jure-le-moi. Élève notre fils dans cette religion ! Toi et ton fils catholiques, jure-le-moi !

À huit heures du soir, la princesse Marie, après une longue agonie, poussait son dernier soupir.

Le duc Alexandre tint parole. Malgré l'opposition du roi Guillaume Ier, le jeune duc Philippe fut élevé dans la religion catholique, d'abord par ses grands-parents, le roi Louis-Philippe et la reine Marie-Amélie chez qui il résida jusqu'à la révolution de 1848, puis par son père qu'il rejoignit à Bayreuth.

C'est de cette façon que naquit la branche catholique des Wurtemberg.

Comme l'explique aujourd'hui l'héritier de cette lignée, le duc de Wurtemberg : « Le pays se trouvait alors majoritairement protestant ainsi que l'administration. Or les catholiques étaient d'autant plus mal vus que mes ancêtres directs avaient pris l'habitude d'épouser des princesses de la maison de Habsbourg, qui contrebalançaient la prépondérance prussienne des Hohenzollern protestants. Ainsi, mon arrière-grand-père ouvrit la série en se mariant en 1865 avec l'archiduchesse Marie-Thérèse d'Autriche. Leurs deux fils, Albrecht et Robert, s'unirent respectivement en 1893 et 1900 aux archiduchesses Marguerite-Sophie et Marie-Immaculée. La première n'était autre que la sœur de l'archiduc François-Ferdinand qui mourut assassiné à Sarajevo en 1914. Enfin, mon propre père, le duc Philippe, épousa en 1923 l'archiduchesse Hélène de la branche toscane des Habsbourg puis, à sa mort en couches un an plus tard, sa sœur – ma mère – l'archiduchesse Rosa. »

En l'absence de tout autre descendant mâle qui puisse répondre aux règles dynastiques édictées par la Constitution et par la loi de famille en vigueur chez les Wurtemberg, l'héritage du roi Guillaume II devait donc en toute logique échoir aux héritiers du duc Philippe, décédé en 1917. Malgré l'opposition farouche de la fille unique du dernier souverain, Pauline, princesse de Wied, qui n'aimait pas les catholiques et voulait que son père change les lois pour faire hériter les princes de Wied, le roi considéra le duc Albrecht comme son héritier, ainsi qu'en témoigne leur correspondance intime et affectueuse.

★

« Mon grand-père, le duc Albrecht, était un militaire respecté, raconte Carl de Wurtemberg. Veuf depuis 1902, il éleva seul ses six enfants : Philipp, Albrecht, Carl Alexander, Marie-Thérèse, Marie-Amélie et Marguerite-Marie. Après la chute de la monarchie, le 30 novembre 1918, il choisit de s'installer ici, au château d'Altshausen qui appartenait à la famille. Depuis toujours, notre famille s'était montrée astucieuse en séparant dès le XVIe siècle les propriétés privées familiales des propriétés de l'État ou de la Couronne. Par la suite, le roi Guillaume Ier donna tous les châteaux de la Couronne à l'État, n'en conservant que l'usufruit. Aussi, après la proclamation de la République en 1918, les discussions sur les biens ne traînèrent-elles pas, et la question fut réglée en un mois. La famille conserva·t des terres en Souabe, près de Stuttgart, ainsi que les châteaux d'Altshausen, de Monrepos et de Friedrichshafen. »

Faut-il rappeler que le duc Albrecht, comme la plupart des Wurtemberg, animé par une authentique foi catholique, se dévouait corps et âme à aider les pauvres et les malades.

De même, dès 1933 lorsque les nazis s'installèrent au pouvoir, il marqua d'emblée sa distance et ne prit pas la peine de cacher son opposition au mouvement de Hitler.

« Mon grand-père, mon père et mes deux oncles étaient très connus comme antinazis. Mon père, qui avait fait la Première Guerre mondiale puis des études de droit à l'université de Tübingen, vécut jusqu'en 1933 dans une maison au centre de Stuttgart qui fut rasée en 1945. Pour afficher son refus de soutenir la montée des périls, il n'alla ostensiblement pas voter cette année 1933. Le soir même, orchestrée par le parti nazi, une manifestation d'hostilité fut organisée contre lui devant la maison. Brisant les portes, la milice du NSDAP le plaça même en prison quarante-huit heures sous le fallacieux prétexte de le protéger. Le discours officiel était : "On doit tout faire pour lui retirer ses privilèges et montrer à la population qu'il a lâché son peuple." Mon père et son frère furent ensuite renvoyés sans ménagement de l'armée. Même s'il ne nous en a presque jamais parlé, je crois qu'il traversa des moments terribles qui le marquèrent à jamais. Ainsi, à l'époque, lorsqu'il sortait dans la rue, il arrivait qu'on lui crache dessus, qu'on l'insulte. Quand on le contraignit de quitter Stuttgart, il s'exila chez son père à Altshausen. Il est vrai que les nazis n'osaient pas toucher à mon grand-père, héros de la Grande Guerre et feld-maréchal de l'armée, décédé le 31 octobre 1939 avec, lui, le privilège de n'avoir pas connu l'horreur totale pour son pays.

Mon père, devenu chef de famille et duc de Wurtemberg, s'est toujours prononcé, et sans aucune équivoque, contre le régime de Hitler. Plusieurs fois arrêté, il ne dut sa libération qu'à l'aura dont jouissait notre famille et à son statut d'héritier. Régulièrement, il se rendait clandestinement à Stuttgart où il défiait les autorités. C'est pour moi un miracle s'il a échappé à la barbarie nazie, cette ignominie dont furent victimes des millions d'innocents et à laquelle certaines familles souveraines d'Allemagne payèrent, elles aussi, un lourd tribut[1]. »

*

« Je crois que cela a profondément marqué le caractère de mon père, qui s'était renfermé sur lui-même et ne parlait guère qu'à mon frère aîné, Ludwig, précise encore le duc de Wurtemberg. Nous le voyions seulement le matin au petit déjeuner et le soir pour lui dire bonsoir.

À cause du régime nazi, je n'eus pas le droit d'aller à l'école publique, et des institutrices venaient me donner des cours à la maison avant que je ne fusse envoyé en 1946 dans un collège de jésuites au cœur de la Forêt-Noire. En vérité, nous étions en résidence surveillée, sans d'autre contact avec l'extérieur que les travaux agricoles que nous effectuions dans les fermes d'Altshausen pour aider les paysans. D'aussi loin que je me souvienne, car je suis né en 1936, nous n'avions pas le droit de sortir

1. La Kronprinzessin Rupprecht de Bavière, née Antonia de Luxembourg, fut par exemple déportée au camp de Buchenwald.

du château, et toute mon enfance s'est déroulée dans l'obscurité et dans les chuchotements. Les nazis avaient calfeutré toutes les fenêtres, et mon père nous avait demandé de parler le moins possible parce que même le personnel du château était truffé d'espions à la solde du régime. Nous avons toujours utilisé le français à la maison, mais là il nous était interdit de communiquer dans une langue étrangère.

À la fin de la guerre, le château d'Altshausen a failli être bombardé parce que le chef forestier, qui était un nazi hostile à notre famille, avait fait dire aux troupes françaises stationnées à Sigmaringen, tout à côté, que nous abritions une école d'officiers nazis. Heureusement, un Français venu dans la région à cause du Service du travail obligatoire franchit les lignes à vélo pour rejoindre le QG du général de Lattre et parvint à le convaincre d'épargner le domaine. Mon père, qui, sa vie durant, a recherché cet homme, nous a dit en rendant son dernier soupir :

— Je vais maintenant retrouver l'homme qui a sauvé mon château.

Quand les troupes françaises ont mis le pied dans le domaine, deux soldats, fusils braqués sur mon père, ont voulu visiter la demeure. Et mon père, en arrivant devant chaque fenêtre, s'arrêtait, ouvrait les rideaux, les fenêtres et les volets. Ils s'étonnèrent de son comportement mais il leur expliqua :

— Maintenant que nous sommes libérés, il faut laisser entrer la lumière et un air frais et pur, celui d'une nouvelle ère qui met fin à des années d'horreur.

Il se produisit pourtant un drame. Par une nuit assez claire, alors que deux de mes tantes, dont la duchesse

Marguerite-Marie, sœur de mon père, tentaient d'apporter les premiers secours à des blessés, des officiers français, apercevant des ombres, les sommèrent de se rendre avant de leur tirer dessus à hauteur des pieds. Malheureusement, ma tante se trouvait derrière la porte qui donne sur la cour du château, laquelle ouvre sur deux hautes marches. Et les balles ne l'atteignirent pas aux jambes mais au cœur. »

*

Les Français occupèrent le château jusqu'en 1947, très courtoisement, sans rien casser ni emporter à l'exception de notre collection d'armes anciennes. Un jour, par un de ces retournements dont l'histoire a le secret, deux officiers français se présentèrent à Altshausen ; ce n'était autre que les princes Sixte et Xavier de Bourbon-Parme, frères de l'impératrice Zita et qui, pendant la Première Guerre mondiale, avaient tenté par tous les moyens de conclure une paix séparée entre la France de Clemenceau et l'Autriche de leur beau-frère Charles Ier. Non sans ironie, le duc de Wurtemberg les accueillit en disant :

— La dernière fois que nous nous sommes vus, vous étiez en uniformes autrichiens !

Un autre personnage force l'admiration dans la famille Wurtemberg, le frère du duc Philippe, Carl Alexander. Après avoir été officier pendant la Première Guerre mondiale, il renonça à ses droits dynastiques pour entrer dans les ordres comme moine bénédictin sous le nom de Pater Odo. Très engagé dans les mouvements de jeunesse catholiques, il fut un antinazi déchaîné de la première heure et, de ce fait, dut émigrer en Suisse dès 1934. En 1940, il s'exila aux États-Unis, et, après avoir été condamné par contumace en Allemagne, le régime de Hitler le déposséda de sa nationalité. Il usa toutefois de son influence au Vatican pour faire sortir des centaines de juifs d'Allemagne. Il ne retourna dans sa patrie qu'en 1949, et vint mourir en 1964 au château d'Altshausen.

« Pour mon père, l'hospitalité chrétienne n'était pas un vain mot, explique le duc de Wurtemberg. Lorsque les Saxe furent jetés sur les chemins de l'exil par l'avancée des troupes soviétiques, le prince Maria-Emmanuel, actuel margrave de Meissen, a trouvé refuge chez nous avec son père. De même mon père ouvrit sa porte à tous nos infortunés cousins, enfants de mon oncle Albrecht-Eugen qui avait épousé la princesse Nadedja de Bulgarie. »

*

Le destin a joué un drôle de tour au duc Carl, né le 1er août 1936. « J'imaginais ma vie autrement, confie-t-il. Je m'étais toujours dit qu'étant le fils cadet je n'étais pas destiné à exercer des responsabilités familiales. Dès lors, j'ai eu plus de facilité pour m'ouvrir aux autres, et mon envie a toujours été de trouver un emploi dans l'industrie ainsi que de faire de la politique. Ce sont les fiançailles de mon frère Ludwig qui ont changé le cours de ma vie. De six ans mon aîné, il annonça en 1959, à la surprise générale, qu'il allait épouser morganatiquement la baronne Adélaïde von und zu Bodman et qu'il renonçait à ses droits dynastiques. Pour mon père, ce fut un rude coup, et en raison des règles régissant les mariages dans notre famille depuis 1806 il ne put autoriser une telle union. D'autant que la belle-famille présentait quelques handicaps de poids : le comportement du père de la fiancée, au temps où il était médecin-général durant la guerre, parut problématique, tandis que dans la famille de la mère on souffrait de schizophrénie héréditaire. J'ai vu mon père changer après cela, lui qui avait tout misé sur son fils aîné. C'était comme si ses certitudes s'étaient soudain effondrées.

Bien qu'ayant un cœur d'or, il était très strict, avait vécu et était le fruit d'une autre époque. Quarante-trois ans nous séparaient. En outre, ce qu'il avait enduré avait durci son caractère. N'oublions pas que, jusqu'à l'âge de vingt-cinq ans, il avait été élevé comme prince héritier du Wurtemberg et connu d'amères épreuves : la chute de la monarchie en 1918, ses fiançailles rompues avec la sœur de la grande-duchesse Charlotte de Luxembourg et la mort en couches de sa première femme, l'archiduchesse Hélène.

Après les fiançailles-surprises de mon frère, je l'ai vu devenir plus doux, plus ouvert avec moi. Dès lors, en 1960, l'année de mon mariage avec Diane, je n'ai plus eu le choix. Alors que j'achevais mes études de droit à l'université de Tübingen, mon père m'a dit :

— Il n'est pas question que tu t'installes à Stuttgart pour travailler, il faut que tu rentres.

Il m'a transmis une règle d'or : la famille d'abord, l'individu ensuite. »

⋆

À ceux qui s'étonnaient et demandaient pourquoi les Wurtemberg s'échinaient à aider leurs concitoyens qui les avaient chassés du trône, le duc Philippe opposait quelques principes intangibles.

Il disait ainsi : « Notre famille a régné plus de huit cents ans, nous avons une responsabilité historique envers ce pays même si nous n'avons plus voix au chapitre. Nous portons le nom de ce pays et devons tout faire pour l'aider. »

Comme en écho, l'actuel duc répond qu'avoir « un nom seul ne veut plus rien dire ; il n'inspire le respect qu'en raison du travail effectué au service de la collectivité ».

*

C'est ainsi que le duc s'est tout à la fois impliqué dans les domaines historique, culturel, social, politique et économique du nouveau Land de l'Allemagne fédérale, le Baden-Württemberg.

Non content de fonder trois écoles, il est resté trente-trois ans à la tête d'établissements privés dans le diocèse de Rothenburg. Il a officié par ailleurs vingt-cinq ans à la tête de la Croix-Rouge régionale. Sénateur d'honneur de l'université de Tübingen, il a aussi souvent servi de médiateur entre les recteurs universitaires et le ministre-président Lothar Späth.

Passionné par la politique, le duc Carl a toujours préféré œuvrer dans l'ombre. Refusant d'appartenir à un parti, il n'aime rien tant que chercher les points de convergence entre les différents responsables du Land, qu'il réunit discrètement au cours de dîners informels lorsque des dossiers n'arrivent pas à se débloquer.

Dans le domaine des affaires, le duc s'est attaché à

rationaliser les biens dont il était devenu le dépositaire à la mort de son père en 1975. « C'est la terre qui sauva le château après guerre. Grâce à une meilleure gestion de ce patrimoine, j'ai pu investir dans l'industrie et l'immobilier, remaniant toute l'administration de la Haus Württemberg. Ainsi l'ancienne villégiature royale de Monrepos est-elle devenue un complexe comprenant golf, hôtel et centre équestre. » Sans compter qu'avec l'aide de l'État le duc a relevé un défi de taille en assurant la survie de la manufacture de Ludwigsburg, cette porcelaine précieuse encore aujourd'hui entièrement fabriquée à la main quand tant d'autres sont passées au stade industriel. On pourrait encore ajouter au crédit de l'esprit d'entreprise du duc d'heureux investissements au Canada ou la gestion moderne des vignobles du domaine familial.

« Il faut continuer sans cesse à aller de l'avant, professe-t-il. J'ai connu les privations pendant la guerre et aussitôt après. Nous n'avions rien d'autre à manger que des betteraves, un morceau de viande tous les quinze jours et pas d'eau chaude. Et quand j'ai commencé à sortir à Munich avec mes amis, nous nous contentions d'un Coca-Cola. Notre erreur a peut-être été de vouloir épargner cela à nos enfants en leur donnant tout ce qui nous avait manqué, au risque de les surprotéger. Peut-être leur avons-nous créé un monde qui n'est qu'une société des héritiers. »

*

L'obligation d'exemplarité, qui est faite aux héritiers des dynasties royales qui régnèrent autrefois en Europe, achoppe bien souvent sur l'écueil des réalités quotidiennes. Le comte de Paris ne disait-il pas : « Notre famille éprouve les difficultés de son temps. Mes enfants sont plus souvent les fils de leur siècle que ceux de leurs parents ; ils sont soumis aux courants dangereux de notre société, surtout lorsqu'ils n'ont pas fait, quand ils débutaient dans la vie, l'effort nécessaire pour rester fidèles à leur vocation et défendre le patrimoine historique et moral que nous tenons du destin. » N'allait-il pas pourtant entraîner lui-même sa famille dans des déchirements et des vicissitudes qui la feraient, pour partie, descendre de son piédestal ? Parlant des familles princières, régnantes ou non mais constamment sous les projecteurs de l'actualité, le duc de Wurtemberg fait écho à son beau-père en soulignant que « les contes de fées ne se terminent pas toujours bien. Si aucun travail réel n'est accompli, l'illusion ne dure pas très longtemps ».

On ne pourrait mieux souligner le fossé qui se creusa entre l'action constructive qu'entreprit Carl, devenu à la mort de son père en 1975 duc de Wurtemberg, et le délitement, d'abord secret puis rapidement public, de sa belle-famille à partir de ces années-là.

⋆

Comme dans toute famille, il est parfois difficile de dater avec précision le moment où tout bascule, où l'harmonie affichée se craquelle, où le mythe s'écorne sans que nul n'y ait pris garde. À la une des magazines illustrés, la famille de France fera encore longtemps bloc autour du comte et de la comtesse de Paris au gré des joyeuses célébrations qui jalonnent la fin des années

1960 et le début des années 1970. Pourtant, déjà rien ne va plus vraiment.

Après le mariage de sa dernière fille, la princesse Chantal de France en juillet 1972, et celui plus controversé quelques semaines plus tard de son fils Thibault avec l'Écossaise Marion Gordon-Orr, le comte de Paris se retrouve en tête à tête avec son épouse dans leur appartement de la rue de Miromesnil.

De façon concomitante, le prince est victime au cours d'une chasse en Espagne d'un second accident cardiaque, certes moins violent que le précédent en 1967, mais qui, au dire de la famille, semble cristalliser la barrière bientôt infranchissable entre les époux que leurs tempéraments éloignent.

— Vraiment, Henri, tu nous gâcheras toujours nos vacances, lui aurait dit la comtesse de Paris en apprenant son malaise, avec cette insolence qu'ont les bien portants pour ceux qui manifestent leur faiblesse.

On raconte même que, s'attendant au pire, Madame avait fait installer une pièce mortuaire dans la chambre mitoyenne.

La période pourtant est cruciale pour le comte de Paris. Âgé d'une soixantaine d'années, il a vu une page se tourner avec la disparition du général de Gaulle. Aussi, sur les ruines de ses espérances politiques, il tente de maintenir son magistère moral en mettant de l'ordre dans ses affaires. En 1969, il commence par placer en dépôt aux Archives nationales les papiers de la famille d'Orléans, puis il entame la restructuration de ce qui allait devenir la fondation Saint-Louis, réunissant les biens de la Maison de France. Parallèlement, il se tourne davantage vers la fondation Condé, créée à Chantilly en 1646, qui gère notamment un centre gériatrique.

Président de cette fondation, le comte de Paris cherche au début de l'année 1974 à la doter d'un nouveau directeur qui en assurerait la gestion. C'est alors que sa fille Chantal et son gendre le baron François-Xavier de Sambucy de Sorgue lui recommandent une certaine Monique Friesz, dont les références indiquent qu'elle travailla plus de dix ans chez Pierre Firmin-Didot. En revanche, ce que son *curriculum vitæ* ne révèle pas encore, c'est que cette infirmière d'un genre particulier aurait soulagé des messieurs fortunés pas seulement de leurs douleurs. Tout juste dotée d'un diplôme d'infirmière, elle devient donc à cinquante-deux ans la nouvelle directrice de la fondation Condé, la plus proche collaboratrice du comte de Paris, avant de se transformer peu à peu en éminence grise et en âme damnée.

⋆

On peut à loisir s'interroger sur les atouts de cette petite femme plutôt boulotte, à la mise démodée, coiffée d'une perruque, s'aspergeant sans modération de parfum au muguet et avouant pour seules lectures les hebdomadaires *Minute* et *Mickey*. On ne laisse pas de s'étonner non plus de savoir comment cette femme divorcée et mère de sept enfants parvint à prendre l'ascendant sur le comte de Paris, un homme distingué et de grande culture, au point de l'éloigner de sa femme et de ses enfants. Son principal argument, étrangement, n'était-il pas de représenter l'antithèse de la comtesse de Paris, dont la vitalité et l'exubérance épuisaient le prince, lequel, fragilisé par la peur d'un nouvel accident vasculaire, avait trouvé en Monique Friesz un « totem contre la mort » ?

En apparence, rien ne laisse pourtant soupçonner les nuages annonciateurs de la tempête entre le comte et la comtesse de Paris. En mai 1975, on les voit en effet ensemble au gala de l'Union des artistes et on les croise ensuite à Monaco, où ils sont les invités du prince Rainier et de la princesse Grace pour le Festival international du cirque. Même si elle reste dans l'ombre, l'influence de Monique Friesz se fait toutefois sentir dans l'ordonnancement des fêtes organisées du 7 au 10 octobre 1976 au profit de la fondation Condé. Profitant de l'exhibition au Champ-de-Mars des lipizzans de la Haute École équestre espagnole de Vienne, ce sont en effet le comte de Paris et Mme Friesz qui invitent de hautes personnalités comme le président de la République Valéry Giscard d'Estaing, le Premier ministre Raymond Barre, la famille princière de Monaco, les parents du nouveau roi d'Espagne Juan Carlos, le roi Umberto et la reine Marie-José d'Italie, l'archiduc Otto de Habsbourg... à la soirée de gala qui clôt la manifestation dans l'un des pavillons de l'École militaire. Si les fonds récoltés sont destinés à rénover les bâtiments de la fondation Condé de Chantilly, pour beaucoup cette cérémonie fut mémorable parce qu'elle traduisit le chant du cygne du couple princier.

Quelques mois plus tôt, alors qu'il célébrait les vingt-cinq ans de son retour d'exil en présidant une exposition sur son ancêtre le roi Louis-Philippe aux archives de France, le comte de Paris avait d'ailleurs confié : « Après avoir suspendu mes activités politiques, je n'avais pas à me manifester. Par contre, je viens de créer la fondation Saint-Louis et je rénove la fondation Condé. Ces deux activités, l'une culturelle et l'autre charitable, justifient que je reprenne contact avec le public. Mais mes ambitions restent identiques, elles n'ont jamais varié : servir mon pays... À la fondation Condé, je suis secondé par Mme Friesz, heureusement pour moi très efficacement[1]. » Et de préciser au passage qu'il a choisi désormais de résider à Chantilly la plus grande partie de la semaine. Est-ce un hasard si à la même époque on diffuse à la télévision française la saga imaginée par Jean d'Ormesson, *Au plaisir de Dieu* ?

*

Tandis que leur fils aîné, Henri comte de Clermont, aujourd'hui comte de Paris, ne se cache plus de vivre séparé de son épouse née duchesse Marie-Thérèse de Wurtemberg, le comte et la comtesse de Paris préservent les apparences. Et se retrouvent ensemble pour une visite officielle, un baptême familial ou une inauguration, arrivant pourtant chacun de leur côté. Pendant des années, la comtesse de Paris se refuse même à voir la vérité en face. Et lorsqu'on l'interroge sur l'absence de son mari, elle invente toutes sortes d'excuses sans jamais omettre de préciser qu'elle l'a quitté l'instant d'avant.

« Lorsqu'il fallut se rendre à l'évidence que mes parents ne vivaient plus ensemble, se souvient Diane, j'ai d'abord adopté une attitude conciliante et pleine de tolérance. Je suis allée voir mon père après le gala de l'École

1. *In Point de vue-Images du Monde.*

de Vienne, alors que j'étais enceinte de ma fille Fleur, pour lui dire que, malgré tout, il restait mon père et que je l'aimais.

— Que vous ayez une maîtresse ne me regarde pas, lui expliquai-je. Je ne vous jette pas la pierre, je ne suis pas la mieux placée pour cela.

Les choses auraient pu en rester là s'il n'avait fait des déclarations intempestives à la presse dans lesquelles il tenait des propos insultants à l'égard de notre mère. Dès lors, tout a basculé. Il exigea que chacun d'entre nous choisisse son camp et, comme je m'y refusai, me déclara que je n'avais aucun courage. J'avais été jusqu'alors la seule à maintenir le contact avec lui alors qu'il commençait déjà à pratiquer la politique familiale de la terre brûlée. Un jour, lui apportant ma sérigraphie intitulée *Le Vent de la passion*, il m'embrassa avec effusion et me dit :

— De tous mes enfants, tu es l'unique Orléans. Tu es la seule à avoir l'envergure de prendre ma suite.

On me raconta par la suite que Mme Friesz avait fait installer mon œuvre sur le chemin menant au funérarium. Tout un symbole, non ?

Très vite, la situation empira. Mme Friesz changea totalement l'état d'esprit de papa qui se mit à n'être plus le même. Il commença alors à considérer ses fils et toute sa famille en ennemis. Peu à peu, il fut dévoré par le mythe de Chronos.

On a dit tout et n'importe quoi sur mes parents. Papa était un homme solitaire, introverti, mais fin et intelligent, qui avait la faculté de capter les choses avec une rapidité déconcertante. Malheureusement, cette intuition politique était contrebalancée par une faiblesse de caractère qui devait le handicaper par la suite. Avec lui, c'était toujours le dernier à parler qui avait raison. Et c'est comme cela qu'il s'est souvent fait avoir. Autant il pouvait écarter de lui de longues fidélités en chassant ses loyaux collaborateurs, autant il confiait sa fortune au premier venu. Hormis maman, toutes les femmes ont su mener papa par le bout du nez. Seule maman ne savait pas le prendre ; dès le début, elle n'a pas su lui tenir tête. Béate d'admiration, elle lui a laissé faire toutes ses bourdes : quand papa a décrété qu'il n'autoriserait pas le mariage de mon frère Michel avec Béatrice Pasquier de Franclieu pour d'obscures raisons tenant au passé de son père, maman a non seulement soutenu papa, mais elle a asticoté ma belle-sœur pendant des années... alors que c'est elle qui faisait bouillir la marmite du ménage.

Mes parents étaient trop orgueilleux, profondément convaincus de leur importance royale, mais, dans le même temps, négligeant l'avenir de leur famille. Jusqu'à leur mariage, mes frères avaient les moyens de tenir un rang et vivaient comme des héritiers. Ensuite, couic ! On leur a fermé le cordon de la bourse, et ils ont dû se débrouiller sans avoir ni appris un métier ni reçu une éducation leur permettant de se mouvoir dans la société. C'est une génération sacrifiée !

Papa avait l'art de sortir des énormités. Le jour où il me dit : "Toi, Diane, tu es l'unique Orléans de la famille !", voulait-il suggérer que moi seule, à ses yeux, avais le tempérament artiste allié au respect de l'histoire de notre dynastie ? Était-ce de la provocation quand il ajouta : "Et puis toi, d'abord, tu n'es pas ma fille !", perfidie à laquelle je répliquai en riant par un : "Oh, bien au moins, moi, si ça se trouve, je suis fille de roi !"

Ce sujet obsédait parfois le comte de Paris dont la

rumeur publique ne cessait de dire qu'il était le fils du duc de Bernis. Une blague circulait : "Où est le duc de Bernis ?" "Il court à sa Guise !" répondait-on, car ma grand-mère, Mioul, portait le titre de duchesse de Guise. Ce genre d'histoires a toujours couru dans les familles royales et, si cela peut expliquer psychologiquement la fuite en avant de mon père, il convient de rappeler la règle intangible selon laquelle "le sang [des princes] de France ne se présume pas".

Maman, pour sa part, était une mondaine impénitente. Elle adorait plaire, toujours persuadée de sa beauté, de son intelligence et de la noblesse de sa race. Elle manquait souvent de beauté du cœur, et, enfant, j'étais estomaquée de la voir minauder devant des hommes pour faire enrager papa. Je me souviens d'être allée dire au comte François de Bourbon-Busset que c'était inutile de continuer à soupirer pour maman qui se jouait de lui ; elle voulait seulement plaire. Maman était adulée, courtisée, flattée. Elle avait dû finir par croire qu'elle serait un jour reine de France : ce genre d'idées, ça finit par monter à la tête des jeunes filles !

Quand maman vint par la suite chez nous à Altshausen, elle avait le don de nous énerver, Carl et moi, en semant la zizanie dans notre famille. Elle ne savait qu'envenimer les relations avec les sœurs et ses belles-filles en critiquant tout et en les dressant les unes contre les autres. Au baptême de Sophie, ma petite-fille, en février 1994, elle réussit même à mettre Carl en pétard.

— Écoutez, Tante Bebelle, arrêtez de raconter n'importe quoi ; vous avez toujours déversé du fiel sur vos belles-filles et vous ne cessez de vous mêler de leur ménage, lui asséna-t-il alors que maman venait de louer les qualités de Michel en estimant que son épouse Béatrice faisait tout de travers.

Ses fils, en effet, n'auraient pu mal faire à ses yeux ! Mais on voit comment les couples de la famille ont survécu à ces attaques répétées... Je crois devoir dire que maman avait sa part dans l'éclatement de notre famille. N'en pouvant plus de ses critiques permanentes contre moi, me donnant à tout instant mes chères sœurs en exemple de réussite, je finis par cesser de m'installer chez ma mère lorsque je débarquais à Paris et je crois bien que l'aversion de Carl à venir à Paris n'est pas étrangère au jeu de quilles familial pratiqué par elle. C'était une réalité que maman dissimulait habilement par son glamour en n'offrant qu'une image lisse et idéale à la presse illustrée avant de publier ses souvenirs tout en sucre dans *Tout m'est bonheur*. »

*

La publication, en 1978, des souvenirs d'Isabelle, comtesse de Paris, sous ce titre prometteur *Tout m'est bonheur*, ne fait qu'envenimer les rapports du couple princier alors que le comte de Paris lui-même s'apprête à publier – avec moins de succès populaire – ses *Mémoires d'exil et de combat*. Une anecdote trahit bien le climat qui règne dans la famille de France. Alors que pour la dernière fois sont réunis dans le salon de la rue de Miromesnil les neuf frères et sœurs, le comte de Paris, remettant à chacun un exemplaire numéroté, lance :

— Je n'attends pas d'eux qu'ils le lisent. Ils n'ont jamais rien lu de ce que j'ai publié auparavant. Excepté deux ou trois d'entre eux dont je sais qu'ils le liront, les autres le mettront dans un coin où il prendra la poussière.

On dit aussi que, furieux d'avoir été écarté de l'écriture du premier tome de *Tout m'est bonheur*, il exige de son épouse – qui sera toujours animée d'un sentiment loyal d'obéissance – qu'elle lui soumette le second volume qu'il expurgera rageusement. À ceux qui s'étonnent du fossé qui s'est irrémédiablement creusé entre eux, il répond sans sourciller :

— Nous n'avons jamais eu beaucoup de choses à nous dire, et maintenant moins que jamais.

Des témoins racontent même qu'au baptême d'Alexandre de Sambucy de Sorgue, le 26 mai 1978, quittant l'église Saint-Pierre de Neuilly, la comtesse de Paris demande à son époux :

— Quand te reverrai-je ?

Et lui de répondre avec mordant :

— À Dreux !

Faisait-il référence à leur dernière demeure ?

Le fait est que, lorsqu'ils s'y retrouvent pour y célébrer leurs noces d'or en 1981, le cœur n'est plus du tout à la fête. Et quelques semaines plus tard, Madame est seule à recevoir l'hommage de ses fidèles Eudois lorsqu'elle célèbre en Normandie son soixante-dixième anniversaire. Peut-on être plus clair quand en prologue du second tome de ses mémoires elle écrit : « Ma vie est un chemin creux. Depuis longtemps elle s'enfonce chaque jour un peu dans la terre. Souvent, le sillon se resserre et m'étouffe. Peines et douleurs, c'est souvent cela ma vie » ?

*

Il n'y a plus guère que les drames pour réunir le comte et la comtesse de Paris, telle la mort soudaine et mystérieuse en Afrique en mars 1983 du prince Thibault. Jamais pourtant la comtesse de Paris, fidèle en cela aux vœux qu'elle prononça à Palerme le 8 avril 1931 en épousant un cousin qu'elle s'était choisi secrètement pour mari dès l'âge de douze ans, ne contesta publiquement les décisions que prit son époux dans les affaires familiales. À commencer par celle de rétrograder leur fils aîné Henri de comte de Clermont à celui de Mortain, sous prétexte qu'il venait de divorcer de son épouse Marie-Thérèse pour se remarier civilement, le 31 octobre 1984, avec Micaela Cousino Quinones de Leon.

« À cette époque, nous ne voyions déjà plus notre père, raconte Diane. Il vivait isolé à Chantilly, seulement entouré de Mme Friesz et de quelques conseillers zélés, et refusait tout contact avec sa famille. Visiblement, Mme Friesz s'était même autoproclamée membre de la famille. Quelle ne fut pas notre stupeur lorsque, le 2 avril, en regardant l'émission *Moi je* diffusée sur Antenne 2, nous l'entendîmes donner son avis sur tous les membres du Gotha, estimant que "Juanito est peut-être un peu moins mondain que la reine d'Angleterre". Et encore plus estomaqués quand, au journaliste qui lui demandait qui était Juanito, elle répliqua : "Mais c'est le neveu de Monseigneur, le roi d'Espagne", précisant même que l'appeler ainsi était une "habitude prise avec Monseigneur". "Depuis douze ans, j'appelle les membres de la famille de Monseigneur par leurs petits noms", minauda-t-elle. En outre, elle n'hésitait pas non plus à apostropher le prince en lui donnant du "mon Monseigneur"...

Mais la familiarité qu'elle prétendait conquérir avec

notre famille, mon père la perdait ostensiblement avec ses petits-fils, puisqu'il manifestait peu d'intérêt pour l'éducation de ses trente-neuf descendants. Ainsi, un jour qu'il croisait les fils de mon frère Jacques, le duc d'Orléans, il demanda :

— Tu es qui, toi ?

— Je suis Charles-Louis d'Orléans, grand-papa, votre petit-fils, s'entendit-il répondre. »

*

Pour sauvegarder ce qu'il reste de ses biens, la comtesse de Paris est contrainte, en mars 1986, de demander une séparation de corps et de biens, ce que la presse décrit alors comme un « divorce à la catholique » sanctionnant la mésentente du couple après cinquante-cinq ans de mariage. Poussée par ses enfants qui craignent la dispersion de l'héritage, la comtesse de Paris s'est enfin résolue à réagir, cette demande introduite devant la justice ayant pour effet d'interdire à son mari – ils étaient mariés sous le régime de la communauté – de continuer à disperser, comme il l'avait fait, les biens familiaux sans en référer à son épouse. La guerre est donc déclarée.

Le comte de Paris profite de l'occasion pour culpabiliser une nouvelle fois sa femme en soulignant, dans un communiqué, « que la comtesse de Paris a pris une très grave décision, en contradiction fondamentale avec la tradition de la Maison de France, en introduisant une demande de séparation que rien ne justifiait ». Il menace même ni plus ni moins de lui couper les vivres.

*

Mais tout cela n'empêche pas l'hémorragie de se poursuivre. Après le château du Nouvion-en-Thiérache où il est né, le comte de Paris s'apprête à vendre la Quinta du Portugal. Il brade également la parure de saphirs et diamants, dite de Marie-Antoinette, qui se retrouve au Louvre dans des conditions rocambolesques. Sans oublier la vente de quelques toiles de maître dont un portrait du duc d'Orléans signé Ingres. Cette grande braderie du patrimoine s'achève après moult péripéties par la vente en décembre 1996 chez Sotheby's à Monaco, qui avait d'abord été interdite en mai 1995, de quatre cent cinquante tableaux, meubles et bijoux provenant de la Quinta. Une vente aux enchères qui lui rapporta quinze millions de francs, soit plus de deux millions deux cent mille euros. Entre-temps, en 1992, par un habile rapprochement stratégique, le comte de Paris avait obtenu de son épouse qu'elle se dépouille d'un trait de plume, en lui faisant accepter un document autorisant ces dispersions.

Pour la première fois, le comte et la comtesse de Paris avaient en effet été opposés à leurs enfants en décembre 1996, ceux-ci ayant intenté contre eux devant les tribunaux une procédure visant à les empêcher de disposer de souvenirs de famille dont ils n'étaient, à leurs yeux, non pas les propriétaires mais les dépositaires. Sans succès puisque la vente eut lieu.

*

Dans cette querelle publique autour de la vente du patrimoine de la famille d'Orléans, la princesse Diane s'est bien gardée d'intervenir, refusant de rejoindre la fronde menée par le comte de Clermont, son frère Michel, le duc d'Orléans ainsi que les princesses Hélène, Isabelle et Chantal, cette dernière s'étant par la suite retirée.

« Si dans un premier temps je me suis élevée avec vigueur, dénonçant même les intrigues de Mme Friesz que j'ai toujours soupçonnée de vouloir profiter de mon père comme on dit qu'elle l'avait fait auparavant avec Firmin-Didot, j'ai préféré rester en dehors de la polémique. Car même si je suis née princesse de France, et je ne l'oublierai jamais, ma famille est désormais Wurtemberg. Pourquoi faudrait-il que j'aille m'occuper d'une telle querelle alors que je n'ai eu de cesse de m'affranchir très jeune de l'emprise de cette famille et que je n'ai jamais eu rien à gagner à me mêler des batailles de chiffonniers de mes frères et sœurs ?

Je sais par expérience ce qu'il m'en a coûté de les laisser empiéter sur ma vie lorsqu'ils prenaient racine à Altshausen, susurrant à l'oreille de mon mari les critiques les plus perfides à mon égard. J'ai vite compris, si je voulais sauver mon couple et ma tranquillité d'esprit, qu'il me fallait *les* tenir à distance et *me* tenir à distance. Du reste, je ne supporte pas leurs jacasseries plus d'une heure ou deux, eux qui ont en commun de ne pouvoir s'interdire les médisances, le dénigrement systématique, rejetant toujours sur autrui leur propre inconséquence, refusant la moindre parcelle d'autocritique.

Toute mon enfance, ma chère fratrie ne me considéra pas autrement que comme l'ours mal léché du conte. Puis, lorsque je gagnai mon indépendance en épousant Carl, ils n'eurent de cesse de s'immiscer dans ma vie privée. À les entendre, Carl devait penser qu'il avait épousé un monstre. C'était toujours injuste. Mes sœurs geignaient en permanence :

— Diane qui n'a rien fichu de sa vie, comment se peut-il qu'elle réussisse ce qu'elle entreprend ?

Et ma sœur Anita, persuadée d'être une sainte, fut terrifiée lorsque son fils Pedro devint père, hors mariage, d'un petit garçon. Elle se jeta aux pieds de Tia Maria [1] en pleurnichant :

— Pourquoi Dieu me punit-il, moi qui n'ai rien fait de mal, alors que ma sœur Diane qui fait les pires choses, il ne la punit jamais ? »

*

Si, depuis 1987, la princesse Diane garde ses commentaires pour les réunions familiales – devenues rares – et affiche publiquement une parfaite neutralité, cela tient aussi à sa situation familiale singulière.

On se souvient en effet qu'en septembre 1987, célébrant au château d'Amboise la titulature de ses petits-fils Jean et Eudes, respectivement duc de Vendôme et duc d'Angoulême, le comte de Paris en profita pour exclure son fils Henri de la succession au profit de son petit-fils... tout en faisant marche arrière quelques semaines plus tard. Diane pouvait-elle prendre parti dans la querelle qui opposait son frère Henri à son ex-épouse Marie-Thérèse de Wurtemberg qui n'était autre que sa belle-sœur, alors même que le plus discrètement possible le duc de Wurtemberg avait longtemps financé les études de ses neveux ? Mieux, en 1989, lors du mariage de la fille aînée

1. La comtesse de Barcelone, mère du roi d'Espagne.

du comte de Clermont, Marie, avec le prince Gundakar de Liechtenstein, le différend familial était tel que la jeune épouse n'eut d'autre échappatoire que de se marier chez son oncle et sa tante Wurtemberg au château de Friedrichshafen.

Enfin, un dernier argument plaide pour sa mise en retrait des sordides batailles d'héritage, qui reprirent de la vigueur à la mort du comte de Paris en juin 1999 et qui ne devraient pas s'éteindre après la disparition de la comtesse de Paris en juillet 2003 : c'est celui qui tient à toute absence de calcul chez la princesse Diane.

« Mon mari m'a dit, explique-t-elle, que je n'avais pas besoin de cet argent et assuré qu'il me tiendrait toujours à l'abri du besoin. Enfin, depuis que j'ai refusé à mon père, à l'âge de quatorze ans, de lui soumettre mes comptes d'argent de poche pour vivre de mes propres revenus, je veille jalousement à conserver mon indépendance vis-à-vis de la famille de France. »

La mort du comte et de la comtesse de Paris a sans doute mis un point final au drame qui se joua pendant vingt ans dans les coulisses de la famille de France. Mais où est passé l'argent ? A-t-il au moins profité à Monique Friesz, ce dont elle se défend, évidemment ? Que reste-t-il d'une fortune estimée voilà cinquante ans à un milliard de francs et évaluée aujourd'hui à soixante-dix millions ? Par-delà la question financière, l'histoire récente de la famille royale ressemble à l'un de ces romans de série B où les déboires conjugaux, les querelles de personnes, les guerres dynastiques et les scandales financiers menacent à tout instant de faire tomber le héros de son piédestal et fournissent autant d'épisodes à un feuilleton qui pourrait s'intituler : *Grandeur et décadence de la famille de France*.

« Je ne me suis jamais apitoyée devant un champ de ruines, conclut Diane de Wurtemberg. D'une nature battante, je sais que tout est à reconstruire. Mon père avait inscrit notre nom dans la chronique politique, avant de le faire tomber dans la rubrique des faits divers. Mon frère, devenu le chef de famille, parviendra-t-il à s'imposer ? Espérons que lui et mon neveu Jean s'attelleront rapidement à la tâche pour ne pas le laisser sombrer dans l'oubli. »

*

« Ces dernières semaines, la famille de France fut très présente dans mon esprit, ajoute encore la princesse Diane. Moi qui pensais avoir depuis longtemps largué les amarres, je fus plus éprouvée que je ne l'aurais imaginé par la disparition de ma mère au début du mois de juillet dernier. J'ai été, avec mes frères et sœurs, très présente à son chevet, accourant de Palma à la première alerte. Même dans ses derniers moments, je continuais à la faire rire par mes histoires drôles et ma fantaisie, tandis que mes sœurs rongeaient leur frein.

Maintenant que maman n'est plus là, qui fera l'unité familiale, qui maintiendra la cohésion des Orléans ? Étrangement, elle proclamait que notre union était son objectif prioritaire, mais je la surpris souvent à attiser les jalousies et parfois même à dresser les uns ou les unes contre les autres.

Je crois bien que mes légendaires prises de bec avec maman vont me manquer. Je prie de toutes mes forces maman et papa pour que, là où ils se trouvent, ils protègent notre famille, lui permettent de se reconstruire, de rester soudée et de continuer à incarner le principe capétien.

Pour ma part, je reste de corps et de cœur une princesse de sang attentive mais libre. Je me sens dégagée de toute tutelle, particulièrement du poids pesant de ma fratrie qui, jusqu'à ce jour, n'a eu de cesse de me ramener dans son giron à grandes protestations d'amour pour mieux me critiquer et m'attaquer. Je veux croire que l'épreuve de la perte de maman qu'avec mes frères et sœurs nous venons de subir nous incitera à plus de charité chrétienne. Je forme le vœu que ma bonté naïve ne soit plus battue en brèche par les coups bas dont j'ai trop souvent été victime. Optimiste forcenée de nature, je veux croire que notre famille se relèvera et que l'héritage moral des Orléans sera préservé. »

Chapitre 8

La vie d'artiste

Comment ne pas passer pour un artiste du dimanche quand on porte un titre princier ?

Reconnue aujourd'hui par ses pairs qui la classent dans le courant surréaliste, appréciée du grand public lorsqu'elle expose en Allemagne, en France ou en Espagne, la princesse Diane a dû batailler pour s'imposer comme une artiste à part entière dans un univers qui crut d'abord, au nom des préjugés de sa naissance, voir débarquer une dilettante.

N'est-ce pas d'ailleurs pour prendre les moqueurs à rebrousse-poil en pratiquant l'autodérision qu'elle s'est choisi pour signature d'artiste « D. Diane » ?

« “D.”, explique-t-elle, ce n'est pas pour duchesse Diane mais pour dimanche, car je suis née un dimanche de Pâques, référence à la couleur et au soleil contenus dans le mot allemand *Sonntag*. Je suis un “peintre” du dimanche si on considère comme tel tout artiste autodidacte dépourvu de formation académique. »

Un terme qui ne cadre guère avec les avis autorisés et élogieux qui saluent régulièrement ses travaux. Ainsi, le très réputé critique d'art allemand Günther Wirth, lors de la première grande exposition de ses œuvres au château de Monrepos, l'a ni plus ni moins qualifiée de « génie de forte insouciance, traduisant la joie, l'enthousiasme, l'ingénuité de son activité créative ».

Par ailleurs, en exergue du catalogue de l'exposition de bronzes, huiles, de sérigraphies et autres accessoires présentés en décembre 2000 à l'Espace Cardin, on brossa en ces termes le portrait de cette artiste pas comme les autres : « Si naître princesse est la promesse d'avoir un destin d'exception, il faut plus que de nobles origines pour se forger un destin exceptionnel. La duchesse de Wurtemberg, née princesse Diane de France, a construit sa vie comme une œuvre d'art. Par petites touches et avec passion. »

⋆

On aurait pu ajouter également « hors des sentiers battus ».

« À quatorze ans, lorsque je me suis initiée à la peinture sur soie, je tentais déjà d'exprimer avec les pinceaux mon refus des normes et critères qu'on prétendait m'imposer ainsi que ma volonté d'échapper à un carcan réducteur, analyse-t-elle. J'ai voulu construire mon bonheur à ma manière en donnant libre cours à ma personnalité. Si bien que sur le plan artistique aussi je suis une autodidacte. J'ai toujours été à la recherche de quelque chose, me suis en permanence nourrie des expériences extérieures. J'ai observé, j'ai questionné et j'ai appris. Je me suis, en fait, appuyée sur le modèle des autres pour évoluer moi-même et grandir. »

Cette leçon d'humilité a permis à la princesse de ne pas perdre la source de son inspiration ni la ferveur avec laquelle elle a tenté d'explorer toutes les voies de son art. « Au début, je me suis un peu dispersée, faisant mes premières armes dans la création en me jetant avec fougue dans la peinture sur soie – technique que j'avais acquise par quelques cours à l'académie Jullian – puis la peinture sur bois, la sérigraphie, le stucage, la peinture sur verre. »

La vocation artistique de D. Diane remonte sans doute aux nimbes de l'enfance par « l'air brésilien qui balaie toute rationalité et fait souffler un vent de fantaisie et d'exubérance ». Plus tard, à la Quinta Do Ajinho, au Portugal, la petite princesse « sauvageonne » mit en pièces les certitudes de son vieux professeur de dessin qui, bien que la trouvant douée, lui interdit de peindre des vaches violettes et vertes. Un ukase qui déplut à la jeune fille, laquelle lui tint tête :

— Qu'est-ce que cela peut bien vous faire si moi, dans mon imagination, je les vois comme cela !

Une autre scène a marqué la jeune princesse. Lorsque le comte de Paris lui fit visiter le Prado, elle tomba en extase devant la *Diane chasseresse* de Titien et décida de se l'approprier comme sainte protectrice grâce à une reproduction en carte postale. « J'étais émerveillée par les toiles de Velasquez, de Goya, du Greco et par cette *Diane* de Titien, raconte-t-elle. Aussi, naïvement, je demandai à papa de me l'acheter. C'est alors qu'il m'expliqua, amusé, que les tableaux des musées n'étaient pas à vendre et que, de toute façon, ils valaient une fortune. Et c'est ce jour-là que j'ai décidé de me constituer mon musée personnel en créant mon propre art. »

On se souvient aussi comment la jeune initiée aux techniques de la peinture sur soie alla proposer, non sans un certain culot, ses créations aux couturiers que fréquente la comtesse de Paris. Le célèbre figaro de la famille de France, Alexandre de Paris, se souvient du reste avec amusement de l'esprit frondeur de la princesse qui adorait faire des farces pour choquer les siens. « À dix-sept ans, elle m'avait demandé une perruque à cheveux courts sachant que son père, Monseigneur, avait horreur des cheveux coupés, raconte-t-il. Elle s'est donc présentée au dîner de famille avec sa perruque. J'ai été, je crois, le premier à l'encourager dans sa création artistique. Un autre jour, dans le sillage de Madame, je l'ai vue débarquer avec une boîte d'où elle a sorti des foulards de soie peints, très amusants, très colorés, et peu classiques pour l'époque. Elle était déjà une princesse d'avant-garde. »

Après son mariage avec le duc Carl de Wurtemberg, la princesse Diane n'en relâcha pas pour autant ses pinceaux. Son époux, qui depuis toujours admire son talent, l'encouragea à mieux canaliser son art. Et quand sa belle-famille s'efforça, en vain, de dompter sa nature rebelle, c'est son atelier qui devint son refuge. Un refuge où un drame allait se nouer.

★

Une épreuve vient en effet bouleverser la vie artistique de la princesse Diane à la fin des années 1960. Sa dévorante passion pour la peinture manque de l'emporter à la suite d'une grave intoxication provoquée par les émanations chimiques des produits utilisés. À deux doigts de la tuer, cet empoisonnement marque la renaissance de sa création ainsi qu'un nouveau départ dans sa vie.

« J'avais eu la stupidité, plus jeune, de ne pas écouter les avertissements sur les dangers de la peinture au plomb, explique-t-elle, mais, quand on est jeune et insouciant, on ne croit rien ni personne.

Tout a commencé après la naissance de Philipp lorsque mon organisme a éprouvé des difficultés à reprendre ses forces. Ce malaise se manifesta de manière plus spectaculaire encore après la naissance de Michael. D'abord, je n'y ai pas prêté attention, mais, quand Michi a eu deux ans, je me suis rendu compte que je n'avais plus de force du tout. Je n'arrivais pas à me lever sans aide, je ne pouvais rien porter. Si bien que, tout le temps, on me piquait à la morphine, à la cortisone, avec, chaque jour, des doses de plus en plus fortes de pénicilline. Mon sang changeait de couleur, il devenait rose.

Les yeux des médecins s'arrondissaient, et je les entendais chuchoter, l'air inquiet, de terribles pronostics à mon mari. Avant qu'on établisse que j'avais été violemment empoisonnée au plomb, j'ai vu défiler à mon chevet toutes sortes de spécialistes, de doctes praticiens, de Diafoirus locaux. Au début, on suspecta un mal chronique, mais, ne pouvant me contenter d'un tel arrêt, je décidai d'aller consulter en Suisse d'autres spécialistes... Au vu des analyses, ils parlèrent de décalcification, de perte des défenses immunitaires ou d'atrophie musculaire. Rien de satisfaisant.

Pendant ce temps, chaque effort me coûtait. Je ne

pouvais même plus prendre mon petit Michi dans mes bras !

J'ai songé alors à aller voir le vieux médecin de famille qui, autrefois, m'avait soignée. Si les experts qui s'étaient penchés sur mon cas différaient dans leurs diagnostics, tous s'avouaient intimement persuadés que j'étais irrémédiablement condamnée. Mais je désirais m'accrocher à un ultime espoir. Le bon docteur Obersdorfer m'ausculta longuement avant de me dire :

— Ma chère enfant, au moment de votre mariage, vous aviez certes la maturité psychologique nécessaire, mais votre corps avait encore toutes les caractéristiques de celui d'un enfant de douze ans et, par conséquent, était bien peu préparé à supporter cinq maternités si rapprochées les unes des autres. D'autre part, vous vous êtes obstinée pendant des années à utiliser pour peindre des mélanges toxiques. Or ces produits contiennent de grandes quantités de plomb qui, depuis une dizaine d'années, peu à peu, ont empoisonné votre sang. Il est aujourd'hui complètement altéré et c'est pourquoi il a pris cette couleur rose pâle. Vous avez en fait une maladie sanguine proche de la leucémie, qu'on appelle le saturnisme. »

*

Le terrible mot était lâché ! Un mot étrange, barbare, qui résonne comme un voyage sur une autre planète pour décrire une multitude de maux éprouvants. Un voyage d'où l'on ne revient pas, croyait Diane de France en voyant les mines graves de sa famille.

« — Votre épouse est condamnée à terme, ses jours

sont comptés. Au mieux elle peut encore vivre deux ou trois ans ! avait même murmuré le médecin à Carl.

Moi, je ne compris qu'une seule chose : j'avais vingt-sept ans et j'étais atteinte d'une maladie incurable. J'allais bientôt mourir et laisser derrière moi cinq enfants en bas âge... Ce fut un choc terrible. D'autant que ma chère famille, comme toujours, prétendit que je fabulais pour me rendre intéressante et que Carl se trouvait par monts et par vaux pour la gestion de ses affaires.

Ma première réaction fut de me résigner au verdict au lieu de me révolter, et d'accepter le plus sereinement possible ma destinée. Je pensais à la princesse Marie d'Orléans, aïeule de Carl, dont il semblait écrit que j'allais partager le sort : celui d'une princesse artiste mariée à un duc de Wurtemberg, condamnée à une mort aussi injuste que prématurée...

Deux ans de vie, plus que deux ans à vivre !... Cette idée ne cessait de trotter dans ma tête, obsédante, terrible. C'était beaucoup et peu à la fois. Bien que difficile à accepter, cette échéance m'obligea à me préparer convenablement pour ce long et ultime voyage. Une seule chose me rattachait encore à la vie : la présence et le sourire de mes enfants. Je souffrais mille morts pour me lever, me déplacer, mais ils me prenaient par la main et m'entraînaient dans le jardin. La morphine calmait mes douleurs, mais me laissait hébétée.

Pendant un an, j'ai donc avancé vers l'abîme. Chaque jour davantage, inexorablement.

Jusqu'à ce qu'une amie, artiste, Marie-Thérèse Rozès, vienne me secouer et me sortir de ma douce torpeur.

— Princesse Diane, me dit-elle, comment osez-vous vous résigner et vous abandonner à votre sort sans lutter ? Vous n'avez pas le droit de vous laisser mourir. Vous le devez sinon à vous-même, au moins à vos cinq enfants dont le dernier a tellement besoin d'amour maternel. Vous allez m'accompagner à Paris, et je vous aiderai à vous sauver.

Ne sachant plus à quoi me raccrocher, ne pouvant décidément pas compter sur ma famille qui ne me prenait pas au sérieux et refusait de voler à mon secours sous l'odieux prétexte que l'"argent" de mon mari pouvait m'offrir "tout ce que [je] désirais" – mais l'argent a-t-il jamais remplacé l'amour, la tendresse ou l'attention ? –, il ne me restait donc que quelques amis. Le fossé s'est dès lors creusé un peu plus profondément avec ma famille qui ne sut pas me tendre une main secourable. Seuls mes amis m'ont soutenue et notamment Marie-Thérèse, que j'avais connue d'abord comme professeur de dessin par correspondance avant de la rencontrer deux ans plus tard seulement.

Enfin quelqu'un venait de prendre le temps de m'écouter et de m'aider. Je l'accompagnai donc à l'église de la rue du Bac, à Paris, pour prier la Vierge miraculeuse. J'avais depuis longtemps déserté les églises autant parce que j'y avais observé la perte du sens religieux dans les rituels que parce que les fidèles y faisaient visiblement moins acte de foi que marchandage superstitieux. Au point où je me trouvais, je n'avais d'autre recours que de me tourner vers les forces invisibles de l'esprit et de m'appuyer sur la foi en Dieu et en la Sainte Vierge. Agenouillée avec ferveur devant la statue de Marie, je priais avec mon cœur.

— Sainte Vierge Marie, écoute mes prières ! Écoute-moi, je t'en supplie. Si je réchappe vivante de cette foutue maladie, tout ce que je ferai dans la vie jusqu'à ma mort, par mes dons artistiques, sera pour venir en aide à tous les enfants abandonnés ou souffrant dans le monde entier.

Avec la foi du désespoir, je pris l'engagement que ma résurrection servirait à sauver d'autres vies. Mais, dans le même temps, j'étais tellement persuadée que j'allais mourir que cette promesse me paraissait légère. Et si, au regard de l'Église, ma pratique religieuse n'était pas très canonique, cet engagement m'a portée dans ma convalescence, et j'ai tenu parole. »

*

Il fallut aussi une autre rencontre, décisive elle aussi, pour que la princesse Diane relève le défi que la vie lui imposait.

« Après ce court séjour à Paris, poursuit-elle, je me suis rendue avec les enfants à Saint-Malo où Carl avait acheté une maison de vacances sur la plage de Paramé pour y séjourner quelques mois. Un jour, sur la plage, alors que j'étais habillée chaudement malgré la chaleur, je suis interpellée par une femme au sourire généreux et au visage ouvert et chaleureux. Antoinette de Prémars, puisque c'est elle dont il s'agit, me demanda sans détours pourquoi je grelottais de froid sous le soleil. Après lui avoir expliqué mon mal, elle me lança :

— Si vous croyez en Dieu, par la force de votre foi vous trouverez les ressources en vous pour vous en sortir.

Alors que j'ignorais tout de ses dons de magnétiseuse, elle me prit alors en main et me prescrivit un régime strict apte à décupler mes forces.

Grâce à elle, à la foi dans ma guérison, à ma volonté aussi, jour après jour j'ai remonté la pente. M'appuyant sur ma croyance, j'ai repris confiance en moi. J'ai mis douze ans à m'en sortir, j'en ai bavé, mais chaque pas qui me menait plus haut, au prix d'efforts surhumains, m'encourageait.

J'adoptais un régime de vie drastique et sain. Je mangeais de manière tonique, méthodique, vivais allongée de sorte que l'on rende à mon corps son énergie. J'ai aussi arrêté les injections de cortisone et de pénicilline pour me tourner vers des médecines parallèles dites alternatives. J'ai découvert la thérapie par les couleurs, mais aussi l'acupuncture, les plantes et, surtout, une nourriture choisie. Je faisais des cures d'os à moelle !

Doucement, avec patience mais volonté, j'ai remonté la pente. Et Antoinette, que je pleure encore aujourd'hui, m'a sauvée. Je la considère comme ma mère, car elle m'a redonné la vie. Pour elle, d'ailleurs, j'étais aussi sa fille. »

*

Quel enseignement – quelle morale même pourrait-on écrire –, la princesse Diane tire-t-elle des terribles souffrances que cette maladie redoutable l'a forcée à traverser ?

« On dit que les épreuves qui ne vous tuent pas vous rendent plus fort, commente-t-elle. Personnellement, cette traversée du désert m'a fait grandir et mûrir. Par ailleurs, je n'y vois absolument pas une barbarie du destin ou quelque chose de ce genre. Il ne faut d'ailleurs jamais dire que les choses qui nous arrivent sont injustes. Peut-être fallait-il simplement que je passe par ce chemin de croix pour acquérir une autre ouverture d'esprit. Je pense fondamentalement que rien n'est jamais dû au hasard.

Par la suite, ces années de douleur m'ont fait adopter une autre philosophie de l'existence... Apprécier chaque jour comme étant potentiellement le dernier et donc le vivre pleinement, intensément, en s'émerveillant d'être en vie et en s'efforçant de donner aux autres ce qu'on reçoit, voilà la ligne de conduite à tenir. Quand on a dans la balance sa vie et sa santé, on peut offrir sans compter. Ayant fait le vœu de tout donner, depuis ma rémission miraculeuse en 1971 je n'ai cessé de le respecter. Tout ce que Dieu m'a apporté en naissant – un nom, puis un mari merveilleux, de l'argent et une force de caractère, sans compter un organisme qui a fait la preuve de sa résistance – je le mets au service de mes œuvres d'art afin que leur vente finance mes projets caritatifs et humanitaires.

Parfois d'ailleurs, pour plaisanter et railler cette générosité, mon fils Michi faisait mine de se montrer jaloux...

— Maman, quand tu auras fini de t'occuper des autres enfants, tu pourras penser à nous ? disait-il en souriant.

Pendant les deux années de ma convalescence, même encore faible, poussée par un élan trop longtemps contenu, je me suis évidemment remise au travail. Entre 1971 et 1980, j'ai peint à un rythme soutenu environ quatre-vingts toiles par an, que je vendais ensuite pour alimenter mes dons aux enfants en difficulté. C'est ainsi qu'est née en 1979 la fondation allemande qui porte mon nom, puis, dix ans plus tard, l'association française Les Enfants de la vie. »

*

Dès 1971, la princesse Diane expose ses œuvres. D'abord à Paris, puis en Allemagne, sans oublier un voyage mémorable – et controversé – en Égypte et dans les Émirats arabes unis, des pays où une femme, fût-elle princesse, ne saurait revendiquer un statut d'artiste sans être escortée de son mari, mais plus volontiers accompagnée d'autres créateurs.

En 1980, elle réalise un autre de ses rêves avec le soutien financier du duc : D. Diane se lance dans la sculpture du bronze après avoir suivi des cours de modelage organisés par Hanne Schorp-Pflumm à l'université. C'est ainsi que naissent d'abord des petites tortues en métal peintes aux couleurs vives puis, peu à peu, des œuvres monumentales.

*

Voir la princesse à l'œuvre, au sens propre du terme, est en soi un moment inoubliable et fort. Vêtue d'une vieille combinaison de ski maculée de peinture, D. Diane rejoint son atelier – à Altshausen ou à Palma – dès qu'elle a terminé sa gymnastique ou sa séance matinale d'acupuncture. S'octroyant une pause uniquement le temps de déjeuner d'un de ses mets favoris, une assiette de spaghettis à l'ail, elle réalise, avec une discipline de fer, des sculptures étonnantes où s'exprime sa fantaisie débridée. Des œuvres qu'elle sort de son atelier et façonne avec l'aide du soudeur du village.

Les années 1990 sont fastes pour sa création tant ses nouvelles pièces sont chargées de symbolique. *La Femme à la source*, *La Tendresse*, *L'Origine des temps*, *L'Autre Conscient*, *La Femme dans le fond de la mer*, *L'Éternel Pré-*

sent, *L'Arbre de vie* mais aussi *Les Femmes libellules*, *Les Cinq Mains* et *L'Homme est son propre maître*... ont toutes moins d'un mètre de hauteur. Elles côtoient des œuvres monumentales comme la pièce unique intitulée *La Fontaine d'Isis*, qui trône devant la grille d'Altshausen ou la surprenante sculpture appelée *L'Enlacement* dans laquelle prennent place « tous ceux qui, en manque de chaleur humaine, peuvent, en s'introduisant entre les bras de ce personnage fort et gentil, recevoir affection et protection ».

À vrai dire, tout le parc du château d'Altshausen, longtemps ouvert par la duchesse de Wurtemberg à de jeunes artistes contemporains en mal d'exposition sous le vocable « Skulturpark Herzogin von Württemberg », regorge d'œuvres aussi originales que chargées de symboles. On peut y voir *L'Ange gardien* qui déploie ses ailes pour porter le visiteur vers des cimes célestes, *L'Ange à la lanterne* qui guide les pas et éclaire le chemin loin des embûches de la vie, *L'Ange à l'échelle* qui aide à gravir les marches de la vie pour s'élever spirituellement ou encore la *Femme lune*, symbole de fécondité et d'influence sur les comportements humains.

*

Réclamées dans le monde entier, les expositions de D. Diane se succèdent dans des banques allemandes, aux Baléares, en France comme, tout récemment encore, à l'Espace Cardin. Outre ses sculptures, ses sérigraphies ou ses paravents peints et ses huiles aux couleurs flamboyantes de la forêt, la princesse joint l'utile à l'esthétique en présentant aussi des tortues en porcelaine peinte, des boucles de ceinture forgées avec des clés ou des boutons de chasse armoriés, des centres de table et même des tables-tableaux. À l'image de sa vie, elle ne fait jamais de séparation entre la noblesse de la création et l'usage pratique quotidien.

« L'idée des tables-tableaux m'est venue lorsque j'étais à Palma, explique-t-elle. J'avais une jolie table de salle à manger en verre transparent dont l'inconvénient majeur, pendant les repas, était que l'on voyait les pieds de chacun. Or comme j'aime me mettre pieds nus, cela me devenait impossible en présence d'invités. Un jour, j'ai donc eu l'idée de la peindre ? Ni une ni deux, en trois heures, le tour était joué. Comme j'ai trouvé le résultat esthétique et très gai, j'ai continué. Et depuis, je peins des paysages et des fleurs très colorées. Ces pièces, en hiver, accrochées aux murs, sont un tableau, et en été, posées sur un socle, deviennent une table de jardin ! »

*

Dans sa *finca* Fleur de Lys, à Palma de Majorque, tout est dédié à l'art, à commencer par le jardin, mais aussi la chapelle dédiée aux archanges dont la princesse a forgé la grille et dessiné les vitraux représentant Michel, Ariel, Raphaël et Gabriel aux points cardinaux. Pour inciter au recueillement, la princesse a fait aussi installer un système sonore qui diffuse de la musique classique. André Malraux ne disait-il pas que « le seul domaine où le divin soit visible est l'art, quelque nom qu'on lui donne » ?

« Que je sois à Altshausen ou à Palma, je passe le plus clair de mes journées à travailler, quitte, lorsqu'il y a du monde en vacances, à rejoindre mes invités en salopette toute tachée de peinture. Je crée nombre de mes sculptures à Palma avec de la terre glaise, jusqu'à la constitution du moule. Ensuite, les statues en résine partent vers l'Allemagne où je les corrige à la cire avant de les emporter toutes à la fonderie pour y réaliser des pièces souvent uniques, sinon en édition réduite.

Tant qu'une sculpture n'est pas achevée, je ne quitte pas mon atelier. Mais c'est l'endroit aussi où je suis le plus disponible pour les miens. Mes enfants, et maintenant mes petits-enfants, adorent d'ailleurs venir me voir travailler. Il arrive même que Carl abandonne son bureau ou son bateau pour me voir créer et me gratifier de son avis. S'il ne dit rien, je sais qu'il n'aime pas. Je crois que le duc est, en vérité, très heureux que mon originalité règne sur la maison de Palma à travers mes sculptures disséminées un peu partout. Il adore aussi quand je reçois mes "amis artistes". »

*

Le mécénat est l'autre facette de la personnalité de D. Diane que le peintre Georges Mathieu, grand admirateur de la royauté française, appelait avec tendresse « ma princesse des arts ». Depuis 1989, tous les deux ans, la duchesse de Wurtemberg ouvre les grilles d'Altshausen à une trentaine d'artistes contemporains qui peuvent y exposer librement leurs œuvres sans que nul n'exerce une sélection. « Cela crée un événement pour la ville et attire un public nombreux », explique la princesse qui a pourtant dû momentanément renoncer à cette coûteuse initiative laissée aux seuls frais de la cassette personnelle des Wurtemberg. « En attendant de trouver un sponsor qui rassure les financiers de mon mari, j'expose toutes mes sculptures dans le parc ! »

Pour autant, le 5 novembre 1999, dans les salons du palais du Luxembourg à Paris, la Fondation européenne de la culture « Pro Europa » et la fondation Maurice-Schumann lui décernaient la croix d'honneur « Pro Arte » et le prix d'honneur pour l'encouragement des beaux-arts, en remerciement de son action de mécénat et de son implication artistique.

Ce fut l'occasion de souligner combien l'art est, chez la princesse Diane, l'expression même de la vie et de sa générosité d'âme, tant il est vrai qu'à travers ses créations elle a pu exprimer et sublimer à la fois les épreuves de l'enfance, les révoltes de l'adolescence et son aspiration onirique vers un monde de beauté imaginé. Sans doute a-t-elle fait sienne l'idée que défendait en son temps Marcel Proust : « Par l'art seulement, nous pouvons sortir de nous, savoir ce que voit un autre de cet univers qui n'est pas le même que le nôtre. »

⋆

Devenu carrefour d'échanges, l'art est aussi pour D. Diane le vecteur qui lui permet de tenir le serment qu'elle avait fait si elle réchappait de la maladie. N'avait-elle pas promis dans sa prière : « Je fais le vœu de travailler avec mes mains pour aider les enfants du monde » ?

« Tout a commencé de façon empirique, raconte-t-elle. Quand, après ma maladie, je suis parvenue à peindre une cinquantaine de toiles, Carl a proposé de m'aider à les exposer. Au même moment, à Altshausen, on me demanda de venir en aide aux enfants du village qui n'avaient pas de parc de jeux. La mécanique était lancée : je peignais, on vendait mes toiles, nous récoltions dix mille DM, et avec cette somme le jardin d'enfants était financé ! Toutefois, dans un souci de transparence, pour que l'argent ne transite pas par l'administration de la Haus Württemberg et pour nous assurer que les sommes recueillies servent bien les projets initiaux sans intermédiaires inutiles, le duc a pensé en 1979 à créer une fondation, déclarée d'utilité publique en Allemagne, qui porte mon nom.

Devant le succès grandissant de cet engagement caritatif, on nous a demandé d'aider aussi des projets en France. Résultat, dix ans plus tard nous avons créé l'association française Les Enfants de la vie, qui agit dans les domaines de l'éducation, de la santé et de la nutrition des enfants les plus défavorisés. Le nom “Les Enfants de la vie” est tout à la fois une référence à ma victoire sur la maladie et le fait que, dans mon esprit, un enfant est une promesse d'espoir pour le futur, l'incarnation même de la vie. Donner la vie à un enfant, ce n'est pas seulement le mettre au monde et le laisser se débrouiller seul, c'est lui apprendre à affronter les obstacles, à les surmonter, c'est lui transmettre ce qu'on a reçu pour qu'à son tour il avance et aille encore plus haut. Si tous les enfants recevaient de l'amour, de la tendresse et de l'attention, nous aurions la certitude qu'ils pourraient construire un monde meilleur. Jamais personne n'est mort d'avoir reçu trop d'amour. Le contraire est hélas trop souvent vrai ! »

⋆

Loin d'être un prêchi-prêcha dont on rebat les oreilles des jolies princesses du Gotha cantonnées dans leur rôle de superassistantes sociales, ce discours a été traduit en actes, sur le terrain, par la princesse Diane.

Intervenant sur tous les fronts, elle finance en Égypte la reconstruction d'une école après un tremblement de terre, expédie des médicaments en Albanie, apporte une aide substantielle à un orphelinat au Brésil, effectue un don d'importance aux handicapés marocains, et même une campagne de subvention pour les enfants déshérités du Secours populaire.

Les idées, on s'en doute, ne manquent pas, et l'imaginative artiste fourmille de projets pour parvenir à ses fins. Ainsi, en février 1992, a-t-elle présenté à Madrid un riche ouvrage illustré par le peintre César Estrany avec un texte de l'écrivain Epifanio Ibañez – *Los Niños y la Vida, die Kinder und das Leben* – au profit de son association Les Enfants de la vie. Pour l'occasion, la reine Sophie d'Espagne, protectrice de l'enfance, était même venue apporter son soutien.

« Je ne me contente pas de présider aux destinées des Enfants de la vie, explique-t-elle, j'y épanouis également mes dons artistiques qui ne sauraient s'exprimer égoïstement, mais dans l'échange. Ce livre par exemple, ainsi que mes sculptures, mes peintures ou mes patchworks sont destinés à la vente et alimentent l'association. Dans le même temps, c'est le duc qui assume lui-même les frais de fonctionnement de sorte que tous les bénéfices sont intégralement versés au projet que nous soutenons. »

Un jour, elle est en Corse pour présider un gala permettant de récolter des dons ; un autre, elle apporte à

Paris des cadeaux de Noël aux enfants malades de l'hôpital Necker ou offre un appui financier au service ophtalmologique de l'hôpital des Quinze-Vingts destiné à lutter contre la rétinite pigmentaire, maladie méconnue qui réduit le champ visuel...

En décembre 1990, la princesse, accompagnée du duc, fut aussi reçue à Marseille pour un marathon plus caritatif que festif organisé par son amie Jacqueline Macout afin de venir en aide aux enfants défavorisés. Pour l'occasion, le maire de la ville, Robert Vigouroux, lui remit la médaille de la ville lors d'une réception au Pharo, château dominant le Vieux-Port.

« Les enfants du monde sont l'engagement de ma vie », martelait la princesse lorsqu'elle valsait pour la noble cause au Florida Palace où se déroulait la soirée caritative.

« Dans ce genre de circonstances, je sais tenir mon rang, mais on a tort de croire que je passe ma vie en robe longue et diadème, dit-elle aujourd'hui. Je suis toujours moi-même, mais je crois que ma vraie personnalité s'exprime pleinement lorsque je mets la main à la pâte ! »

*

On le devine, ce qu'elle préfère, c'est agir sur le terrain plutôt que jouer les dames d'œuvre dans un salon mondain.

De fait, quand le volcan Pinatubo se réveilla avec violence et fracas meurtrier aux Philippines, la princesse, ayant reçu un appel à l'aide d'un prêtre perdu dans la montagne, n'hésita pas à s'embarquer pour un voyage humanitaire, sa Jeep pleine de médicaments, de réserves d'eau, de vêtements et de couvertures...

Quelque temps après, c'est le Tchad qui l'appela, pays où, depuis des années, l'ordre de Malte tente de venir en aide aux enfants alors que leur mortalité est de cent vingt pour mille ! Au centre hospitalier d'Am-Toukoui, où s'entassent quarante mille malades, comme dans les dispensaires de brousse où agissent notamment les sœurs de la charité de Besançon (à Kyabe), la princesse se voulut avant tout une « bénévole du terrain ». Une bénévole certes généreuse, mais « une petite goutte d'eau dans l'océan tant il y a à faire ». « Je ne perds pas espoir qu'à force de donner cet exemple moi, comme princesse de France, d'autres nous rejoindront dans une longue chaîne de solidarité, d'entraide et d'amour », dit-elle. Pour cette action, le grand maître de l'ordre souverain de Malte, frère Andrew Bertie, lui remit même en l'an 2000, dans son palais romain, la croix du mérite de l'ordre de Malte.

« Si je peux provoquer un effet boule de neige, alors mes efforts n'auront pas été vains et j'aurai le sentiment d'avoir été fidèle à ma vocation et d'artiste, et de princesse », confie cette princesse du cœur.

Chapitre 9
La vie de bohème

Née au Brésil, élevée en Espagne et au Portugal, princesse de France mariée à un prince allemand, ne se sent-on pas un peu partout chez soi ? La princesse Diane de France, ne faisant jamais rien comme tout le monde, a même le privilège exotique de posséder trois passeports : un brésilien, un français et un allemand, aucune des trois nationalités ne lui ayant demandé de renoncer à l'une des autres.

Avec une facilité déconcertante, elle traverse les frontières, enjambe les continents et embrasse le vaste monde dès qu'une opportunité lui est offerte d'aller exposer ses œuvres en soutenant un projet humanitaire hors de ses ports d'attache : Altshausen ou Palma.

On aurait tort de croire que la princesse voyage en grand équipage, escortée d'une suite nombreuse chargée de lui épargner les formalités qu'un touriste lambda doit remplir. Diane de France sillonne les routes en minibus !

Longtemps le fidèle chauffeur Stoll – qui dans sa dévotion pour sa duchesse abandonna la bouteille pour tenir le volant – avait pour mission de transporter Son Altesse royale et tout son nécessaire de voyage : tableaux, sculptures, patchworks, pots de confitures, boîtes de biscuits à distribuer aux amis, valises (peintes par la princesse à motifs de fleurs), cantine, bibliothèque ambulante, standard téléphonique... Bref, Diane de France se déplace avec sa maison dans un confort roulant puisqu'elle peut à loisir, lire, regarder la télévision ou écouter de la musique. Combien de kilomètres parcourus entre Paris et Altshausen, entre l'Allemagne et l'Espagne ou le Portugal ? Ce minibus l'a même accompagnée dans ses pérégrinations religieuses, lorsqu'elle partit marcher en 2001 sur la route de Saint-Jacques-de-Compostelle.

« Mon mari se moque gentiment lorsqu'il me voit grimper dans le petit bus avec mes paquets, s'amuse Diane de France. Il dit que je ressemble aux gens du voyage. Je crois que cela tient à mon côté nomade hérité de mes ascendances tchèques... »

*

Peut-être le duc manifeste-t-il aussi, par cette pique sans conséquence, son regret de voir s'éloigner, même brièvement, celle qui, par son activité débordante et incessante, fait vibrer le château, aussitôt rendormi lorsqu'elle est absente. Loin d'être une fuite en avant, telle Sissi voulant échapper au carcan de l'étiquette autrichienne et à ses obligations à la cour de Vienne, l'attitude de la princesse Diane n'est que le reflet de son besoin pressant de visiter le monde, elle qui ne peut rester immobile trop longtemps.

« Voyager est un besoin vital. J'aime découvrir, connaître, rencontrer des gens. Je me guéris ainsi, sur le terrain, du regret de n'avoir pas suivi des études. En fait, j'aurais adoré mener des explorations scientifiques ou être grand reporter au *National Geographic* ! »

Ses albums de photos en témoignent, tous impeccablement alignés, classés, répertoriés avec les dates de ses expéditions lointaines.

Dans les années 1970, on la voit en Égypte, en Arabie Saoudite, dans les Émirats pour y exposer ses toiles. Durant la décennie suivante, elle part découvrir la Syrie, la Jordanie, le Mexique, Hong Kong. Puis viendront le Liban, l'Union soviétique au moment de la *perestroïka*... Véritable locomotive, la princesse a également entraîné son mari en Argentine et au Canada où, mue par une intuition, elle l'a encouragé à investir pour ses affaires.

*

Mais, au final, tous les chemins la ramènent vers le Brésil de son enfance. Là, elle retrouve ses oncles maternels Dom Pedrõ Gastao et Dom Joaõ ainsi que le fils de ce dernier, Joaosinho, photographe de talent.

« Souvent, avec Carl, nous sommes allés à Rio et Bahia ainsi que sur l'île d'Ivo Pitanguy et de son épouse Marilou. J'ai un rapport physique avec le Brésil, pays aux couleurs vives, violentes, qui répond à ma nature, mariage du feu et de l'eau. »

Parfois, il arrive que les périples ne soient pas de tout repos.

« Au Brésil, en mars 1985, j'étais résolue à visiter les *favelas* de Rio parce que j'entendais soutenir par mes œuvres artistiques un projet socio-éducatif pour les enfants. La jeune femme qui m'accompagnait, Luisa, m'avait prévenue des risques que je courais à entrer dans cette *favela* réputée dangereuse. Mais, animée des meilleures intentions du monde, je n'éprouvai aucune peur et écartai toutes les mises en garde. J'étais suivie par quelques journalistes et photographes excités à l'idée d'avoir la photo du jour : une princesse dans les *favelas* de Rio !

Entrant dans le quartier, nous sentîmes un peu d'hostilité derrière les volets clos, essuyant même quelques jets de pierre. Des pots de chambre furent même vidés sur notre groupe. Luisa m'alerta alors de la limite invisible à ne pas franchir, une sorte de barrière de sécurité au-delà de laquelle la loi commune ne s'applique plus. Arrêtée net dans mon élan, je voulus néanmoins mener ma mission à son terme et entrepris d'interpeller le chef de la *favela*, un caïd local appelé Antonio qui faisait régner sa loi. Je plaçai alors mes mains en porte-voix et me mis à crier tous les arguments susceptibles de le convaincre. Je rendis hommage à son action sociale en évoquant la fabrique de jouets qui permettait de secourir financièrement les enfants du quartier et eus l'idée d'ajouter :

— Vous savez, je suis aussi la descendante directe de la régente Isabel qui a aboli l'esclavage.

Après trois interminables minutes d'un silence de mort, une voix me répondit de derrière un volet fermé :

— C'est bon, passe, avance !

Je m'enhardis alors à lui proposer de faire des photos et lui suggérai de montrer ses projets aux journalistes afin qu'il puisse les expliquer. Conquis, il acquiesça. La confiance avait été établie même si ceux qui m'accompagnaient n'en menaient pas large. Si tout s'est bien passé, nous avions quand même eu chaud ! Deux semaines plus tard, j'appris que des policiers, ayant essayé de s'aventurer dans les mêmes lieux, s'étaient froidement fait descendre... »

*

Sans doute y a-t-il chez la princesse une dose d'inconscience face au danger, une part d'esprit aventurier, ainsi qu'une confiance aveugle en son destin. Elle s'est ainsi récemment rendue aux Philippines dans la province reculée de Pangasinan dans le but d'y rencontrer une religieuse guérisseuse, laquelle accepta de lui faire la démonstration de ses pouvoirs et fut récompensée de subsides destinés à tout le village. C'était dans la région même où, quelques semaines plus tard, des touristes européens furent pris en otages.

Informé des projets de son épouse, il arrive parfois que le duc mette son veto à des séjours jugés périlleux. Ce fut le cas en 2002 quand la princesse souhaita partir pour des pays d'Afrique victimes d'attentats islamistes. Le duc de Wurtemberg participe aussi aux voyages lorsqu'ils prennent un caractère officiel, comme ce fut le cas en septembre 2002 au Liban où le couple fut reçu à Baabda par le président de la République, le général Émile Lahoud – qui le décora de l'ordre du Cèdre.

Le duc était d'autant plus heureux qu'il avait fait amarrer son yacht dans la rade de Kaslik, avant de poursuivre son périple sur les eaux méditerranéennes en direction de Chypre, de la Turquie et de l'Espagne où le bateau a son port d'attache à Palma de Majorque.

Amoureux de la mer et d'un tempérament plutôt solitaire, le duc de Wurtemberg voue une passion à son palais flottant baptisé par la princesse Diane *No lo sé* parce que, à court de noms, lors d'une séance familiale de concentration, elle finit par lâcher « je ne sais pas » en espagnol. Le premier *No lo sé* fut acheté en 1981 avant que le second, d'une taille de trente-trois mètres et pouvant accueillir dix-huit personnes à son bord, ne soit construit sur le chantier naval de Viareggio. En 2002, il a enfin pu étrenner un dernier *No lo sé*, plus grand encore d'une dizaine de mètres.

« J'ai encouragé Carl à se faire plaisir parce que je sais qu'il aime vraiment être seul en mer, confie la princesse. Je sais qu'il se ressource sur son bateau, échangeant à peine quelques mots avec le capitaine Jean-Yves. Le bateau est également idéal pour les vacances en famille. Il nous est souvent arrivé de réunir à bord nos enfants, gendre et belles-filles. Selon un planning établi à l'avance, chacun de nos enfants peut aussi en avoir la jouissance avec ses amis pendant une quinzaine de jours. Cet été, aussitôt après le mariage de Fleur et de Moritz, le bateau les attendait en Italie pour une croisière-lune de miel en Sicile.

Pour ma part, lorsque je suis à Palma, je préfère embarquer avec mes amis à bord de mon hors-bord *Dianouschka* pour une fructueuse pêche aux oursins que nous dégustons sur place avec un verre de vin blanc frais. Je suis particulièrement bien équipée : masque, tuba, palmes, paires de ciseaux et fourchettes sont accrochés à un bouchon de liège flottant. Je l'avoue : les oursins, c'est mon péché mignon ! »

*

Si la princesse règne à Altshausen, fief de la dynastie Wurtemberg, elle est encore plus souveraine de la *finca* Fleur de Lys à Palma, une ancienne ferme en pierre du pays dominant quarante hectares de terrain au-dessus de la vallée d'Esporlès.

« Entre deux voyages, je m'organise toujours pour y venir quelques jours... Cela me ressource complètement. »

Présente à Palma le jour de l'an, à Pâques, au mois d'août et à la Toussaint, la princesse a reçu cette maison de son époux en 1989.

« La première fois que je suis venue à Palma, c'était pour des raisons de santé. Comme Sissi l'impératrice d'Autriche, il fallait d'urgence me trouver un refuge au cœur d'une nature à la fois baignée de soleil et capable de m'aider à retrouver mon énergie et à vaincre ma maladie. Avec Carl, nous avons d'abord cherché vers Lugano en Suisse, puis en Italie et en Sicile. Quand un jour, lors d'une chasse, il a rencontré un couple d'Espagnols qui lui a expliqué qu'ils vendaient par lot des terrains constructibles à Palma. C'était il y a trente ans !

Nous avons donc eu une première maison à Sol de Mallorca, baptisée Shéhérazade – j'étais comme la princesse perdue débarquée sur une île et sauvée par l'amour de son mari –, puis une deuxième maison à Andratx, la Perla Negra, conçue pour être mon atelier. Lorsque mon mari m'a offert cette vieille ferme, en 1989, c'était une ruine. Depuis, les travaux n'ont jamais cessé car je veux toujours la rendre plus confortable pour ma famille qui ne cesse de s'agrandir avec le temps. Ni la forme ni la structure d'origine n'ont changé, mais la cuisine était autrefois l'écurie pour les mules, la salle à manger d'été un hangar à tracteurs, et la chambre de Fleur la salle de repos des ouvriers agricoles. »

En vacances, heureuse de vivre à l'intérieur des terres, donc loin de la cohue du bord de mer où étaient situées ses deux précédentes maisons, la princesse travaille dans son atelier tandis que ses petits-enfants s'amusent dans la piscine. « Là, je ne me lève jamais après six heures trente. Je dors peu. Après avoir avalé une tasse de thé, je commence par le rite immuable d'une séance de gymnastique dans une pièce spécialement aménagée. Vers huit heures quinze arrive Gabriel, l'acupuncteur qui pique toute la famille : là, il me soulage de quelques douleurs et remet mes énergies en mouvement. À neuf heures, je retrouve les lève-tôt dans la salle à manger pour le petit déjeuner disposé sur une table en verre que j'ai peinte moi-même. J'ai également peint les caissons de certains plafonds des chambres de la maison. »

Il arrive aussi que la princesse quitte son atelier de sculpture pour accompagner ses invités dans une visite du monastère de Valdemossa, décrit par George Sand quand celle-ci abrita à Palma ses amours avec Frédéric Chopin. Il est vrai qu'en période estivale la *finca* ne désemplit pas. On a même un jour compté jusqu'à trente personnes réparties dans les différentes chambres. En 1996, une grande fête a même été organisée pour célébrer les quatre-vingt-cinq ans de la comtesse de Paris.

« Sous mes airs fantasques, je suis une femme très

organisée. Je vois tout, je veille à tout. Dès que j'aperçois un détail qui cloche, j'en fais part immédiatement au régisseur Jean-Yves et à sa femme Dominique (sœur de l'autre Jean-Yves, capitaine du *No lo sé*) qui assurent à Palma un travail remarquable. Et puis j'ai mon énergie inépuisable qui m'aide à avancer...

À la Fleur de Lys nous recevons la famille et les amis, mais certainement pas la *jet-set* ou les mondains. Bien évidemment, durant l'été, le roi et la reine d'Espagne, en villégiature au palais de Marivent, viennent dîner... »

Les seules sorties officielles, la princesse les réserve aux soirées culturelles destinées à soutenir de jeunes artistes majorquins – dont elle achète et expose les œuvres – ou comme présidente de l'association Pro Musica qui encourage, à travers un programme musical à l'auditorium de Palma, les rencontres entre Majorquins et résidents de l'île.

*

L'autre domaine où l'on pouvait attendre d'elle des étincelles, c'est bien sûr la décoration.

« J'ai effectivement donné libre cours à mon extravagance et à mes goûts, tout en suivant les conseils de mon mari très doué en architecture. La vie de la maison est tournée vers le patio intérieur où j'ai conservé le puits, l'abreuvoir et le four à pain. Dans ma chambre, j'ai conçu moi-même le lit en bois avec un menuisier, et dans la salle de bains j'ai voulu recréer l'atmosphère d'une cabine de bateau qui plaît tant à Carl. »

On peut ajouter à l'actif de la princesse la décoration de l'entrée – avec son portrait en *azulejos* portugais – et la chapelle dédiée aux archanges personnifiés par ses petits-enfants et dont elle a réalisé elle-même la grille.

« Je me concentre à présent sur le jardin en constituant pour les générations futures un éden planté d'essences rares et extraordinaires : jacarandas, saules, amandiers, mimosas, champ de lavande, roses... »

La nature est partout présente, même sur les armoiries modifiées de la princesse à la Fleur de Lys. « Aux trois lys, explique la princesse avec gourmandise, j'ai ajouté un soleil pour l'année de ma naissance, une étoile (celle que j'ai suivie jusqu'à ce jour), la lune à laquelle je dois un caractère fort, sentimental et fantasque, sans oublier l'eau et la montagne. »

*

Autre décor, celui du château d'Altshausen, en Souabe, où Carl et Diane se sont installés en 1975 lorsqu'ils sont devenus duc et duchesse de Wurtemberg. Dominant le village et la forêt Noire toute proche, cette ancienne commanderie de l'ordre Teutonique du XIIIe siècle fut transformée en château baroque par l'architecte Johann Kaspar Bagnato en 1729 (fort heureusement pour les ducs de Wurtemberg, le projet ne fut pas conduit à son terme sinon ils se verraient aujourd'hui à la tête d'un monument aussi vaste que Versailles) et devint en 1805 la propriété de l'État wurtembourgeois. Peu après, le roi Frédéric le reçoit en échange d'une autre propriété de famille en Bavière, et ce n'est qu'après la chute de la monarchie en 1919 que l'héritier du dernier roi Guillaume II, le duc Albrecht, s'y installe avec ses enfants.

Pour la petite histoire, le moine Hermannus Contractus, surnommé « le paralysé », serait né à Altshausen et y aurait composé les psaumes *Salve Regina*... avant d'être enterré à sa mort sous le château, dans un sarcophage d'or.

Le nouveau château baroque est relié à l'ancien bâtiment par le couloir des capucins – autrefois les capucins attendaient là avant d'aller célébrer la messe dans la chapelle mitoyenne, les chevaliers d'Altshausen n'ayant jamais été ordonné prêtres –, aujourd'hui appelé couloir de Marie d'Orléans et dont le souvenir est évoqué par la présence des meubles gothiques de son atelier parisien, offerts par le roi Louis-Philippe, ainsi que par quelques œuvres en moulage réalisées par l'épouse du duc Alexandre au XIXe siècle. Au premier étage du nouveau château se trouve une enfilade de salons d'apparat décorés de tableaux d'ancêtres Wurtemberg, Habsbourg ou Orléans. Par une autre entrée, on peut également accéder au même niveau à l'appartement du roi... aujourd'hui réservé aux invités de marque.

La famille, pour sa part, vit au deuxième étage, et les chambres – qui portent des noms de peintres : Lami, Mignard, Ruysdael, Cranach... – ouvrent sur un long couloir de soixante-seize mètres.

Au rez-de-chaussée se trouvent les bureaux du duc et de la duchesse, sans oublier les cuisines, vastes et modernes, les offices et toutes ces commodités que la princesse Diane a rationalisées. « J'ai aménagé, près de notre salle à manger de tous les jours, une cuisine et un office, et après les dîners, nous passons dans un salon familial mitoyen, confortable, où l'on peut bavarder et jouer aux cartes. Tout à côté, il y a la salle de télévision décorée des portraits de mes enfants et un petit vestibule où j'aime étaler mes vastes puzzles... un passe-temps qui me détend et m'apprend la patience. »

À Altshausen, le rythme est aussi soutenu que l'été à Palma. « Je me lève aux aurores, pratique ma gymnastique quotidienne, y ajoute un massage ou une séance de soins avant le petit déjeuner pendant lequel je bois des litres de thé vert ou d'infusions de plantes thérapeutiques. Vers huit heures trente, je m'occupe avec le chef d'établir les menus et d'organiser la maison. Ensuite, je passe à mon bureau faire un point avec ma secrétaire sur le courrier ou les demandes d'expositions, puis je vais travailler dans mon atelier. Si Carl rentre déjeuner, je lui tiens compagnie. Parfois un de nos enfants, Michael ou Fleur, est également présent... mais les oiseaux s'envolent peu à peu du nid... »

★

La préparation de Noël occupe la princesse Diane onze mois sur douze. Ne quittant jamais sa liste de cadeaux – cent quatre-vingts à trouver chaque année –, elle rapporte des objets de tous les pays qu'elle visite et les entrepose dans un salon du château avant de les distribuer au personnel.

« Noël se prolonge longtemps à Altshausen, explique-t-elle. En famille du 24 au 26 décembre, mais aussi avec les villageois le soir du réveillon et pour la messe de minuit avant la réception que Carl organise le 10 janvier à notre retour de Palma. »

★

Altshausen sert encore d'écrin somptueux à des fêtes mémorables, qui ne sont pas uniquement celles des mariages des enfants du duc et de la duchesse.

« En juillet 1985, nous y avions organisé nos noces d'argent en présence de tout le village et de toute notre famille. Il y eut une grand-messe à l'église (celle du *Couronnement* de Mozart), une fête populaire en plein air avec les autorités du Land et un grand bal costumé sur le thème du XIXe siècle auquel assistèrent tous les cousins de mes enfants. Les voir danser en crinoline sur des rythmes contemporains, voilà qui fut de nature à m'enchanter. J'avais particulièrement soigné la mise en scène du spectacle tandis que Carl, perfectionniste et pointilleux, avait veillé à tous les détails pratiques. Dans les grandes fêtes comme dans le reste, nous nous complétons même si je le sais plutôt solitaire et peu friand des réunions bruyantes que j'adore. Mais il me dit toujours que si on fait quelque chose il convient que cela soit parfait !

L'année suivante, pour ses cinquante ans, une autre fête nous a tous réunis autour de Carl à Friedrichstrafen, en compagnie notamment des rois Juan Carlos et Siméon de Bulgarie et des grands-ducs de Luxembourg. Pour mes propres cinquante ans, je me suis contentée d'une petite fête familiale avec maman, mes enfants et mes petits-enfants. Je voulais me réserver pour mes soixante ans, qui furent, eux, encore plus mémorables.

Tout commença par un déjeuner au château le jour même de mon anniversaire, le 24 mars, suivi dans la soirée par une réception au cours de laquelle des danseurs évoquèrent mes six pays de vie : le Brésil, le Maroc, l'Espagne, le Portugal, la France et l'Allemagne. Il y eut ensuite un show laser retraçant mon parcours qui nous réunit dans la cour d'honneur du château. Mes enfants, qui en avaient été les maîtres d'œuvre, avaient choisi comme musique la fin de la chanson d'Édith Piaf *Non, je ne regrette rien*. En l'entendant, le roi d'Espagne se pencha vers moi et me souffla à l'oreille :

— Voilà qui t'illustre bien, Diane !

Et il est vrai que je ne regrette rien : ni le bien ni le mal, à moi aussi tout cela est bien égal. »

*

L'originalité de la princesse s'exerce toujours, facétieuse, dans l'art de détourner dans un clin d'œil ludique les cérémonies les plus protocolaires.

Au dîner en smoking et robes longues du lendemain de ses soixante ans, la princesse exigea ainsi que tous les hommes portent un chapeau. Heureuse de cette trouvaille, elle fit installer un studio photo dans le salon des porcelaines grâce auquel furent immortalisées les attitudes peu conventionnelles de ses amis munis de panamas et autres hauts-de-forme !

La même extravagance maîtrisée fut de mise aux fêtes du jour de l'an qui marquèrent l'entrée dans le XXIe siècle. Si, à la soirée du réveillon, robes de bal et fracs étaient de rigueur, le soir du 1er janvier 2000 la princesse avait opté pour un thème « bleu », assortissant ses mèches à sa robe longue et photographiant elle-même tous ses amis qui avaient fait preuve d'originalité pour ce dîner donné sous un ciel de ballons bleus.

« Je partage avec mes enfants le goût de la fête et je crois que mon extravagance les enchante. Ils m'encouragent même sur ce point, et nous sommes unis par une grande complicité fondée à la fois sur des sentiments filiaux et sur un respect mutuel, et un grand sens de l'humour. La vie est trop courte pour s'ennuyer. Tant que je pourrai organiser des fêtes, recevoir mes amis pour partager avec eux la magie d'un instant, je le ferai de tout mon cœur. Avec la volonté de me dire, comme dans la chanson, que je n'aurai jamais rien à regretter. »

Épilogue

Une philosophie de la vie

Avec une personnalité, dans tous les sens du terme, telle que la princesse Diane, on pourrait noircir encore des pages et des pages où son extravagance maîtrisée, son franc-parler sans artifice, son bon sens salué par tous et sa générosité légendaire trouveraient à s'exprimer.

Mais il arrive un moment où il faut conclure, où il convient de laisser les impressions s'exprimer, les sentiments s'exacerber, les émotions s'élever. Où les faits en eux-mêmes, les dates, les anecdotes doivent céder le pas à la philosophie intime qui anime chacun parce qu'elle peut servir à tous.

Alors, foin de conclusion alambiquée, laissons ici, pour quelques pages encore, s'épanouir ce qui fait la profonde originalité de Diane de France, duchesse de Wurtemberg : sa sagesse de vie. En un alphabet vérité où s'affirme sa noblesse d'âme comme de cœur.

A comme amitié

« Peu de choses suffisent à mon bonheur, prévient la princesse Diane. On court trop souvent après l'inaccessible, on se laisse guider par des chimères. Il est une seule source permanente de chaleur dont je ne saurais m'éloigner, c'est la présence de mes amis. Ils sont la famille que je me suis choisie. Quelques-uns sont en Espagne, le plus grand nombre en France. Pour moi, leur fidélité comme leur loyauté me sont plus précieuses que tout l'or du monde. Lorsque j'ai failli être emportée par la maladie du plomb, ils m'ont tendu une main secourable et m'ont aidée à remonter la pente alors que, souvent, ma famille de sang ne me prend pas au sérieux. Depuis, je sais pouvoir compter sur mes amis.

Intuitive, je sens très vite s'ils m'aiment pour moi ou pour le titre que je porte. Certains sont connus pour leur talent, mais la plupart sont dans l'ombre. Souvent, il est vrai, je les choisis parce que nous partageons une même sensibilité artistique. Moi, j'aime les gens pour ce qu'ils sont et certainement pas pour ce qu'ils ont dans la poche, pour le titre ou la couronne qu'ils portent ! »

Parmi tous ceux que le duc de Wurtemberg surnomme « les amis gaulois de ma femme », en référence aux histoires parfois lestes qu'ils racontent à la princesse, certains, comme Jacques Angella, sont des amis de vingt ans. Quelques-uns, issus du monde de la mode, sont plus que des fournisseurs, tels Catherine Puget, Marie Mercié ou Jacques Fath, sans oublier les coiffeurs Alexandre (adoubé « de Paris » par le comte de Paris à la fin des années 1950) et son successeur Jean-Luc Minetti.

Dans la joyeuse bande qui entoure la princesse lors des fêtes d'Altshausen ou lors de vacances à la Fleur de Lys à Palma de Majorque, sans compter les voyages au long cours sur le *No lo sé*, les randonnées pédestres en forêt de Brocéliande ou sur le chemin de Saint-Jacques-de-Compostelle, on retrouve Jacques, Guillaume, Jean-Marie, Bernard, Suzanne et son mari, Philippe, Jean et son épouse, Philo, Béatrice, Jacqueline...

« Il y a aussi ceux qui ne sont plus là mais auxquels je songe souvent et qui m'accompagnent par la pensée car je prie pour eux, ajoute-t-elle. Particulièrement Antoinette de Prémars qui m'a sauvé la vie et Marie-Thérèse de Rozès qui fut mon mentor artistique. »

Dans ce vivier de talent, comment résister à la tentation de citer celui qu'elle encouragea dès ses débuts, Éric-Emmanuel Schmitt ? L'auteur à succès du *Visiteur* de *Variations énigmatiques*, de *Frédérick ou le Boulevard du crime*, de *Monsieur Ibrahim* ou d'*Oscar et la Dame rose* s'en souvient avec tendresse : « Je l'ai rencontrée par le théâtre. Elle m'a tendu la main quand j'ai fait un bide avec *Golden Joe*, malgré la critique qui, à l'époque, s'amusait à descendre cette pièce. Une amitié véritable est née alors. À l'été 1997, je suis parti quinze jours dans sa maison de Palma où elle m'avait réservé la chambre des anges tendue d'un tissu rose sur lequel pendent des anges en bois d'église baroque. C'est chez elle, inspiré, que j'ai écrit *Frédérick*. J'ai travaillé jour et nuit. Une hôtesse normale n'aurait pas supporté une telle disparition, mais elle a protégé mon travail d'un soin jaloux. Non seulement elle reçoit merveilleusement bien mais, en plus, comme elle a son atelier de sculpture à Palma, elle sait ce qu'est la création. »

L'amitié vraie a également été pour la princesse une fenêtre ouverte sur le monde et les autres, un moyen, pour elle qui adore communiquer, d'aller vers autrui en s'affranchissant des barrières sociales. « C'est une liberté qui fait peur à ma famille, reconnaît-elle. Certaines de mes sœurs, par exemple, se sentent perdues si elles quittent l'univers ouaté et protégé du Gotha. Alors que, moi, je suis trop nature pour perdre mon temps et mon énergie à ce genre de simagrées. La vie est trop courte pour se nourrir d'un tel snobisme. Je ne peux me contenter de respirer l'air confiné de notre parentèle, j'ai besoin du souffle du grand large. Pour autant, pourquoi s'interdire de solides amitiés en famille ou dans le cercle de la royauté ? »

Et d'ajouter : « Parmi les têtes couronnées, mes meilleurs amis sont le roi d'Espagne bien sûr, et le roi Siméon de Bulgarie qui est charmant, fin, et intelligent. Je suis très proche également de mon cousin germain Duarte du Portugal, duc de Bragance, et de sa charmante épouse, Isabelle. Comme j'aime mélanger les générations, je me sens très proche aussi de certains de mes neveux Orléans. Une chose en tout cas est sûre : l'amitié est une source inépuisable de force et d'énergie. Partout où je suis dans le monde, j'envoie à mes amis, par la pensée, des ondes positives. Ensemble nous nous sentons plus forts en formant cette chaîne d'affection. »

A comme Argent

« Je l'admets, je n'ai jamais su faire mes comptes. Mon père me l'avait d'ailleurs reproché quand il me donnait de l'argent de poche. Et c'est en m'en privant, faute d'état précis de mes dépenses, que j'avais appris à gagner mon indépendance tout en lui assurant que je saurais bien trouver un mari qui m'éviterait ce genre de corvées. J'ai été exaucée au-delà de mes espérances avec Carl, même si lui aussi a essayé, en vain, de m'initier à la gestion des comptes. Avec générosité, il a laissé s'exprimer mon art, notamment en finançant la coûteuse réalisation de mes sculptures monumentales avec les cires et les fontes de bronze.

Un jour, ses hommes d'affaires ont bien tenté de me couper les ailes tant il est vrai que mon expression artistique ne saurait être comptablement aussi rentable que les investissements financiers qu'ils ont l'habitude de réaliser. Pendant un an, j'ai été contrainte de freiner ma création faute de moyens.

Mais plus j'avance en âge, plus je me détache des biens matériels. Je n'achète rien pour moi et j'avoue ne pas préparer l'avenir. J'ai toutefois convaincu mes enfants de signer l'acte permettant, selon la possibilité offerte par le droit allemand des successions, de laisser les biens patrimoniaux de la famille au fils aîné, à charge pour lui de dédommager financièrement ses cadets. Mais personnellement, tout ce que j'achète en bijoux ou œuvres d'art, je l'offre à mes enfants sans attendre. Je ne leur donne pas avec l'obligation de les garder mais je leur explique qu'ils pourront toujours les vendre en cas de nécessité. Une mère ne désire-t-elle pas avant tout que ses enfants soient à l'abri du besoin ? En tout cas, je suis aux antipodes de la mentalité de ma propre mère qui, un jour où elle me faisait un cadeau, me dit : “Je vais t'offrir cette argenterie à condition que tu ne la vendes jamais.” Mais que pouvais-je bien faire de vieux couteaux qui ne coupent pas et de fourchettes tordues !

Alors que nous réglons actuellement la succession de maman et que mes sœurs se disputent ses bijoux, je tiens un discours dissonant en leur demandant de les laisser à mes frères et à leurs enfants : pourquoi, en effet, disperser à l'étranger des souvenirs de famille qui viennent des Orléans ? J'ai demandé comme seul souvenir une petite chouette en porcelaine éclairée parce qu'elle me tenait compagnie dans l'obscurité lorsque, enfant, j'étais malade. Mais, d'avance, je suis résignée par philosophie de la vie à me voir privée de ce seul trésor dont la valeur est pourtant uniquement sentimentale. »

B comme beauté

« J'ai longtemps été complexée par mon physique parce que, enfant, mes chères sœurs me surnommaient “le mètre cube” ou “le vilain petit canard”. Pendant toute cette période, j'ai entendu la même chanson : “Tu es vraiment moche !” Je m'étais donc fait une raison.

Ma sœur Anita, jamais en retard d'une méchanceté contre moi, ajoutait sans cesse : “Tu es tellement moche qu'aucun mec ne voudra de toi ni ne pourra tomber amoureux de toi.” À dix-sept ans, je l'ai donc mise au défi et lui ai prouvé le contraire en lui fauchant son jules ! Mais une telle ambiance laisse des traces. Ainsi à cette époque, alors que tous les princes charmants d'Europe tournaient autour de nous, je me disais en moi-même : “Ce n'est pas pour toi, vu le laideron que tu es.” Et, longtemps, quand on me regardait, je croyais en toute innocence que j'avais fait une tache à ma robe.

Dès lors, j'ai très tôt pris conscience que la véritable beauté est celle de l'âme et du cœur. Je compensais donc mon manque d'assurance par une espièglerie, une fantaisie et un humour qui, bien vite, attiraient tous les garçons. Et même si j'ai su rapidement prendre soin de mon corps par une alimentation saine et l'application de crèmes antirides, je suis convaincue que la bonne conscience et le bien que l'on fait dans une journée sont les meilleures crèmes de nuit.

Je suis pourtant encore aujourd'hui saisie de surprise – alors que je devrais en toute logique être blindée ou vaccinée – lorsque ma sœur Anita, toujours elle, me décoche en plein cœur une de ses flèches empoisonnées. Pour mes soixante ans, alors que j'évoquais devant elle la fête que j'allais organiser en Allemagne, elle me lança, perfide : “Soixante ans ! mais tu en fais plus, au moins soixante-cinq !” Que répondre à cela ? Elle avait peut-être oublié qu'elle était mon aînée et que l'aigreur et la frustration commencent, chez elle, à vraiment se lire sur son visage.

Si selon moi la beauté est intérieure, il convient cependant de ne jamais se laisser aller. On ne peut se négliger parce qu'il s'agit d'une politesse que l'on doit aux autres et à soi-même. Peut-être est-ce parce que enfant j'ai été fragilisée sur ce sujet que j'y apporte plus que d'autres des soins intensifs en ne baissant jamais la garde. Je pourrais, sans rire, faire un guide des produits, soins et méthodes tant je me suis employée à les tester ! »

M comme mondanité

« Est-ce pour prendre le contre-pied de ce que j'ai vu chez ma mère que j'ai une sainte horreur des mondanités ?

Maman avait en effet le chic pour recevoir toujours des amis “chichi-prout-prout” qui venaient prendre le thé à la maison et passaient l’après-midi à débiter des stupidités. Je faisais le service mais je bouillais de l’intérieur, cachant mes sentiments pour mieux leur vendre ensuite, et sans scrupule, mes foulards peints. Jusqu’à quelques jours avant de mourir, maman sacrifiait encore à des mondanités tant elle aimait sortir autant qu’être flattée et adulée.

Je me suis toujours sentie, pour ma part, mal à l’aise dans ces salons des vanités mondaines où les gens plastronnent, pontifient, parlent d’eux avec délectation mais sont incapables de pousser une conversation plus loin que l’écume superficielle !

Avec ma franchise, j’ai vu très tôt combien je dénotais et, si j’ai toujours tenu mon rang dans les événements officiels, j’ai préféré approfondir d’authentiques liens d’amitié en privé plutôt que de me disperser et me divertir inutilement dans les salons où l’hypocrisie est souvent de mise.

À la maison, j’étais toujours au supplice lorsqu’il fallait donner le change. Par chance, comme maman était une incorrigible gaffeuse, nous avions parfois des occasions de rire. Je me souviens notamment d’un déjeuner à Louveciennes pour les princesses de Bavière issues de la branche espagnole. Ces Bourbon-Bavière étaient d’un chic fou, élégantes et distinguées. Quand vint l’heure de passer à table, je sortis précipitamment de ma cachette, le visage rouge d’avoir couru et les deux nattes blondes en bataille. Me voyant ainsi attifée, maman me lança devant les altesses allemandes médusées : “Mais Diane, tu t'es regardée ? Tu ressembles à une de ces Bavaroises rougeaudes !"

Depuis, j'ai souvent, par excès de lucidité, observé le savoir-faire des mondains, et j'ai fréquemment l'impression, par un curieux décalage de siècle, de me trouver dans une des scènes à la cour que décrivait Saint-Simon.

En novembre 1993, juste avant le mariage de mon fils Frédéric, j'étais venue à Paris pour les derniers essayages et j'avais retrouvé dans la capitale ma belle-sœur Béatrice d'Orléans, directrice de Dior en Espagne. C'est elle qui m'avait convoyée à la fête qu'organisait le P-DG du groupe de luxe LVMH, Bernard Arnault, autour de l'exposition "Tables royales" au château de Versailles. De fait, le plus intéressant, dans cette soirée de gala, c'était la vaisselle en argent ou vermeil, les services de Sèvres, tous ces témoignages de l'art de vivre à la française. Quant à l'esprit français, je me suis demandé où il était passé. Le spectacle qui s'offrait à moi, s'il n'avait prêté à rire, m'aurait chagrinée. Dans les salons lambrissés, peu de regards se portaient vers les vitrines regorgeant de trésors historiques, les convives étant occupés à scruter l'horizon pour y apercevoir un visage familier ou utile à saluer.

Dans ce genre de mondanités, jamais personne ne vous regarde dans les yeux tant votre interlocuteur veille à ne pas perdre une miette de ce qui se trame derrière votre épaule, au cas où une personnalité plus importante croiserait son chemin. Les conversations, mécaniques, se bornent à des lieux communs sans le moindre intérêt et sont seulement des prétextes pour entrer en contact. Tous ces snobs n'hésitent même pas à vous planter pour peu qu'ils aperçoivent un plus gros gibier, proie sur laquelle ils se jettent en veillant à ce qu'un photographe immortalise ce tableau de chasse ! C'est fou, l'empressement que manifestent certains mondains à se placer aux côtés des personnalités les plus en vue pour être assurés de se retrouver ensuite dans les magazines *people*. Quand on n'est pas dupe, comme moi, on trouve ce genre de comportement pénible au début, puis, peu à peu, on s'en amuse.

Ces simagrées m'ayant toujours agacée, j'ai préféré ce soir-là poursuivre ma visite en solitaire pour admirer à loisir les œuvres d'art. J'ai en tout cas trouvé cette société parisienne superficielle, égoïste, bouffie de suffisance et dissimulant mal sa bêtise sous une couche de vernis hypocrite.

Heureusement, au milieu de cette assemblée, j'ai rencontré des personnalités vraies, dignes d'estime et d'intérêt comme Hubert de Givenchy, grand seigneur, homme de culture et de goût. Cette rencontre m'a même permis de voir une scène plutôt drôle. À un moment, tandis que je bavardais avec le styliste fétiche d'Audrey Hepburn, la princesse Michael de Kent fit son entrée dans un cliquetis de flashes. Elle distribua généreusement des sourires à gauche et à droite, minaudant comme une chatte sous la caresse d'une foule de courtisans, et se mit à pérorer avec sa voix de tête, forcée, pour être remarquée, mais évidemment sans écouter personne, seulement soucieuse d'elle-même et de son image. Je l'observai à la dérobée et me gardai bien d'aller la saluer. J'ai alors compris ce que la merveilleuse reine Élisabeth d'Angleterre – si simple et si charmante – voulait dire en parlant de sa cousine par alliance : “Elle est trop royale pour nous !”

En tout cas, ces singeries ne prennent pas avec moi. La seule qui fut réellement majestueuse fut la reine Margareth du Danemark, escortée de son époux le prince

Henrik, un couple souriant, chaleureux, répondant aimablement et adressant un mot gentil à chacun. La simplicité des grands n'est pas une légende ! Ce sont ceux qui rêvent de les côtoyer qui jouent à ce qu'ils ne sont pas. D'ailleurs, dans ce genre de soirée, tout est factice comme dans un jeu de rôles.

Combien des femmes que l'on photographie ont emprunté leur robe de gala à un grand couturier ? Sans compter les nouveaux riches qui, sans en avoir les manières, veulent en mettre plein la vue. À table, on avait placé à ma droite un homme d'affaires belge réputé qui ne put s'empêcher de se faire mousser, croyant sans doute briller ainsi à mes yeux, en me racontant qu'il avait acheté beaucoup d'objets à la vente aux enchères de la princesse Gloria von Thurn und Taxis ! Quand la vanité rejoint le snobisme...

La dernière bouchée avalée, avant le feu d'artifice que l'on admira depuis la galerie des Glaces, je me suis approchée d'une fenêtre et mise à rêver, voulant, par la pensée, échapper à ce genre de soirée où la beauté est gâchée par la laideur des sentiments et la médiocrité de certains. J'ai aussi songé au roi de France qui avait magnifié un tel lieu mais qui fut victime de courtisans aussi vénaux que médisants.

Rien ne vaut donc, à mes yeux, une soirée avec mes enfants ou avec mes amis, ou une retraite dans mon atelier de sculpture ! »

R comme religion

« Je suis assez mystique mais absolument pas dogmatique. Au risque de froisser les âmes sensibles, je ne mets pas ma foi dans mes genoux à m'abandonner à de grandes démonstrations de piété. Ma religion est dans mon cœur, c'est une manifestation de joie, un élan vers Dieu et vers autrui. De la foi de mon enfance, je n'ai gardé que le message d'amour envers mon prochain, m'efforçant à chaque instant d'aider et de respecter l'autre ! Tous les soirs, je procède avec lucidité et sévérité à mon examen de conscience : j'élimine toutes pensées négatives, je chasse la rancœur de mon cœur et je m'interdis de céder à la médisance.

Quand j'étais petite fille, je n'allais pas à la messe le dimanche avec tout le monde pour observer les princes de France accomplir leur devoir de chrétiens, préférant me rendre à pied, aux premières heures du jour, au couvent voisin de Ramalhao. Sans rien dire à personne. Seul comptait, à mes yeux, de me présenter sans masque devant Dieu. Et tant pis si les hommes me jugeaient mal.

On me critique sans cesse, mais je ne rendrais de comptes qu'au Seigneur. Je ne suis certainement pas une sainte, mais j'essaie d'être juste, honnête et d'envoyer de l'amour à tous ceux que je rencontre... même s'ils se montrent mal intentionnés envers moi. Je crois, au fond, que les êtres humains sont méchants quand ils sont malheureux. Aussi, comme je ne suis pas masochiste, je n'insiste pas.

Au début, avec ma sœur Anita, je redoublais de gentillesse alors qu'elle me bombardait de piques acerbes. Je lui pardonnais toutefois volontiers car je la savais peu épanouie dans sa vie, frustrée et aigrie. Puis, un jour, elle a dépassé les bornes et, pour sauver ma peau, je l'ai tenue à distance.

J'aimerais toutefois connaître la paix en famille, mais je crains que cela ressemble à un rêve impossible. Nous avons tous, mes frères et sœurs, différemment sans doute, manqué d'amour dans notre enfance, alors nous passons notre temps à nous accrocher tout en protestant que l'on s'aime profondément.

Souvent, dans ma vie, j'ai songé à me retrancher du monde derrière les grilles d'un couvent. À seize ans, un prêtre m'en a cependant dissuadé, m'assurant que je serais plus utile par mon exemple. J'espère m'être montrée digne de ses paroles ! Longtemps, j'ai imaginé aussi qu'à soixante-cinq ans je me retirerais plus longuement à l'abbaye cistercienne de Timbale, en Bretagne, chère au révérend père Carré. L'échéance se rapproche, mais je crois encore avoir des choses à accomplir ici, ayant toujours été consciente d'avoir une mission sur terre puisque ma position m'a tournée dès ma naissance vers les autres.

Mais comment ne pas regretter que notre société perde le fil du sacré et sombre corps et âme dans l'hédonisme et le matérialisme ! D'autres valeurs ont pris le pas sur le don de soi, le partage et le service du bien commun. Règnent aujourd'hui la loi du plus fort, l'égoïsme forcené, l'orgueil, l'argent roi et la religion du progrès qui voudrait nous faire croire en notre immortalité. J'ai éduqué mes enfants de telle sorte qu'ils se sentent détachés des biens matériels. Rien ne nous appartient sur cette terre. À quatorze ans, j'avais d'ailleurs adopté pour devise : "Donne et tu fleuriras, garde et tu pourriras."

Pour terminer sur cette question, j'ai fait mienne la parole de Teilhard de Chardin : "Il faut avoir l'esprit d'aventure et de conquête. Il faut faire progresser le monde mais toujours en direction de Dieu." Lorsque l'homme veut s'affranchir de toute transcendance, il a tôt fait de se prendre lui-même pour un Dieu et devient un bourreau pour ses semblables ! »

S comme sciences occultes

« Je suis fascinée par les mystères de la vie, le système qui articule notre être, le pourquoi secret des choses. Je n'invente rien, je vois simplement ce que d'autres ne voient pas.

Quand j'avais dix ou onze ans, au Portugal, j'ai vu un OVNI et, pour l'avoir raconté en famille, j'ai reçu quelques paires de gifles. Le lendemain, le phénomène étrange faisait la une des journaux. Je suis toujours passée pour une originale parce que je croyais à la dimension immatérielle des êtres et des choses. Le curé qui venait à la maison était horrifié par mes théories sur les forces de l'esprit, la circulation des ondes, la guérison par les couleurs ou la souffrance des plantes : je ne coupais en effet jamais une fleur !

Devenue artiste, j'ai traduit dans la matière ce que les yeux voyaient, les sculptures que je faisais naître d'abord dans ma tête. Je partage avec le prince de Liechtenstein et mon cousin le duc de Bragance un goût prononcé pour l'ésotérisme. C'est à mon sens une manière de vivre en harmonie avec notre environnement, d'être à l'écoute des secrets de la nature, de répondre au conditionnement de notre vie que sont le climat, la terre où l'on vit, les paramètres de notre naissance...

Je ne cesse d'être obsédée par mes questions d'enfant auxquelles nul ne voulait répondre. Ne cherche-t-on pas tous à mieux se connaître et mieux se comprendre ?

Aussi ai-je exploré toutes les pistes qui pouvaient me conduire à cette connaissance. Partout où je vais dans le monde, je rencontre des sages, des mages, des voyants, des êtres de lumière ou des initiés, sans jamais perdre mon libre arbitre. J'avoue, sans fausse honte, que j'aime consulter, par goût autant que par jeu, des médiums et des numérologues. C'est mon côté Catherine de Médicis !

Il est vrai que l'on est assez versé dans les sciences occultes dans notre famille. De tout temps, nous nous racontons des histoires de fantômes. À Altshausen, nous en avons quelques-uns. Des amis en ont vu. Une fois, c'était un moine franciscain qui avait suivi un invité toute la journée. Ce devait être l'oncle de Carl, le bon Pater Odo. Je l'ai vu moi-même. Une autre fois, j'ai aperçu dans le long couloir qui menait autrefois aux cellules de chevaliers un homme vêtu de noir que j'ai reconnu aussitôt comme un ancêtre parce que son portrait trône au salon, mais habillé de pourpre. J'ai essayé de lui parler pour lui demander pourquoi il s'était mis en deuil. Quelques jours plus tard, j'ai reçu la nouvelle de la mort d'un ami à l'hôpital...

Est-ce parce que j'ai une sensibilité d'artiste exacerbée que je sens certaines choses, comme mue par un don de prescience et dotée de capteurs que l'on pourrait nommer intuition ? Il m'est arrivé d'avoir des flashes.

Un jour, depuis le premier étage du château, je vois sortir la professeur des enfants. Poussée par un pressentiment, je demande à mon fils Frédéric de la retenir car je pressens qu'elle va avoir un accident de voiture. Les enfants se moquent aussitôt de moi : “Arrête maman, tu es vraiment embêtante avec tes visions.” Alors je me suis concentrée, je l'ai entourée de bonnes ondes en pratiquant la pensée positive. Le lendemain matin, elle m'appelle :

— Princesse Diane, j'ai eu un terrible accident de voiture. Je ne sais pas comment j'ai fait pour m'en sortir, mais la voiture est en miettes, j'ai fait trois tonneaux avant d'atterrir dans le ravin.

Mes croyances sont en fait communes à beaucoup de Brésiliens. Je suis animée d'une foi simple et j'emprunte beaucoup aux rites et croyances populaires. Je prends ce qu'il y a de bon chez les voyants – j'ai été marquée par les prédictions de mes dix-sept ans –, mais je refuse de me laisser entraîner dans le spiritisme. Je vis entourée des anges et des saints que je prie dans mon for intérieur. Avant de partir du château, je demande à toutes les âmes de mes ancêtres de me protéger. J'entretiens une conversation perpétuelle avec l'au-delà. Cette curiosité d'esprit, qui me porte vers la face cachée du monde visible, me rend, je crois, toujours plus humble, plus ouverte aux autres, mais aussi plus émerveillée chaque jour par le mystère de l'humanité. Je cherche à toujours mieux comprendre dans une quête infinie qui me rend insensible aux biens matériels, ayant compris que la vraie richesse est au fond du cœur de chacun. »

V comme vie

« Pour avoir failli la perdre, j'aime la vie. Un rayon de soleil ou des gouttes de pluie, toute manifestation de vie est pour moi une source intarissable d'émerveillement. En chaque chose, je vois le côté positif, et une force mystérieuse me pousse à aller continuellement de l'avant.

Je reste sur le qui-vive, gourmande de toute expérience nouvelle, ouverte à toute idée, rencontre ou échange, curieuse de tout ce que la vie réserve, faisant provision des émotions heureuses pour mieux surmonter les épreuves et les obstacles.

Ma vie n'a certes pas été une ligne droite, mais pas non plus un chemin de croix. Comme toute vie, elle a connu ses victoires et ses défaites, ses creux et ses bosses, ses traversées du désert et ses eaux calmes, ses succès et ses échecs... Je n'oublie ni les erreurs ni les fautes que j'ai commises, mais je n'ai jamais voulu blesser personne intentionnellement. Toujours et aujourd'hui plus encore qu'hier, je m'appuie sur les difficultés rencontrées et vaincues pour aller plus loin, plus haut, progresser dans un mouvement de vrille qui me porte en avant et entraîne les autres avec moi.

J'ai voulu partager ma vie avec vous, Stéphane, et chers lecteurs, parce que j'ai trop longtemps été jugée sans être entendue. Si, aujourd'hui, j'ai souhaité regarder en arrière, c'est pour mieux mesurer le chemin qui me reste à parcourir sans jamais perdre de vue ma vocation : être au service des autres. »

En avant la musique !

Remerciements

Ce livre n'aurait pu voir le jour sans la volonté de la princesse Diane de se dévoiler avec franchise, de se livrer sans tabou, et patiemment, aux longues heures d'entretiens, et de se mettre à nu dans ce qui sera, je crois, pour elle et pour la vérité dans sa famille, une catharsis nécessaire. Qu'elle soit ici remerciée de tout cœur d'avoir joué le jeu. Avec elle, nous nous sommes moins attachés à la précision des dates qu'aux émotions ressenties dans l'évocation de ces souvenirs.

Il aurait été impossible de brosser un portrait de la princesse sans rencontrer son plus fidèle admirateur, son époux, Carl duc de Wurtemberg, qu'elle appelle loyalement et affectueusement le « Big Boss ». Très chaleureusement et en toute confiance, le duc m'a reçu dans le cadre de Monrepos, et je l'en remercie.

Merci tout particulièrement à mon éditeur et voisin Thierry Billard qui a repoussé les limites de sa patience pour recueillir mon manuscrit, m'enfermant des week-ends entiers devant mon ordinateur sans jamais cesser de m'encourager amicalement. Sans sa persévérance, je n'aurais pas rendu mon texte avant les calendes grecques.

J'aimerais également remercier le plus fidèle ami de la princesse Diane, Jacques Angella, toujours enthousiaste, disponible et bienveillant, sans lequel ce projet n'aurait jamais vu le jour, mais grâce auquel il devient une expérience enrichissante et une passionnante aventure.

À la demande de la princesse Diane, une partie des droits d'auteur sera reversée à son association caritative Les Enfants de la vie.

Enfin, pour découvrir et mieux connaître la vie de l'artiste D. Diane, une visite s'impose sur son site Internet : www.ddiane.de

Paros, juillet 2003.

Annexe

L'arbre généalogique de Diane de France

L'arbre généalogique familial de Diane de France

Henri d'Orléans, comte de Paris (1908-1999)
∞1931
Isabelle d'Orléans-et-Bragance (1911-2003)

Philipp, duc de Wurtemberg (1893-1975)
∞1928
Rosa de Habsbourg-Toscane (1906-1983)

Diane d'Orléans (1940) ∞1960 Carl duc de Wurtemberg (1936)

- Frédéric (1961)
  ∞1993
  Marie de Wied (1973)
  - Guillaume (1994)
  - Marie-Amélie (1996)
  - Sophie-Dorothée (1997)
- Mathilde (1962)
  ∞1988
  cte héritier Erich v. Waldburg-Zeil (1962)
  - 5 filles
- Eberhard (1963)
- Philippe (1964)
  ∞1991
  Marie-Caroline de Bavière (1969)
  - Sophie (1994)
  - Pauline (1997)
  - Carl-Theodor (1999)
- Michaël (1965)
- Fleur (1977)
  ∞9 août 2003
  cte Moritz von Goëss (1966)

Crédits photographiques

Page 1
© Rue des Archives.
© Collection Cyrille Boulay.

Pages 2 et 3
© D.R.
© D.R.
© D.R.
© D.R.
© D.R.

Pages 4 et 5
© Photostudio Schneider. / © D.R. / © D.R.
© D.R. / © Photostudio Schneider. / © D.R.
© Photostudio Schneider. / © D.R. / © Photostudio Schneider.
© Photostudio Schneider. / © D.R. / © D.R.

Pages 6 et 7
© Photostudio Schneider.
© D.R.
© IMAPRESS.
© D.R.

Page 8
© Photostudio Schneider.
© Photostudio Schneider.
© D.R.

Table

Composition et mise en page

NORD COMPO
multimédia

CET OUVRAGE
A ÉTÉ REPRODUIT
ET ACHEVÉ D'IMPRIMER
SUR ROTO-PAGE
PAR L'IMPRIMERIE FLOCH
À MAYENNE EN OCTOBRE 2003

N° d'éd. FF773502. N° d'impr. 58413.
D. L. : octobre 2003.
(Imprimé en France)